# Rechnungswesen 2

Jürg Leimgruber • Urs Prochinig

# Rechnungswesen 2

**VERLAG:SKV**

Dr. Jürg Leimgruber
und
Dr. Urs Prochinig

schlossen ihre Studien an der Universität Zürich mit dem Doktorat ab. Sie verfügen über Abschlüsse als MBA (Master of Business Administration) und MASSHE (Master of Advanced Studies in Scondary an Higher Education). Nebst ihrer wissenschaftlichen Tätigkeit arbeiten sie als Unternehmensberater und als Dozenten in der Erwachsenenbildung. Sie sind Mitglieder verschiedener eidg. Prüfungsgremien.

11. Auflage 2014

ISBN 978-3-286-31325-5

© Verlag SKV AG, Zürich
www.verlagskv.ch

Alle Rechte vorbehalten.
Ohne Genehmigung des Verlages ist es nicht gestattet, das Buch oder Teile daraus in irgendeiner Form zu reproduzieren.

Gestaltung: Peter Heim
Umschlag: Brandl & Schärer AG

## Vorwort an den Lernenden

Dieses Buch bildet die Fortsetzung des Einführungsbandes. Es ist vor allem als Arbeitsbuch für den Schulunterricht gedacht. Sein Aufbau erleichtert es Ihnen, den Stoff rasch und gründlich zu repetieren, in der Schule Verpasstes zu Hause aufzuarbeiten oder sich das ganze Stoffgebiet im Selbststudium anzueignen.

Der Theorieteil ist knapp gehalten und auf Anschaulichkeit ausgerichtet.

Zu Beginn der einzelnen Abschnitte der Aufgabensammlung stehen Einführungsaufgaben, die sich an den entsprechenden Theorieteil anlehnen und Ihnen damit den Einstieg in das Aufgabenlösen erleichtern. Theorieteil und Aufgabensammlung stellen so ein methodisches Ganzes dar. Wenn Sie zunächst den jeweiligen Theorieabschnitt und die Einführungsaufgaben durcharbeiten, wird Ihnen das Lösen der restlichen Aufgaben nicht schwer fallen.

Die Aufgaben zur Vertiefung stellen den Bezug zu betriebswirtschaftlichen Fragestellungen her, wie es ja auch der Praxis entspricht. Sie sind etwas anspruchsvoller und werden am besten mit dem Lehrer besprochen.

Und nun wünschen wir Ihnen viel Erfolg.

Jürg Leimgruber

Urs Prochinig

## Vorwort an den Lehrer

Der zweite Band unseres Lehrmittels zum Fach Rechnungswesen schliesst methodisch, didaktisch und darstellungsmässig an den erfolgreichen ersten Band an:

- ■ Der **Theorieteil** enthält in übersichtlicher, grafisch veranschaulichender Weise die kurz gefassten Theoriegrundlagen. Er ist nicht ausschliesslich für den Unterricht, sondern ebenso sehr für das Selbststudium durch die Lernenden (z. B. bei Absenzen) und allenfalls für die Unterrichtsvorbereitung durch den weniger erfahrenen Lehrer verfasst worden.

- ■ Der **Aufgabenteil** enthält zu jedem Kapitel mehrere Einführungsaufgaben; eine davon entspricht in ihrem Aufbau dem Theorieteil. Damit soll einerseits den unterschiedlichen methodischen und didaktischen Neigungen der Lehrer Rechnung getragen und andererseits sichergestellt werden, dass die Grundlagen mit den Schülern gründlich eingeübt werden.

Um den Unterricht von Routinearbeiten zu entlasten, enthält das Buch zu vielen Aufgaben Lösungsblätter. Für die Bearbeitung der übrigen Aufgaben empfehlen wir die Verwendung eines Arbeitsheftes oder loser Blätter, die in einem Ringordner gesammelt werden.

Die in vielen Kapiteln angebotenen **Aufgaben zur Vertiefung** enthalten Lerntransfers und sollen zu betriebswirtschaftlichen Diskussionen anregen.

Die bisherigen Auflagen haben bei der Leserschaft sehr gute Aufnahme gefunden.

Wesentliche Änderungen haben sich beim Entwurf des neuen Aktienrechts und bei der kaufmännischen Buchführung und Rechnungslegung (32. Titel des OR) durchgesetzt, die in dieser Neuauflage berücksichtigt wurden. Zudem wurde der im Sommer 2013 veröffentlichte neue Kontenrahmen KMU integriert.

Angesichts der erheblichen Änderungen ist deshalb eine gleichzeitige Verwendung der 11. Auflage mit früheren Auflagen nicht möglich.

Die wichtigsten Änderungen in der 11. Auflage sind:

| Kapitel 46 Abschluss Aktiengesellschaft | Neue Reservengliederung gemäss OR: Gesetzliche Kapitalreserve, gesetzliche Gewinnreserve, freiwillige Gewinnreserven. |
|---|---|
| Kapitel 47 Abschluss GmbH | Neue Reservengliederung wie bei Kapitel 46 |
| Kapitel 48 Bewertungsvorschriften | Theorie und Aufgaben wurden den neuen OR-Vorschriften angepasst. |
| Kapitel 49 Stille Reserven | Neue Reservengliederung gemäss OR. |
| Anhang Kontenrahmen KMU | Der neue Kontenrahmen KMU von Sterchi, Mattle, Helbling wurde integriert. |

Lehrpersonen können beim Verlag SKV über **www.verlagskv.ch** gratis **Folienvorlagen** für den Unterricht herunterladen.

Wir danken den Lehrerkollegen und Praktikern, die uns mit Hinweisen und Anregungen unterstützten. Gerne hoffen wir auch weiterhin auf aufbauende Kritik.

Forch und Rafz, April 2014                                   Jürg Leimgruber

                                                             Urs Prochinig

# Inhaltsverzeichnis Band 2

| | | Theorie | Aufgaben |
|---|---|---|---|
| **4. Teil** | **Der Jahresabschluss** | 11 | 102 |
| 41 | Abschreibungen | 13 | 102 |
| 42 | Debitorenverluste, Delkredere | 20 | 110 |
| 43 | Transitorische Aktiven und Passiven (Rechnungsabgrenzung) | 22 | 118 |
| 44 | Abschluss bei der Einzelunternehmung | 26 | 129 |
| 45 | Abschluss bei der Kollektivgesellschaft | 28 | 136 |
| 46 | Abschluss bei der Aktiengesellschaft | 30 | 144 |
| 47 | Abschluss bei der Gesellschaft mit beschränkter Haftung | 36 | 156 |
| 48 | Bewertungsvorschriften | 37 | 160 |
| 49 | Stille Reserven | 42 | 165 |
| **5. Teil** | **Zusätzliche Konten und Kontenplan** | 51 | 185 |
| 51 | Lohnabrechnung | 52 | 185 |
| 52 | Wertschriften (Effekten) | 55 | 190 |
| | a) Kauf- und Verkaufsabrechnungen | 56 | 190 |
| | b) Rendite | 60 | 195 |
| | c) Wertschriftenbestand und Wertschriftenerfolg | 64 | 200 |
| 53 | Liegenschaften | 66 | 208 |
| 54 | Mehrwertsteuer | 68 | 219 |
| 55 | Mehrstufige Erfolgsrechnung | 74 | 225 |
| 56 | Kontenpläne und Kontenrahmen | 77 | 231 |
| **6. Teil** | **Kalkulation** | 79 | 241 |
| 61 | Kalkulation im Handelsbetrieb | 80 | 241 |
| 62 | Kalkulation im Produktionsbetrieb | 84 | 252 |
| 63 | Fixe und variable Kosten | 91 | 279 |
| **7. Teil** | **Bilanz- und Erfolgsanalyse** | 95 | 294 |
| **Anhang** | **Kontenrahmen** | | 312 |

# Inhaltsverzeichnis zu Band 1

**1. Teil  Einführung in die doppelte Buchhaltung**

- 10  Von den Tontafeln zur Computer-Buchhaltung
- 11  Vermögen, Fremd- und Eigenkapital
- 12  Die Bilanz
- 13  Die Auswirkungen von Geschäftsfällen auf die Bilanz
- 14  Die Aktiv- und Passivkonten
- 15  Die Erfolgsrechnung
- 16  Die Aufwands- und Ertragskonten
- 17  Doppelter Erfolgsnachweis
- 18  Journal-Hauptbuch und Abschlusstabelle
- 19  Gesamtaufgaben

**2. Teil  Geld- und Kreditverkehr**

- 21  Zinsrechnen
  - a) Die allgemeine Zinsformel
  - b) Die kaufmännische Zinsformel
  - c) Saldokontokorrente
- 22  Fremde Währungen
- 23  Debitoren und Kreditoren
  - a) Einzel- und Sammelkonten
  - b) Offenposten-Buchhaltung
- 24  Anzahlungen (Vorauszahlungen)

**3. Teil  Einkauf, Verkauf, Bestandesänderungen**

- 31  Einkaufs-Kalkulation
- 32  Verkaufs-Kalkulation
- 33  Die Verbuchung von Wareneinkauf und Warenverkauf
- 34  Bestandesänderungen
  - a) Bestandesänderungen im Warenhandel
  - b) Bestandesänderungen im Fabrikationsbetrieb

# Theorie

# 4. Teil     Der Jahresabschluss

In diesem Teil werden Probleme behandelt, die sich vor allem im Zusammenhang mit den Jahresabschlussarbeiten am Ende des Geschäftsjahres ergeben. Speziell wird auf folgende Fragen eingegangen:

- Welche Probleme stellen sich bei den Abschreibungen auf dem Anlagevermögen?
- Wie werden Verluste bei den Debitoren verbucht?
- Wie können Aufwände und Erträge korrigiert werden, die nicht der richtigen Abrechnungsperiode belastet bzw. gutgeschrieben wurden?
- Welche Besonderheiten ergeben sich aus der rechtlichen Verschiedenheit von Einzelunternehmung, Kollektivgesellschaft und Aktiengesellschaft?
- Wie sind die Aktiven und Passiven bei der Bilanzierung zu bewerten?
- Was sind stille Reserven, und welchen Zweck erfüllen sie?

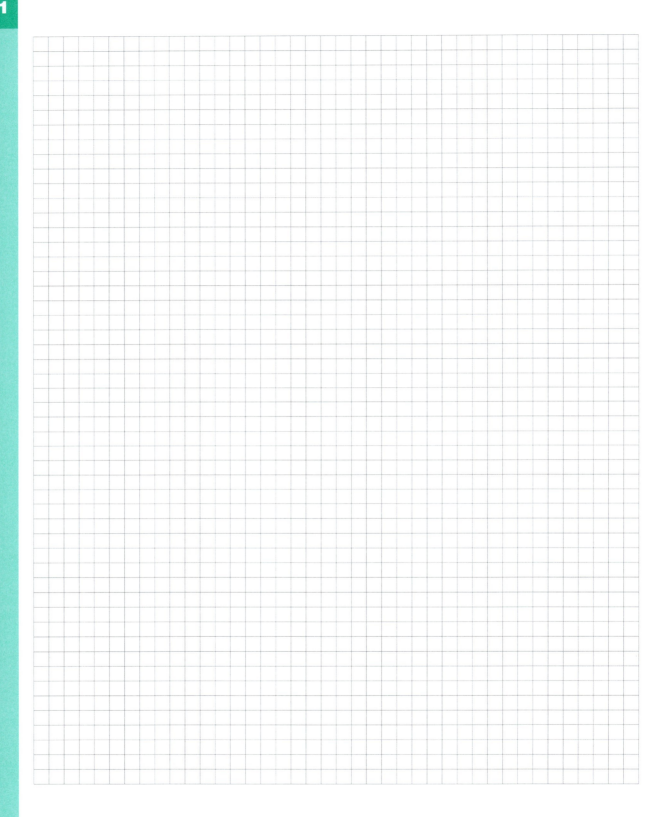

# 41 Abschreibungen

Sachgüter wie Maschinen, Mobiliar oder Fahrzeuge, die während mehrerer Jahre gebraucht werden können, bucht man beim Kauf als Aktivzugang.❶

> Anlagevermögen / liquide Mittel
> (+ Aktiven)       (– Aktiven)

Im Verlaufe der Zeit vermindert sich der Wert dieser Sachgüter, weil sie zum Beispiel durch den Gebrauch abgenützt werden oder weil sie veralten. Diese Wertverminderung erfasst man über die Abschreibungen als Aufwand.

> Abschreibungen / Anlagevermögen
> (+ Aufwand)       (– Aktiven)

Mit der Verbuchung der Abschreibungen bezweckt man

1. die richtige Vermögensermittlung (Bilanz)
2. die periodengerechte Ermittlung des Erfolgs (Erfolgsrechnung)❷
3. die Beschaffung liquider Mittel❸

Die **lineare** und die **degressive Abschreibung** sind die beiden bekanntesten Verfahren zur Ermittlung des Abschreibungsbetrages. Damit nicht verwechselt werden darf die Form der buchhalterischen Erfassung: Unabhängig davon, ob linear oder degressiv abgeschrieben wird, kann die Wertverminderung **direkt** auf dem betreffenden Anlagekonto oder **indirekt** durch die Bildung eines Wertberichtigungskontos zum Anlagekonto verbucht werden.

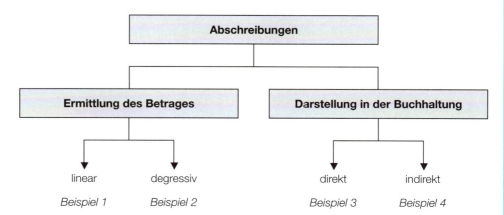

❶ Die Verbuchung des Aktivzugangs erfolgt zum **Anschaffungswert** (Einkaufspreis + Bezugskosten wie Fracht, Zoll und Transportversicherung + Montagekosten).

❷ Durch die Verbuchung des Abschreibungsaufwandes werden die Anschaffungskosten anteilmässig jenen Rechnungsperioden belastet, in denen sich die Sachgüter entwertet haben.

❸ Indem die Abschreibungskosten in die Verkaufspreise eingerechnet werden, fliessen sie über die Verkaufserlöse als liquide Mittel in die Unternehmung zurück. Damit sollen die finanziellen Mittel für die Neuanschaffung der Anlagen am Ende der Nutzungsdauer erwirtschaftet werden, siehe Aufgabe 41.7.

# 41

**Beispiel 1**  **Lineare❶ Abschreibung (Abschreibung vom Anschaffungswert)**

| | |
|---|---|
| Anschaffungswert der Maschine | 40 000.– |
| Geschätzte Nutzungsdauer❷ | 4 Jahre |
| Voraussichtlicher Restwert❸ | 0.– |
| Jährlicher Abschreibungssatz❹ | **25% vom Anschaffungswert** |

| | | |
|---|---|---|
| Anschaffungswert | 40 000.– | |
| – Abschreibung 1. Jahr | 10 000.– | (25% von 40 000.–) |
| Buchwert❺ Ende 1. Jahr | 30 000.– | |
| – Abschreibung 2. Jahr | 10 000.– | (25% von 40 000.–) |
| Buchwert Ende 2. Jahr | 20 000.– | |
| – Abschreibung 3. Jahr | 10 000.– | (25% von 40 000.–) |
| Buchwert Ende 3. Jahr | 10 000.– | |
| – Abschreibung 4. Jahr | 10 000.– | (25% von 40 000.–) |
| Buchwert Ende 4. Jahr | 0.– | |

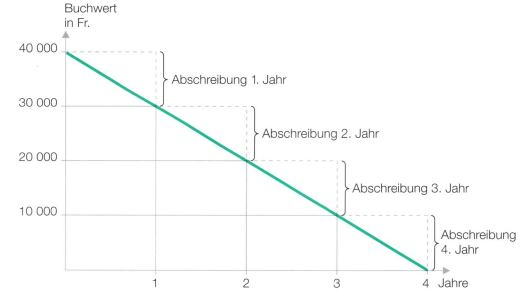

**Vorteil**  Diese Methode ist rechnerisch einfach. Sie ist dann angezeigt, wenn sich die Maschine gleichmässig entwertet (weil sie zum Beispiel jedes Jahr gleich stark genutzt wird).

❶ Weil der Wert der Maschine bei diesem Verfahren gleichmässig abnimmt (im Schaubild als Linie eingezeichnet), heisst diese Methode lineare Abschreibung.

❷ Da die Nutzungsdauer, d.h. die Dauer, während der die Maschine wirtschaftlich genutzt werden kann, beim Kauf der Maschine noch nicht genau bekannt ist, muss man eine Schätzung vornehmen.

❸ Der voraussichtliche Restwert am Ende der Nutzungsdauer wird auch Liquidationswert, Altmaterialwert oder Schrottwert genannt. Er wird nur berücksichtigt, wenn er wertmässig ins Gewicht fällt und annähernd geschätzt werden kann.

❹ Die Maschine entwertet sich in Wirklichkeit fortlaufend. In der Buchhaltung wird hingegen die Wertverminderung in der Regel nur Ende Jahr erfasst.

❺ Unter Buchwert versteht man den Wert gemäss Buchhaltung.

**Beispiel 2**     **Degressive❶ Abschreibung (Abschreibung vom Buchwert)**

Anschaffungswert der Maschine   40 000.–
Geschätzte Nutzungsdauer        4 Jahre
Jährlicher Abschreibungssatz❷   **50% vom Buchwert**

|  | | |
|---|---|---|
| Anschaffungswert | 40 000.– | |
| – Abschreibung 1. Jahr | 20 000.– | (50% von 40 000.–)❸ |
| Buchwert Ende 1. Jahr | 20 000.– | |
| – Abschreibung 2. Jahr | 10 000.– | (50% von 20 000.–) |
| Buchwert Ende 2. Jahr | 10 000.– | |
| – Abschreibung 3. Jahr | 5 000.– | (50% von 10 000.–) |
| Buchwert Ende 3. Jahr | 5 000.– | |
| – Abschreibung 4. Jahr | 2 500.–❹ | (50% von 5 000.–) |
| Buchwert Ende 4. Jahr | 2 500.– | |

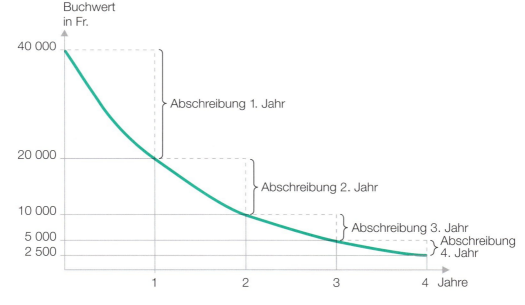

**Vorteil**   Diese rechnerisch aufwändigere Methode trägt dem Umstand Rechnung, dass sich viele Sachgüter in den ersten Jahren des Gebrauchs stärker entwerten als in späteren Jahren.

❶ Degressiv heisst wörtlich übersetzt abnehmend. Dieses Abschreibungsverfahren heisst so, weil die Abschreibungsbeträge von Jahr zu Jahr abnehmen.

❷ Bei der degressiven Abschreibung verwendet man üblicherweise einen gegenüber der linearen Abschreibung doppelt so hohen Abschreibungssatz.

❸ Der Buchwert beim Kauf der Maschine entspricht dem Anschaffungswert.

❹ Die degressive Abschreibung führt rechnerisch nie auf einen Buchwert von 0. In der Praxis schreibt man deshalb im letzten Jahr der Nutzung mehr ab, als sich rein rechnerisch ergäbe. (Hier müssten in der Praxis im 4. Jahr Fr. 5 000.– abgeschrieben werden.)

**Beispiel 3**   **Direkte Abschreibung**

Anschaffungswert der Maschine  Fr. 32 000.– (Kauf Ende 20_0)
Voraussichtliche Nutzungsdauer  3 Jahre
Geschätzter Restwert nach 3 Jahren  Fr. 2 000.–
Jährlicher Abschreibungsbetrag  Fr. 10 000.– (lineare Abschreibung)❶

**20_1**  Beträge (in den Konten) in Fr. 1000.–

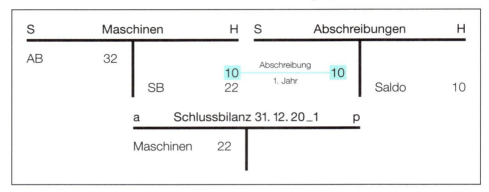

**20_2**

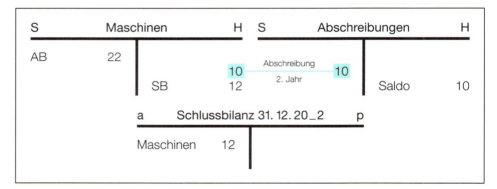

**20_3**❷

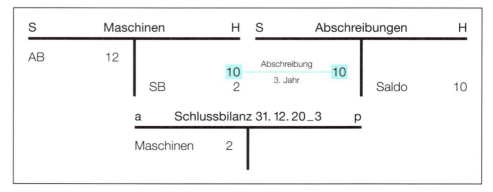

> Diese Verbuchungstechnik heisst direkte Abschreibung, weil die Wertverminderung direkt auf dem Aktivkonto Maschinen ausgebucht wird. Aus der Bilanz ist nur der Buchwert der Maschine ersichtlich.

**Vorteil** Diese Verbuchungstechnik ist in der Praxis beliebt, da sie einfach ist.

❶ Der Abschreibungsbetrag könnte auch nach dem degressiven Abschreibungsverfahren ermittelt werden; auf die Technik der Verbuchung hat dies keinen Einfluss.

❷ Die Buchungen für das Jahr 20_3 lauten:

| | | |
|---|---|---:|
| Maschinen | / Bilanz | 12 |
| Abschreibungen | / Maschinen | 10 |
| Bilanz | / Maschinen | 2 |
| Erfolgsrechnung | / Abschreibungen | 10 |

**Beispiel 4**     **Indirekte Abschreibung** (Zahlen wie in Beispiel 3)

**20_1**

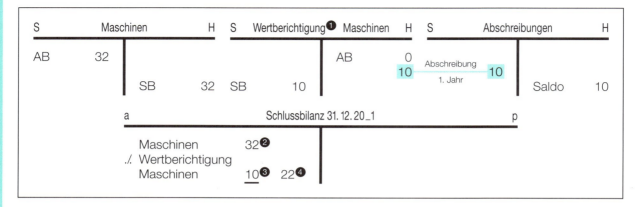

**20_2**

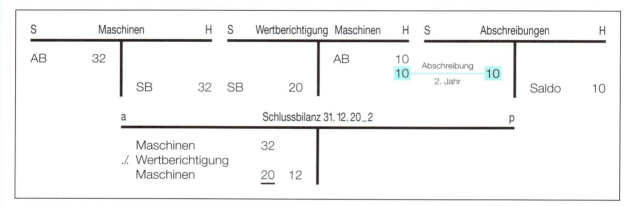

**20_3**

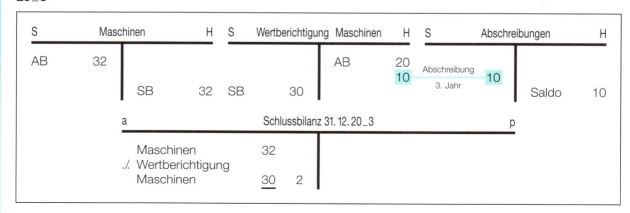

> Diese Verbuchungstechnik heisst indirekte Abschreibung, weil die Wertverminderung nicht direkt auf dem Aktivkonto Maschinen ausgebucht, sondern indirekt auf dem Konto Wertberichtigung Maschinen berücksichtigt wird. Die Bilanz zeigt auf dem Konto Maschinen den Anschaffungswert, auf dem Konto Wertberichtigung Maschinen die kumulierten Abschreibungen und als Differenz den Buchwert.

**Vorteil** Die indirekte Abschreibung ist wohl komplizierter als die direkte Abschreibung, dafür vermittelt sie mehr Informationen (zusätzlich zum Buchwert auch den Anschaffungswert sowie die kumulierten Abschreibungen).

❶ Das Konto Wertberichtigung Maschinen ist ein Minus-Aktivkonto; es hat dieselben Buchungsregeln wie ein Passivkonto. Das Wertberichtigungskonto ist ein ruhendes Konto, d.h., es wird grundsätzlich nur beim Jahresabschluss verwendet.

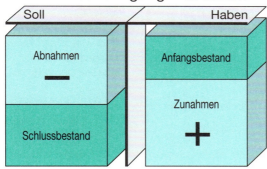

❷ Anschaffungswert

❸ In der Bilanz sind die **kumulierten Abschreibungen** ersichtlich in der Erfolgsrechnung die Abschreibungen der betreffenden Periode. (Kumuliert heisst wörtlich übersetzt angehäuft. In der Buchhaltung versteht man darunter die zusammengezählten, bisher insgesamt vorgenommenen Abschreibungen.)

❹ Als Differenz zwischen dem Anschaffungswert und den kumulierten Abschreibungen ist der **Buchwert** ersichtlich.

❺ Die Buchungen für das Jahr 20_3 lauten:

| | | |
|---|---|---|
| Maschinen | / Bilanz | 32 |
| Bilanz | / Wertberichtigung Maschinen | 20 |
| Abschreibungen | / Wertberichtigung Maschinen | 10 |
| Bilanz | / Maschinen | 32 |
| Wertberichtigung Maschinen | / Bilanz | 30 |
| Erfolgsrechnung | / Abschreibungen | 10 |

# 42 Debitorenverluste, Delkredere

Debitorenverluste sind Ausfälle von Forderungen, z. B. infolge von Zahlungsschwierigkeiten von Kunden. Die buchhalterische Behandlung erfolgt auf zwei Arten, je nachdem, ob der Verlust bereits endgültig eingetreten ist oder ob erst in Zukunft damit zu rechnen ist.

| Debitorenverluste | |
|---|---|
| **Endgültige Verluste** | **Mutmassliche Verluste** |
| Der zahlungsunfähige Debitor und der erlittene Verlust sind bekannt. Die Abschreibung des Forderungsbetrages erfolgt beim Eintreten des Verlustes **direkt** über das **Debitorenkonto** und das Minus-Ertragskonto Debitorenverluste. | Im Debitorenbestand sind erfahrungsgemäss eine Anzahl Forderungen enthalten, deren Zahlungseingang ungewiss ist. Ende einer Rechnungsperiode werden ihre Verlustrisiken geschätzt und **indirekt** über das **Delkrederekonto** und das Minus-Ertragskonto Debitorenverluste . |
| Direkte Abschreibung | Indirekte Abschreibung |
| Debitorenverluste/Debitoren | Debitorenverluste/Delkredere |

**Debitorenverluste stellen eine Erlösminderung dar,** weshalb das Konto Debitorenverluste ein Minus-Ertragskonto ist, das dieselben Buchungsregeln wie ein Aufwandskonto aufweist.

Das **Delkredere ist eine Wertberichtigung zum Konto Debitoren,** deshalb auch Wertberichtigung Debitoren genannt. Es ist ein Minus-Aktivkonto wie das Wertberichtigungskonto bei der indirekten Abschreibung und unterliegt denselben Buchungsregeln wie ein Passivkonto.

Im Gegensatz zu den Abschreibungen definitiver Verluste, bei denen die einzelnen Debitoren und die Höhe des erlittenen Verlustes bekannt sind, kennt man bei der indirekten Abschreibung in der Regel die Kunden noch nicht, welche der Unternehmung Verluste zufügen werden. Eine direkte Abschreibung bei den einzelnen Debitoren ist deshalb nicht möglich.

Wie hoch das Delkredere veranschlagt werden soll, beruht auf Erfahrungszahlen. Abhängig von Branche und Konjunkturlage, bewegt sich der Prozentsatz bei inländischen Debitoren meist zwischen 0% und 5%, bei ausländischen zwischen 0% und 10%.

Das Delkredere ist ein ruhendes Konto, d. h., es wird während des Jahres nicht verändert und erst beim Abschluss dem neuen Debitorenbestand angepasst.

**Beispiel** Die Morf-AG wurde neu gegründet. Der Verkehr mit den Debitoren wird summarisch dargestellt (alle Zahlen in Fr. 1000.–).

**42**

## 1. Jahr

|  | Bestandesrechnung | | | | Erfolgsrechnung |
|---|---|---|---|---|---|
|  | Debitoren | | Delkredere ❶ | | Debitorenverluste |
| Bisheriger Geschäftsverkehr | 402 | 300 | | | |
| Mangels Aktiven wurde die Betreibung gegen Debitor X eingestellt. Der endgültige Verlust beträgt 2. | | 2 | | 2 | |
| Auf dem Debitorenbestand am Jahresende wird erstmals ein Delkredere von 5% für mutmassliche Verluste gebildet. | | | | 5 | 5 |
| Übertrag Saldi | | 100 | 5 | | 7 |
|  | 402 | 402 | 5 | 5 | 7 | 7 |

**Schlussbilanz 20_1**

| Debitoren | 100 | |
| – Delkredere | 5 | 95 |
|  | | ❷ |

## 2. Jahr

|  | Debitoren | | Delkredere | | Debitorenverluste |
|---|---|---|---|---|---|
| Eröffnung | 100 | | | 5 | |
| Lieferungen an Kunden | 600 | | | | |
| Zahlungen von Kunden | | 610 | | | |
| Konkurs von Kunde Y. Der definitive Verlust beträgt 10. | | 10 | | | 10 |
| Die mutmasslichen Verluste auf dem Debitorenbestand betragen 5%. ❸ | | | 1 | | 1 |
| Übertrag Saldi | | 80 | 4 | | 9 |
|  | 700 | 700 | 5 | 5 | 10 | 10 |

**Schlussbilanz 20_2**

| Debitoren | 80 | |
| – Delkredere | 4 | 76 |
|  | | ❷ |

Sowohl die endgültigen als auch die mutmasslichen Verluste werden immer im Soll des Minus-Ertragskontos Debitorenverluste verbucht.

❶ Das Delkredere ist wie das Warenbestandeskonto ein ruhendes Konto, d.h., es wird während des Jahres nicht verändert und erst beim Abschluss dem neuen Debitorenbestand angepasst. In der Regel wird es in einem Prozentsatz des Debitorenbestandes berechnet.

❷ Die Bilanz zeigt bei den Debitoren die bestehenden Forderungen, beim Delkredere die kumulierten mutmasslichen Verluste und als Differenz den Buchwert der Debitoren.

❸ Das neue Delkredere beträgt demnach 5% von 80 = 4. Das bisherige Delkredere muss also um 1 vermindert werden (Rückbuchung: Delkredere / Debitorenverluste).

## 43 Transitorische Aktiven und Passiven (Rechnungsabgrenzung)

In der Erfolgsrechnung werden Aufwand und Ertrag einer bestimmten **Rechnungsperiode** einander gegenübergestellt. Es kommt in der Praxis allerdings vor, dass in den Aufwands- und Ertragskonten

- Beträge verbucht worden sind, die erst die nächste Rechnungsperiode betreffen, oder
- Beträge fehlen, die noch das Ergebnis der laufenden Rechnungsperiode beeinflussen sollen.

Darum muss vor dem Jahresabschluss die sogenannte **Rechnungsabgrenzung** durchgeführt werden, d. h., die nicht periodengerecht verbuchten Aufwände und Erträge müssen mit **transitorischen Buchungen** an die Periode angepasst werden.❶

**Beispiel 1**  **Transitorische Aktiven** (= aktive Rechnungsabgrenzung)

Für einen gemieteten Lagerraum zahlt eine 20_1 gegründete Unternehmung die Miete von Fr. 1 200.– jeweils am 31. Oktober für ein Jahr zum Voraus.

Wenn die Buchhaltung am 31. Dezember abgeschlossen wird, so muss der Mietaufwand wie folgt auf das laufende und das nächste Geschäftsjahr verteilt werden:

Am 31. Oktober 20_1 wurde der ganze Jahreszins von Fr. 1 200.– als Mietaufwand verbucht. Weil der Mietzins das Jahr 20_1 aber nur für zwei Monate betrifft, dürfen 20_1 auch nur Fr. 200.– als Aufwand belastet werden. Vor dem Jahresabschluss sind deshalb Fr. 1 000.– Aufwand auf das nächste Jahr (20_2) zu übertragen.

❶ Das lateinische Wort «transire» bedeutet hinübergehen. Im Rechnungswesen wird das Wort «transitorisch» für Geschäftsfälle verwendet, deren Wirkung über den Abschlussstichtag hinausgeht.

## Buchungen 20_1

| Datum | Text | Buchung | Konten | | | |
|---|---|---|---|---|---|---|
| | | | Transitorische Aktiven ❶ | | Mietaufwand | |
| | | | S    H | | S    H | |
| 31. 10. | Zahlung | Mietaufwand/Post | | | 1 200 | |
| 31. 12. | Abgrenzung | Transitorische Aktiven/ Mietaufwand | 1 000 | | | 1 000 |
| 31. 12. | Salden | | | 1 000 | | 200 |
| | | | 1 000 | 1 000 | 1 200 | 1 200 |

## Buchungen 20_2

| 1. 1. | Eröffnung | Transitorische Aktiven/Bilanz | 1 000 | | | |
|---|---|---|---|---|---|---|
| 1. 1. | Rückbuchung ❷ | Mietaufwand/Transitorische Aktiven | | 1 000 | 1 000 | |

Durch die Abgrenzung 20_1 erreicht man, dass sich die Zahlung von Fr. 1 200.– nur als Aufwand von Fr. 200.– auf das laufende Jahr auswirkt. Durch die Rückbuchung der Abgrenzung zu Beginn des folgenden Jahres werden die Fr. 1 000.– dem Jahr 20_2 als Mietaufwand belastet. Das Konto Transitorische Aktiven ist nach der Rückbuchung ausgeglichen.

❶ Das Konto Transitorische Aktiven wird nur für den Jahresabschluss gebraucht. Es stellt hier ein **Leistungsguthaben** dar: Diese Unternehmung hat das Recht, den Lagerraum noch weitere 10 Monate zu benutzen, ohne dass dafür Mietzins bezahlt werden muss.

Ein transitorisches Aktivum kann auch aus einem **Geldguthaben** bestehen: Ein Darlehensgläubiger zum Beispiel bucht am Jahresende den ausstehenden Marchzins mit der Buchung Transitorische Aktiven/Zinsertrag.

❷ Die Rückbuchung wird mit dem gegenüber der Abgrenzung umgekehrten Buchungssatz vorgenommen.

## Beispiel 2

**Transitorische Passiven** (= passive Rechnungsabgrenzung)

Eine 20_1 gegründete Unternehmung nimmt ein Darlehen von Fr. 200 000.– auf, das jeweils am 30. September zu 6% p. a. verzinst werden muss.

Wenn die Buchhaltung am 31. Dezember abgeschlossen wird, so muss der Zinsaufwand wie folgt auf das erste und das zweite Geschäftsjahr verteilt werden:

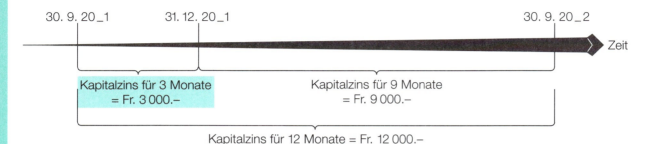

Da der erste Jahreszins von Fr. 12 000.– erst am 30. 9. 20_2 zur Zahlung fällig wird, wurden in dieser Unternehmung bis zum Jahresabschluss vom 31. 12. 20_1 noch keine Kapitalzinsen verbucht. Weil das Kapital im alten Jahr bereits drei Monate beansprucht worden ist, muss der entsprechende Marchzins für 20_1 als Aufwand und als Schuld verbucht werden.

**Buchungen 20_1**

| Datum | Text | Buchung | Konten | | | |
|---|---|---|---|---|---|---|
| | | | Transitorische Passiven ❶ | | Zinsaufwand | |
| | | | S | H | S | H |
| 31. 12. | Abgrenzung | Zinsaufwand/Transitorische Passiven | | 3 000 | 3 000 | |
| 31. 12. | Salden | | 3 000 | | | 3 000 |
| | | | 3 000 | 3 000 | 3 000 | 3 000 |

**Buchungen 20_2**

| Datum | Text | Buchung | Konten | | | |
|---|---|---|---|---|---|---|
| 1. 1. | Eröffnung | Bilanz/Transitorische Passiven | | 3 000 | | |
| 1. 1. | Rückbuchung ❷ | Transitorische Passiven/Zinsaufwand | 3 000 | | | 3 000 |
| 30. 9. | Zinszahlung | Zinsaufwand/Post | | | 12 000 | |

Durch die Abgrenzung Ende 20_1 erreicht man, dass der anteilige Zinsaufwand von Fr. 3 000.– der alten Rechnungsperiode belastet wird. Mit der Rückbuchung der Abgrenzung zu Beginn des folgenden Jahres sowie der Verbuchung der Zinszahlung am 30. September werden der neuen Periode Fr. 9 000.– Zins belastet (Fr. 12 000.– ./. Fr. 3 000.–). Das Konto Transitorische Passiven ist nach der Rückbuchung ausgeglichen.

❶ Das Konto Transitorische Passiven wird nur für den Jahresabschluss gebraucht. Es stellt hier eine **Geldschuld** dar: Diese Unternehmung hat das Kapital schon drei Monate beansprucht und ist damit die Verpflichtung eingegangen, einen entsprechenden Marchzins zu entrichten. Ein transitorisches Passivum kann auch aus einer **Leistungsschuld** bestehen: Ein Vermieter bucht zum Beispiel am Jahresende den für das neue Jahr im Voraus erhaltenen Mietzins mit der Buchung Liegenschaftenertrag/Transitorische Passiven. Da es sich bei den transitorischen Passiven immer um eine kurzfristige Schuld handelt, werden sie als kurzfristiges Fremdkapital bilanziert.

❷ Die Rückbuchung wird mit dem im Vergleich zur Abgrenzung umgekehrten Buchungssatz vorgenommen.

**Zusammenfassung**

Es können folgende vier Fälle von zeitlichen Abgrenzungen am Jahresende unterschieden werden:

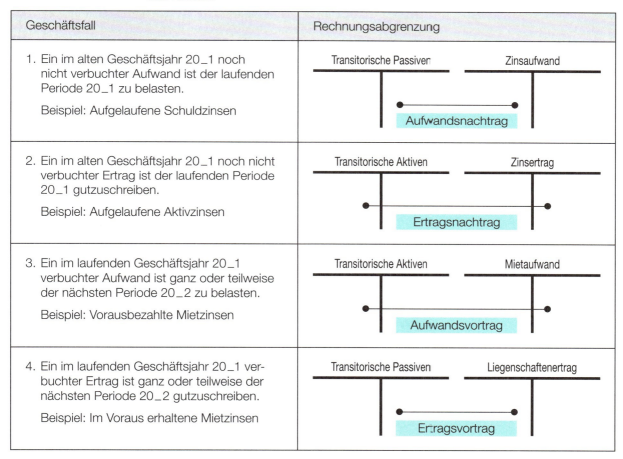

Die transitorischen Buchungen sind stets **erfolgswirksam,** d.h., die Gegenbuchung zu den transitorischen Aktiven oder Passiven erfolgt immer auf einem Aufwands- oder Ertragskonto.

Buchungen über transitorische Konten erfolgen nur beim Jahresabschluss. Nach der Wiedereröffnung werden die transitorischen Aktiven und Passiven durch Umkehrung der Buchungssätze, die zu ihrer Bildung geführt haben, aufgelöst.

# 44 Abschluss bei der Einzelunternehmung

Für die Einzelunternehmung gelten die folgenden wesentlichen Merkmale:
- Das ganze Eigenkapital wird durch den Inhaber aufgebracht.
- Der Inhaber führt das Geschäft und ist in seiner Entscheidungsfreiheit uneingeschränkt.
- Der Inhaber haftet mit seinem Geschäfts- und Privatvermögen, dafür hat er auch Anspruch auf den ganzen Gewinn.

Der Verkehr zwischen der Unternehmung und dem Geschäftsinhaber wird über das Privat- und das Eigenkapitalkonto abgewickelt. **Im Privatkonto werden die laufenden Gutschriften und Bezüge des Geschäftsinhabers festgehalten, das Eigenkapitalkonto zeigt das der Unternehmung langfristig zur Verfügung gestellte Kapital.**

Da der Saldo des Privatkontos beim Jahresabschluss immer auf das Eigenkapitalkonto gebucht wird, erscheint das Privatkonto bei der Einzelunternehmung **nie** in der Bilanz.

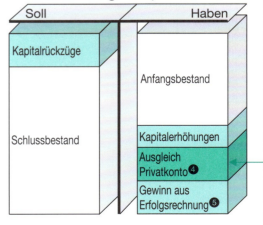

❶ Private Warenbezüge erfolgen zum Einstandspreis. Sie werden als Aufwandsminderung erfasst.
❷ Der Geschäftsinhaber hat für seine geleistete Arbeit einen Gehaltsanspruch wie ein Angestellter.
❸ Das im Geschäft investierte Eigenkapital wird dem Geschäftsinhaber verzinst.
❹ Bei einem Überschuss der Belastungen wäre der Ausgleichsposten im Haben des Privatkontos und im Soll des Eigenkapitalkontos.
❺ Ein allfälliger Verlust würde das Eigenkapital vermindern und im Soll verbucht.

**Beispiel** Die unten stehende Darstellung zeigt summarisch
- die Verbuchung der Gutschriften und Bezüge des Geschäftsinhabers T. Stamm auf dem Privatkonto,
- die Abschlussbuchungen auf dem Eigenkapitalkonto in 3 Schritten.

| | Vorgänge | Buchungssatz | Konten Privat | | Eigenkapital | |
|---|---|---|---|---|---|---|
| | Eröffnung❻ | Bilanz/Eigenkapital | | | | 100 000 |
| | Gehaltsgutschriften an T. Stamm (Eigenlohn)❼ | Gehälter/Privat | | 84 000 | | |
| | Zinsgutschrift 6% auf Eigenkapital (Eigenzins)❼ | Zinsen/Privat | | 6 000 | | |
| | Barbezüge von T. Stamm | Privat/Kasse | 80 000 | | | |
| **1. Schritt** | Ausgleich des Privatkontos über das Eigenkapital | Privat/Eigenkapital | 10 000 | | | 10 000 |
| | | | 90 000 | 90 000 | | |
| | | | Erfolgsrechnung | | | |
| | Total Aufwendungen während des Jahres | | 200 000 | | | |
| | Total Erträge während des Jahres | | | 240 000 | | |
| **2. Schritt** | Übertrag des Gewinns❼ auf das Eigenkapital | Erfolgsrechnung/ Eigenkapital | 40 000 | | | 40 000 |
| | | | 240 000 | 240 000 | | |
| | | | Schlussbilanz | | | |
| | Total Aktiven | | 400 000 | | | |
| | Total Fremdkapital | | | 250 000 | | |
| **3. Schritt** | Übertrag Eigenkapital auf Schlussbilanz | Eigenkapital/ Schlussbilanz | | 150 000 | 150 000 | |
| | | | 400 000 | 400 000 | 150 000 | 150 000 |

❻ Da das Privatkonto nicht in der Schlussbilanz des letzten Jahres erschienen ist, hat es auch keinen Anfangsbestand.

❼ Das Unternehmereinkommen wird wie folgt berechnet:

| | | |
|---|---|---|
| Eigenlohn | Fr. | 84 000.– |
| + Eigenzins | Fr. | 6 000.– |
| + Reingewinn | Fr. | 40 000.– |
| Unternehmereinkommen | Fr. | 130 000.– |

## 45 Abschluss bei der Kollektivgesellschaft

Die Kollektivgesellschaft ist ein Zusammenschluss von zwei oder mehreren natürlichen Personen mit dem Zweck, unter eigener Firma, ohne Beschränkung der Haftung, ein Geschäft zu betreiben.

Für die Buchhaltung bei der Kollektivgesellschaft gelten folgende wichtige Bestimmungen:

- Für jeden Gesellschafter wird ein Privatkonto und ein Kapitalkonto geführt:
  - Das Kapitalkonto zeigt die langfristigen Kapitaleinlagen gemäss Gesellschaftsvertrag;
  - das Privatkonto hält die laufenden Gutschriften und Bezüge des Gesellschafters fest.
- Im Gegensatz zur Einzelunternehmung werden die Privatkonten Ende Jahr nicht über die Kapitalkonten ausgeglichen. Sie werden als Kontokorrente geführt.
- Für die Gewinn- und Verlustrechnung ist der Gesellschaftsvertrag massgeblich. Wo nichts vereinbart wurde, wird der Erfolg zu gleichen Teilen an die Gesellschafter verteilt (man sagt auch: nach Köpfen).❶
- Jeder Gesellschafter hat Anrecht auf einen Gewinnanteil, Eigenzins und Eigenlohn, wobei der Eigenlohn und der Eigenzins unabhängig vom Geschäftsergebnis entrichtet werden müssen.❷
- Gewinne dürfen nur ausgeschüttet werden, wenn die Kapitaleinlagen nicht durch Verluste aus früheren Geschäftsperioden vermindert sind.❸

---

❶ OR Art. 533
[1] Wird es nicht anders vereinbart, so hat jeder Gesellschafter, ohne Rücksicht auf die Art und Grösse seines Beitrages, gleichen Anteil an Gewinn und Verlust.
[2] Ist nur der Anteil am Gewinne oder nur der Anteil am Verluste vereinbart, so gilt diese Vereinbarung für beides.
[3] Die Verabredung, dass ein Gesellschafter, der zu dem gemeinsamen Zwecke Arbeit beizutragen hat, Anteil am Gewinne, nicht aber am Verluste haben soll, ist zulässig.

❷ OR Art. 558
[1] Für jedes Geschäftsjahr sind aufgrund der Gewinn- und Verlustrechnung sowie der Bilanz der Gewinn oder Verlust zu ermitteln und der Anteil jedes Gesellschafters zu berechnen.
[2] Jedem Gesellschafter dürfen für seinen Kapitalanteil Zinsen gemäss Vertrag gutgeschrieben werden, auch wenn durch den Verlust des Geschäftsjahres der Kapitalanteil vermindert ist. Mangels vertraglicher Abrede beträgt der Zinssatz vier vom Hundert.
[3] Ein vertraglich festgesetztes Honorar für die Arbeit eines Gesellschafters wird bei der Ermittlung von Gewinn und Verlust als Gesellschaftsschuld behandelt.

OR Art. 559
[1] Jeder Gesellschafter hat das Recht, aus der Gesellschaftskasse Gewinn, Zinsen und Honorar des abgelaufenen Geschäftsjahres zu entnehmen.
[2] Zinsen und Honorare dürfen, soweit dies der Vertrag vorsieht, schon während des Geschäftsjahres, Gewinne dagegen erst nach Feststellung der Bilanz bezogen werden.
[3] Soweit ein Gesellschafter Gewinne, Zinsen und Honorare nicht bezieht, werden sie nach Feststellung der Bilanz seinem Kapitalanteil zugeschrieben, sofern nicht einer der andern Gesellschafter dagegen Einwendungen erhebt.

❸ OR Art. 560
[1] Ist der Kapitalanteil durch Verlust vermindert worden, so behält der Gesellschafter seinen Anspruch auf Ausrichtung des Honorars und der vom verminderten Kapitalanteil zu berechnenden Zinse; ein Gewinnanteil darf erst dann wieder ausbezahlt werden, wenn die durch den Verlust entstandene Verminderung ausgeglichen ist.
[2] Die Gesellschafter sind weder verpflichtet, höhere Einlagen zu leisten als dies im Vertrag vorgesehen ist, noch ihre durch Verlust verminderten Einlagen zu ergänzen.

**Beispiel**  Die Darstellung zeigt die summarischen Konteneintragungen in der Kollektivgesellschaft Keller & Müller

- bei der Eröffnung
- während des Jahres
- beim Abschluss mit Gewinnverteilung

### Eröffnungsbilanz

| | |
|---|---|
| | Kapital Keller  100 |
| | Kapital Müller 200 |
| | Privat Keller   − 25 |
| | Privat Müller        6 |

| Geschäftsfälle | Kapital Keller (S / H) | Kapital Müller (S / H) | Privat Keller (S / H) | Privat Müller (S / H) |
|---|---|---|---|---|
| Eröffnung ❶ |   / 100 |   / 200 | 25 /   |   / 6 |
| Bezüge während des Jahres |   |   | 100 /   | 110 /   |
| Gutschriften für Eigenlohn |   |   |   / 96 |   / 96 |
| Zinsgutschrift 4% auf Kapitaleinlage |   |   |   / 4 |   / 8 |
| Gutschrift Reingewinnanteil ❷ |   |   |   / 20 |   / 20 |
| Übertrag auf die Bilanz (Salden) | 100 /   | 200 /   |   / 5 | 20 /   |
| | 100 / 100 | 200 / 200 | 125 / 125 | 130 / 130 |

### Schlussbilanz

| | |
|---|---|
| | Kapital Keller  100 |
| | Kapital Müller 200 |
| | Privat Keller   − 5 |
| | Privat Müller      20 |

❶ Die **Privatkonten der Gesellschafter** werden als Kontokorrente geführt.
  ➢ Gesellschafter Keller hat sein Konto überzogen (Sollüberschuss), weshalb das Privatkonto in der Eröffnungsbilanz im Sinn eines Wertberichtigungskontos als Minus-Passivkonto beim Eigenkapital abgezählt wird. Die Eröffnung im Hauptbuch erfolgt nach den Buchungsregeln eines Minus-Passivkontos im Soll.
  ➢ Bei Gesellschafter Müller waren die Gutschriften grösser als die Bezüge (Habenüberschuss), weshalb das Privatkonto als Passivkonto als Teil des Eigenkapitals in der Bilanz aufgeführt wird. Im Hauptbuch erfolgt die Eröffnung des Privatkontos im Haben.

❷ Üblicherweise wird der Gewinn dem Privatkonto gutgeschrieben. Gemäss OR Art. 559 Abs. 3 ist aber auch eine Gutschrift von Gewinn, Eigenzins und Eigenlohn – soweit sie nicht bezogen werden – auf dem Kapitalkonto möglich, allerdings nur, sofern nicht ein anderer Gesellschafter dagegen Einspruch erhebt.
Verluste werden in der Regel über die Kapitalkonten abgebucht. Die Zinsen sind dann auf den verminderten Kapitalanteilen zu berechnen (vgl. OR Art. 560 Abs. 1).

## 46 Abschluss bei der Aktiengesellschaft

Die Aktiengesellschaft (AG) unterscheidet sich gegenüber der Einzelunternehmung ganz grundsätzlich:

| | **Einzelunternehmung** | **Aktiengesellschaft** |
|---|---|---|
| Personenkreis | Eine einzelne natürliche Person ist Eigentümerin der Unternehmung. | Die AG ist eine Gesellschaft mit eigener Rechtspersönlichkeit (juristische Person), an der einer oder mehrere Aktionäre beteiligt sind. |
| Eigenkapital | Das Eigenkapital stammt allein vom Einzelunternehmer bzw. der Einzelunternehmerin. **In der Bilanz wird das Eigenkapital nicht weiter gegliedert.** | Das Eigenkapital wird von einem oder mehreren Aktionären bzw. Aktionärinnen aufgebracht. In der Bilanz wird das Eigenkapital wie folgt gegliedert:❶<br>› Aktienkapital<br>› Gesetzliche Gewinnreserve<br>› Freiwillige Gewinnreserven<br>› Gewinnvortrag❷ |
| Gewinnverbuchung beim Abschluss | Der Gewinn wird auf das Eigenkapital gebucht.<br>Buchungssatz:<br>**Erfolgsrechnung/Eigenkapital** | Der Gewinn wird auf das Eigenkapital-Konto *Gewinnvortrag* gebucht.<br>Buchungssatz:<br>**Erfolgsrechnung/Gewinnvortrag.** |
| Gewinnverwendung | Der Einzelunternehmer kann frei über den Gewinn verfügen und diesen in Form von Privatbezügen während des Jahres beziehen. | Die Generalversammlung (= Versammlung der Aktionäre) beschliesst über die Gewinnverwendung:<br>› Ein Teil des Gewinns muss in Form von **gesetzlichen Gewinnreserven** zurückbehalten werden.<br>› Der Rest des Gewinns kann an die Aktionäre als **Dividende** (von lateinisch *dividere* = teilen, verteilen) ausbezahlt werden.<br>Es ist möglich, einen Teil des Gewinns in Form von **freiwilligen Gewinnreserven** zurückzubehalten oder als Gewinnrest auf dem **Gewinnvortragskonto** für eine Verteilung im nächsten Jahr stehen zu lassen. |
| Haftung | Der Unternehmer haftet persönlich und unbeschränkt für alle Geschäftsschulden, d.h. auch mit seinem Privatvermögen. Das ist ein wichtiger Nachteil dieser Rechtsform. | Die Haftung für Gesellschaftsschulden ist auf das Vermögen der AG beschränkt. Die Aktionäre haften nicht. (Im Konkurs der AG verlieren die Aktien allerdings ihren Wert, sodass die Aktionäre trotzdem zu Schaden kommen.) |
| Anonymität | Der Unternehmer ist als Eigentümer seiner Einzelunternehmung im Handelsregister eingetragen (ausser sehr kleine Einzelunternehmungen). | Die Aktionäre sind nicht im Handelsregister eingetragen; sie bleiben grundsätzlich anonym (daher der französische Name für Aktiengesellschaft: Société Anonyme, SA). |
| Steuern | Geschäfts- und Privateinkommen bzw. -vermögen werden zusammengezählt und gemeinsam besteuert. | Die AG und die Aktionäre werden getrennt besteuert:<br>› Die AG zahlt Steuern auf dem Gewinn und dem Eigenkapital.<br>› Die Aktionäre zahlen Steuern auf den Dividenden und dem Vermögen (Wert der Aktien).<br>Diese Doppelbesteuerung ist der wichtigste Nachteil der AG. |

❶ Diese Gliederung basiert auf dem am 1. Januar 2013 in Kraft gesetzten revidierten Buchführungsrecht (32. Titel des Obligationenrechts), das erstmals für das Geschäftsjahr 2015 angewandt werden muss.

❷ Der Gewinnvortrag stellt rechtlich eine freiwillige Gewinnreserve dar, wird in der Bilanz indes oft separat ausgewiesen.

## Die Gewinnverbuchung beim Jahresabschluss

Als letzte Buchung eines Geschäftsjahres wird auch bei der Aktiengesellschaft der Gewinn auf das Eigenkapital gebucht. Im Unterschied zur Einzelunternehmung verfügt die Aktiengesellschaft mit dem Konto **Gewinnvortrag** über ein gesondertes Eigenkapitalkonto, das eigens für die Gewinnverbuchung und später für die Gewinnverwendung geschaffen wurde.

**Beispiel 1**  **Gewinnverbuchung** (in Fr. 1000.–)

Eine Aktiengesellschaft erwirtschaftete einen Jahresgewinn von 40. Die Schlussbilanz vor Gewinnverbuchung zeigt folgendes Bild:

**Schlussbilanz *vor* Gewinnverbuchung per 31.12. 20_3**

| Aktiven | | | Passiven | | |
|---|---|---|---|---|---|
| **Umlaufvermögen** | | | **Fremdkapital** | | |
| Flüssige Mittel | 50 | | Kurzfristiges Fremdkapital | 90 | |
| Forderungen | 150 | | Langfristiges Fremdkapital | 180 | 270 |
| Vorräte | 90 | 290 | | | |
| | | | **Eigenkapital** | | |
| | | | Aktienkapital | 200 | |
| | | | Gesetzliche Gewinnreserve | 60 | |
| **Anlagevermögen** | | | Freiwillige Gewinnreserven | 20 | |
| Sachanlagen | 300 | | **Gewinnvortrag** | **10** | |
| Finanzanlagen | 10 | 310 | **Gewinn** | **40** | 330 |
| | | 600 | | | 600 |

Der Übertrag des Gewinns auf den Gewinnvortrag erfolgt mit folgender Buchung: ❶

| Datum | Text | Sollkonto | Habenkonto | Betrag |
|---|---|---|---|---|
| 31.12. 20_3 | Übertrag Gewinn | **Erfolgsrechnung** | **Gewinnvortrag** | **40** |

Nach der Gewinnverbuchung ist das Geschäftsjahr abgeschlossen, und die Schlussbilanz nach Gewinnverbuchung wird zur Eröffnungsbilanz für das neue Geschäftsjahr:

**Schlussbilanz *nach* Gewinnverbuchung per 31.12. 20_3 (= Eröffnungsbilanz 1.1. 20_4)**

| Aktiven | | | Passiven | | |
|---|---|---|---|---|---|
| **Umlaufvermögen** | | | **Fremdkapital** | | |
| Flüssige Mittel | 50 | | Kurzfristiges Fremdkapital | 90 | |
| Forderungen | 150 | | Langfristiges Fremdkapital | 180 | 270 |
| Vorräte | 90 | 290 | | | |
| | | | **Eigenkapital** | | |
| | | | Aktienkapital | 200 | |
| | | | Gesetzliche Gewinnreserve | 60 | |
| **Anlagevermögen** | | | Freiwillige Gewinnreserven | 20 | |
| Sachanlagen | 300 | | **Gewinnvortrag** | **50** | 330 |
| Finanzanlagen | 10 | 310 | | | |
| | | 600 | | | 600 |

Der im Konto Gewinnvortrag ausgewiesene Betrag bleibt bis zur Generalversammlung stehen. Die Generalversammlung muss innerhalb von sechs Monaten nach dem Jahresabschluss durchgeführt werden. Sie fasst Beschluss über die Verwendung des im Gewinnvortrag ausgewiesenen Gewinns.

❶ Der Gewinn wird in diesem Buch im Sinne der doppelten Buchhaltung als Saldo von Bilanz und Erfolgsrechnung betrachtet, nicht als Konto. In Informatik gestützten Buchhaltungssystemen wird der Gewinn oft als Konto definiert.

### Die Gewinnverwendung

Die Beschlussfassung über die Verwendung des Gewinnvortrags, insbesondere die Festsetzung der Dividende, gehört zu den Aufgaben der Generalversammlung. Dabei müssen die obligationenrechtlichen Bestimmungen zur Reservenbildung eingehalten werden:

**Gesetzliche Gewinnreserve**
5% des Gewinns dürfen nicht an die Aktionäre ausgeschüttet werden, sondern müssen in Form von gesetzlichen Gewinnreserven in der Aktiengesellschaft zurückbehalten werden, bis die gesetzlichen Gewinnreserven 50% des Aktienkapitals erreicht haben.❶

Dies führt zur Stärkung der Gesellschaft, indem weniger flüssige Mittel für die Dividendenausschüttung verwendet werden und mehr flüssige Mittel für Investitionen in der Gesellschaft zur Verfügung stehen.

**Freiwillige Gewinnreserven**
Gemäss Statuten oder durch Beschluss der Generalversammlung können aus dem Gewinn freiwillig weitere Reserven gebildet werden. Da diese nicht gesetzlich vorgeschrieben sind, können sie von der Generalversammlung bei Bedarf wieder aufgelöst werden.

**Gewinnvortrag**
Oft wird ein kleiner Gewinnrest auf dem Konto Gewinnvortrag stehen gelassen. Er steht für die Gewinnverwendung im nächsten Jahr zur Verfügung.

**Dividenden**
Das Konto Dividenden gehört zum kurzfristigen Fremdkapital. Die Dividenden stellen eine Verbindlichkeit der Aktiengesellschaft gegenüber den Aktionären dar.

Dividenden werden entweder in Prozenten des Aktienkapitals oder als Betrag je Aktie angegeben.

**Tantiemen**
Das sind Gewinnausschüttungen an den Verwaltungsrat. Tantiemen sind sehr selten, weil sie wie die Dividenden zu einer Doppelbesteuerung führen und ausserdem AHV-pflichtig sind. In der Praxis wird dem Verwaltungsrat ein Honorar bezahlt, das gleich wie ein Lohnaufwand zu erfassen ist.

**Verrechnungssteuer (VSt)**
Nur die Nettodividende von 65% wird an die Aktionäre ausbezahlt. 35% der Bruttodividende sind auf dem Konto Kreditor VSt als Verbindlichkeit gegenüber der eidg. Steuerverwaltung auszuweisen und innert 30 Tagen zu bezahlen.

---

❶ Das Aktienrecht (26. Titel des Obligationenrechts) wird zurzeit von National- und Ständerat überarbeitet. Die im Lehrbuch genannte Vorschrift zur Bildung gesetzlicher Gewinnreserven basiert auf der Botschaft des Bundesrates vom 12. Dezember 2008.

Die Bezeichnung *Gewinnreserven* rührt daher, dass diese Reserven aus zurückbehaltenen, nicht ausgeschütteten Gewinnen entstanden sind.

In diesem Lehrbuch nicht behandelt werden die **gesetzlichen Kapitalreserven,** weil diese bei KMUs selten vorkommen. Der gesetzlichen Kapitalreserve müssen jene Erlöse zugewiesen werden, die bei der Ausgabe von Aktien über ihren Nennwert erzielt werden, was vor allem bei Aktienkapitalerhöhungen mit Agio (Aufgeld) vorkommt.

**Beispiel 2**   **Gewinnverwendung** (in Fr. 1000.–)

Die Gewinnverwendung basiert auf dem Eigenkapital von Beispiel 1.

An der Generalversammlung vom 23. April 20_4 wird folgende Gewinnverwendung beschlossen.

| Gewinnverwendungsplan | | Erläuterungen |
|---|---|---|
| Bisheriger Gewinnvortrag | 50 | Gemäss Eröffnungsbilanz 1. 1. 20_4 (s. Beispiel 1) |
| ./. 5% Gesetzl. Gewinnreserve | – 2 | 5% des Jahresgewinns von 40 |
| ./. 20% Dividende | – 40 | 20% des Aktienkapitals von 200 |
| = Neuer Gewinnvortrag | 8 | Neuer Bestand des Kontos Gewinnvortrag |

Der Beschluss der Generalversammlung löst per 23. 4. 20_4 die grün hervorgehobenen Buchungen aus.

Die Nettodividenden werden am 25. 4. 20_4 ausbezahlt. Am 20. 5. 20_4 wird die Verrechnungssteuer an die eidg. Steuerverwaltung überwiesen. Alle Zahlungen erfolgen per Bank; das Bankkonto wird aus Platzgründen nicht geführt.

**Verbuchung der Gewinnverwendung**

| Datum | Text | Buchung | Kreditor VSt | | Dividenden | | Gesetzl. Gewinnreserve | | Gewinnvortrag | |
|---|---|---|---|---|---|---|---|---|---|---|
| 01.01.20_4 | Anfangsbestände | Diverse | | | | | | 60 | | 50 |
| 23.04.20_4 | Gesetzliche Reserven | Gewinnvortrag/ Gesetzliche Gewinnreserve | | | | | | 2 | 2 | |
| 23.04.20_4 | Dividendenzuweisung | Gewinnvortrag/ Dividenden | | | | 40 | | | 40 | |
| 25.04.20_4 | Verrechnungssteuer 35% | Dividenden/Kreditor VSt | | 14 | 14 | | | | | |
| 25.04.20_4 | Auszahlung Nettodividenden | Dividenden/Bank | | | 26 | | | | | |
| 20.05.20_4 | Überweisung VSt 35% | Kreditor VSt/Bank | 14 | | | | | | | |
| 20.05.20_4 | Neue Bestände | Keine Buchungen | | | | | | 62 | | 8 |
| | | | 14 | 14 | 40 | 40 | 62 | 62 | 50 | 50 |

Durch die Gewinnverwendung wurde das Eigenkapital um die ausgeschüttete Dividende von 40 kleiner. Gleichzeitig verminderte sich der Bestand an flüssigen Mitteln und damit die Zahlungsfähigkeit der Unternehmung um 40.

**Eigenkapital**

| Vor Gewinnverwendung | |
|---|---|
| Aktienkapital | 200 |
| + Gesetzliche Gewinnreserve | 60 |
| + Freiwillige Gewinnreserven | 20 |
| + Gewinnvortrag | 50 |
| = **Eigenkapital** | **330** |

| Nach Gewinnverwendung | |
|---|---|
| Aktienkapital | 200 |
| + Gesetzliche Gewinnreserve | 62 |
| + Freiwillige Gewinnreserven | 20 |
| + Gewinnvortrag | 8 |
| = **Eigenkapital** | **290** |

### Die Verbuchung von Verlusten

Ein Jahresverlust wird analog zu einem Jahresgewinn auf das Gewinnvortragskonto gebucht. Sofern der Jahresverlust grösser ist als der Gewinnvortrag aus dem Vorjahr, wird aus dem Gewinnvortrag ein Verlustvortrag.

**Beispiel 3**    **Verlustverbuchung** (in Fr. 1000.–)

Angenommen, die Bilanz von Beispiel 1 weist einen Verlust von 40 auf. Dieser wird mit folgender Buchung auf dem Konto Gewinnvortrag verbucht:

| Datum | Text | Sollkonto | Habenkonto | Betrag |
| --- | --- | --- | --- | --- |
| 31. 12. 20_4 | Übertrag Verlust | **Gewinnvortrag** | **Erfolgsrechnung** | **40** |

Durch diese Buchung entsteht aus dem Gewinnvortrag von 10 ein Verlustvortrag von 30:

| | |
| --- | --- |
| Gewinnvortrag aus Vorjahr | 10 |
| ./. Jahresverlust 20_3 | – 40 |
| = **Verlustvortrag** | **– 30** |

Gemäss Obligationenrecht bestehen an der Generalversammlung vom 23. April 20_4 zwei Möglichkeiten für die weitere Behandlung des Verlustvortrags:❶

**Verlustvortrag – 30**

| **Verlustvortrag vortragen** | **Verlustvortrag ausbuchen** |
| --- | --- |
| Der Verlustvortrag wird teilweise mit den freiwilligen Gewinnreserven verrechnet; der Rest wird vorgetragen (d. h., er bleibt in der Bilanz stehen):<br>▷ Freiwillige Gewinnreserven/Verlustvortrag 20 | Ein Verlustvortrag wird zuerst mit den freiwilligen Gewinnreserven und dann mit den gesetzlichen Gewinnreserven verrechnet:<br>▷ Freiwillige Gewinnreserven/Verlustvortrag 20<br>▷ Gesetzliche Gewinnreserve/Verlustvortrag 10 |
| Das Eigenkapital präsentiert sich nachher wie folgt:<br>   Aktienkapital     200<br>+ Gesetzliche Gewinnreserve     60<br>+ Verlustvortrag     – 10<br>= **Eigenkapital**     **250** | Das Eigenkapital präsentiert sich nachher wie folgt:<br>   Aktienkapital     200<br>+ Gesetzliche Gewinnreserve     50<br><br>= **Eigenkapital**     **250** |

Beim Vorliegen von Verlusten sind u.a. folgende gesetzliche **Anzeigepflichten** zu beachten:

▷ Wenn die Hälfte des Aktienkapitals und der gesetzlichen Reserven nicht mehr durch Aktiven gedeckt ist, so muss der Verwaltungsrat unverzüglich eine Generalversammlung einberufen und ihr Sanierungsmassnahmen (= Massnahmen zur Gesundung) beantragen.

▷ Wenn die Schulden nicht mehr durch Aktiven gedeckt sind (sogenannte Überschuldung), muss der Verwaltungsrat bzw. die Revisionsstelle den Richter benachrichtigen, der anschliessend den Konkurs über die Aktiengesellschaft eröffnet.

Im vorliegenden Beispiel besteht keine Anzeigepflicht, da der Verlust zu gering ist.

❶   Gemäss Botschaft des Bundesrates vom 12. Dezember 2008.

**Beispiel 4**     **Die Auswirkungen der Reservenbildung**

Dieses theoretische Beispiel soll verdeutlichen, warum der Gesetzgeber die Reservenbildung bei Aktiengesellschaften zwingend vorschreibt.

Der Gewinn für das Jahr 20_1 betrug 8. Er wurde Ende 20_1 auf den Gewinnvortrag übertragen. Buchungssatz: Erfolgsrechnung / Gewinnvortrag 8.

Zur Veranschaulichung wird auf den Zeitpunkt der Generalversammlung vom 3. April 20_2 folgende Zwischenbilanz erstellt:

**Bilanz vor Gewinnverwendung per 3. April 20_2**

| Aktiven | | Passiven | |
|---|---|---|---|
| Liquide Mittel | 10 | Fremdkapital | 50 |
| Forderungen | 20 | Aktienkapital | 30 |
| Vorräte | 30 | Reserven | 12 |
| Anlagevermögen | 40 | Gewinnvortrag | 8 |
| | 100 | | 100 |

Angenommen, es bestünden keine gesetzlichen Vorschriften zur Reservenbildung, hätten die Aktionäre die freie Wahl, den Vorjahresgewinn von 8 entweder auszuschütten oder den Reserven zuzuweisen:

**Gewinnverwendung**

**Variante 1: ohne Reservenbildung**

Der Vorjahresgewinn von 8 wird vollständig als Bardividende an die Aktionäre ausgeschüttet.

Gewinnvortrag / Liquide Mittel 8

**Variante 2: mit Reservenbildung**

Der Vorjahresgewinn von 8 wird nicht ausgeschüttet, sondern vollständig auf die Reserven übertragen.

Gewinnvortrag / Reserven 8

Die Bilanzen nach Gewinnverwendung per 23. April 20_2 unterscheiden sich je nach gewählter Variante erheblich:

**Bilanz nach Gewinnverwendung per 3. April 20_2**

| Aktiven | | Passiven | |
|---|---|---|---|
| Liquide Mittel | 2 | Fremdkapital | 50 |
| Forderungen | 20 | Aktienkapital | 30 |
| Vorräte | 30 | Reserven | 12 |
| Anlagevermögen | 40 | Gewinnvortrag | 0 |
| | 92 | | 92 |

Die Liquidität verschlechtert sich wegen der Dividendenausschüttung deutlich.

Das Eigenkapital vermindert sich auf 42.

**Bilanz nach Gewinnverwendung per 3. April 20_2**

| Aktiven | | Passiven | |
|---|---|---|---|
| Liquide Mittel | 10 | Fremdkapital | 50 |
| Forderungen | 20 | Aktienkapital | 30 |
| Vorräte | 30 | Reserven | 20 |
| Anlagevermögen | 40 | Gewinnvortrag | 0 |
| | 100 | | 100 |

Die Liquidität bleibt unverändert.

Das Eigenkapital beträgt unverändert 50.

Damit wird die Absicht des Gesetzgebers sichtbar: Mit der Pflicht zur Reservenbildung soll die Aktiengesellschaft gestärkt werden. Nach Variante 2 verfügt die Aktiengesellschaft über die **bessere Liquidität** und über das **höhere Eigenkapital.**

Dies ist für die Gläubiger der Gesellschaft von Vorteil, da die Aktiengesellschaft nur mit ihrem Vermögen für Verbindlichkeiten haftet. (Die Aktionäre haften im Gegensatz zu den Gesellschaftern einer Kollektivgesellschaft nicht für die Schulden ihrer Gesellschaft.)

# 47 Abschluss bei der Gesellschaft mit beschränkter Haftung

Die Gesellschaft mit beschränkter Haftung (GmbH) ist eine personenbezogene Kapitalgesellschaft mit eigener Rechtspersönlichkeit (juristische Person), an der eine oder mehrere Personen beteiligt sind.

Der Name GmbH rührt daher, dass für die Schulden nur das Gesellschaftsvermögen haftet; es besteht wie bei der Aktiengesellschaft keine persönliche Haftung für die Gesellschafter.

Das Gesellschaftskapital wird Stammkapital genannt. Es muss mindestens Fr. 20 000.– betragen und voll einbezahlt oder durch Sachanlagen gedeckt sein.

Jeder Gesellschafter ist mit einer Einlage (Stammeinlage) am Stammkapital beteiligt. Die Gesellschafter werden mit ihren Stammeinlagen im Handelsregister eingetragen und publiziert.

Das oberste Organ der GmbH ist die **Gesellschafterversammlung.** Das Stimmrecht der Gesellschafter bemisst sich nach der Höhe ihrer Stammeinlagen.

Die **Geschäftsführung** obliegt grundsätzlich allen Gesellschaftern gemeinsam.

Die Buchführung bei der GmbH ist fast gleich wie bei der Aktiengesellschaft:

▷ Im Unterschied zur Aktiengesellschaft wird das Grundkapital bei der GmbH als Stammkapital bezeichnet, womit sich folgende Eigenkapital-Gliederung ergibt:

> **Stammkapital**
> Gesetzliche Kapitalreserve
> Gesetzliche Gewinnreserve
> Freiwillige Gewinnreserven
> Gewinnvortrag

▷ Die für Aktiengesellschaften geltenden Bestimmungen zur Reservenbildung finden auch auf die GmbH Anwendung.

▷ Für die Gesellschafter werden oft Privatkonten (Kontokorrentkonten) geführt, die entweder als Forderungen oder Schulden der Gesellschaft gegenüber den Gesellschaftern zu bilanzieren sind.❶

---

❶ Dies im Unterschied zu den Privatkonten der Kollektivgesellschaft, die zum Eigenkapital gehören. Der Unterschied rührt daher, dass die GmbH als juristische Person eine eigene Rechtspersönlichkeit besitzt.

# 48 Bewertungsvorschriften

Beim Abschluss der Buchhaltung stellt sich die Frage, zu welchem Wert die Aktiven und die Schulden in die Bilanz einzusetzen sind. Diese Tätigkeit der Wertermittlung nennt man **Bewerten** oder **Bewertung.**[1]

Bei einigen Bilanzpositionen ist die Bewertung einfach: Das Schweizer Geld in der Kasse lässt sich z. B. leicht zählen, der Wert ist genau bestimmt. Ebenso steht die Höhe einer Hypothekarschuld fest.

Bei den meisten Bilanzposten ist der Bilanzwert allerdings nicht so einfach feststellbar: Soll beispielsweise die Geschäftsliegenschaft zum früheren Kaufpreis oder zum geschätzten heutigen Verkaufswert in der Bilanz aufgeführt werden? Wie hoch sollen die Abschreibungen auf dem Mobiliar sein? Welchen Wert hat das Warenlager? Wie viele Debitoren werden voraussichtlich nicht zahlen? Welche Rückstellungen sind angemessen?

Weil die Bewertung der Aktiven und der Schulden bei der Ermittlung des Reinvermögens und des Erfolgs einer Unternehmung von grosser Bedeutung ist, hat der Gesetzgeber im Schweizerischen Obligationenrecht eine Reihe von Bewertungsvorschriften erlassen.

---

[1] Steht der Wert von Aktiven und Schulden fest, so ergibt sich das Eigenkapital (Reinvermögen) als Saldo:

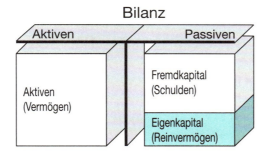

## Obligationenrechtliche Bewertungsvorschriften

### Grundsätze

Aktiven und Verbindlichkeiten sind in der Regel einzeln zu bewerten.

Die Bewertung hat **vorsichtig** zu erfolgen, darf aber die zuverlässige Beurteilung der wirtschaftlichen Lage nicht verhindern.

Die **Aktiven** dürfen höchstens zu Anschaffungs- oder Herstellungskosten❶ bewertet werden.
Nutzungs- und altersbedingte sowie anderweitige Wertverluste müssen durch Abschreibungen bzw. Wertberichtigungen berücksichtigt werden.

**Verbindlichkeiten** werden zum Nennwert bilanziert. Die Rückstellungen müssen mindestens so hoch sein wie der erwartete Mittelabfluss.

### Ausgewählte Aktiven

**Aktiven mit Börsenkurs** (zum Beispiel Wertschriften oder Edelmetalle) dürfen zum Kurs am Bilanzstichtag bewertet werden, auch wenn dieser über dem Anschaffungswert liegt.

**Vorräte** dürfen grundsätzlich höchstens zu Anschaffungs- oder Herstellungskosten bewertet werden. Wenn ihr Wert am Bilanzstichtag unter den Nettoveräusserungswert❷ sinkt, so muss dieser tiefere Wert eingesetzt werden.

**Beteiligungen** (in der Regel ab 20% Kapitalanteil) gehören zum Anlagevermögen und dürfen höchstens zu Anschaffungskosten bilanziert werden, auch wenn sie börsenkotiert sind.

---

❶ Unter **Anschaffungskosten** versteht man:
  ▷ bei Maschinen, Mobiliar oder Fahrzeugen den Kaufpreis zuzüglich Bezugskosten wie Fracht und Zoll sowie die Montagekosten
  ▷ bei Liegenschaften den Kaufpreis zuzüglich Handänderungssteuer und Grundbuchgebühr
  ▷ bei Waren oder Material den Einstandspreis (Ankauf zuzüglich Bezugskosten wie Fracht und Zoll)

Die **Herstellungskosten** (auch Herstellkosten genannt) umfassen die Material- und Fertigungskosten, nicht aber die Verwaltungs- und Vertriebskosten.

❷ **Nettoveräusserungswert** = geschätzter Verkaufserlös abzüglich noch anfallender Kosten für Fertigstellung und Veräusserung.

Bei den obligationenrechtlichen Bewertungsvorschriften ist die Vorsicht das wichtigere Prinzip als die Wahrheit. Die Unternehmungen sollen sich im Zweifelsfall eher ärmer darstellen, als es der Wirklichkeit entspricht. Das Vorsichtsprinzip lässt sich durch drei Grundsätze verdeutlichen:

## Vorsichtsprinzip

### Realisationsprinzip

Gewinne dürfen erst ausgewiesen werden, wenn sie durch Verkauf erzielt worden sind.

Beispiel:

Die Vorräte dürfen nicht schon zu Verkaufspreisen bilanziert werden, sondern höchstens zu Anschaffungs- bzw. Herstellkosten.

### Niederstwertprinzip

Von mehreren für die Bewertung zur Verfügung stehenden Werten muss der niedrigste genommen werden.

Beispiel:

Bei den Vorräten müssen die Anschaffungs- bzw. Herstellkosten mit dem Nettoveräusserungswert verglichen werden. Der niedere von beiden Werten ist für die Bilanzierung massgeblich.

### Imparitätsprinzip

*Gewinne* dürfen erst ausgewiesen werden, wenn sie durch Verkauf erzielt worden sind (= Realisationsprinzip); *Verluste* müssen dagegen schon gezeigt werden, wenn deren Eintritt möglich ist.

Beispiel:

Steigt der Wert der Vorräte am Bilanzstichtag über die Anschaffungs- bzw. Herstellkosten (= unrealisierter Gewinn), darf nicht aufgewertet werden; sinkt der Wert unter den Nettoveräusserungswert (= unrealisierter Verlust), muss abgewertet werden.

**48**

**Beispiel 1**    **«Richtige» Bewertung**

Die Warenvorräte werden zu Einstandspreisen bewertet, was als richtig zu betrachten ist. (In Wirklichkeit kann niemand sagen, wie viel die Vorräte tatsächlich wert sind, bevor sie verkauft worden sind.)

**Schlussbilanz** (in Fr. 1000.–)

| Aktiven | | Passiven | | |
|---|---|---|---|---|
| Liquide Mittel | 30 | Fremdkapital | | 460 |
| Forderungen | 70 | Aktienkapital | 200 | |
| Vorräte | 300 | Reserven | 100 | |
| Anlagevermögen | 400 | Gewinn | 40 | 340 |
| | 800 | | | 800 |

**Beispiel 2**    **Überbewertung**

Überbewertung bedeutet, dass der bilanzierte Wert höher ist als der wirkliche. Die Warenvorräte werden hier schon zu Verkaufspreisen bewertet, obwohl sie noch nicht verkauft worden sind (Verstoss gegen das Realisationsprinzip).

**Schlussbilanz** (in Fr. 1000.–)

| Aktiven | | Passiven | | |
|---|---|---|---|---|
| Liquide Mittel | 30 | Fremdkapital | | 460 |
| Forderungen | 70 | Aktienkapital | 200 | |
| Vorräte | 400 | Reserven | 100 | |
| Anlagevermögen | 400 | Gewinn | 140 | 440 |
| | 900 | | | 900 |

Eine Überbewertung verstösst gegen das Vorsichts-, das Höchstbewertungs- und das Realisationsprinzip und ist vor allem aus folgenden Überlegungen gesetzlich verboten:

– Die Vermögens- und Ertragslage wird hier um 100 zu günstig dargestellt, wodurch Dritte getäuscht werden. (Z.B. könnte ein Lieferant oder eine Bank im Vertrauen auf die vorgespiegelte sehr gute finanzielle Lage veranlasst werden, einen Kredit zu gewähren.)

– Die hohen Gewinne bergen die Gefahr hoher Gewinnausschüttungen in sich. Eine hohe Dividendenausschüttung würde die Vermögenslage, insbesondere die Liquidität, stark verschlechtern, was weder im Sinne der Gesellschaft noch im Sinne der Gläubiger liegen kann. Auch die Aktionäre hätten höchstens einen kurzfristigen Nutzen in Form einer augenblicklich höheren Dividende. Sie müssten aber später mit dem Konkurs der Gesellschaft und damit mit der Entwertung ihrer Aktien rechnen.

**Beispiel 3**  **Unterbewertung**

Unterbewertung bedeutet, dass der Bilanzwert tiefer ist als der effektive Wert. Die Warenvorräte werden hier nur zu 90% des Einstandswertes bewertet.

| Aktiven | Schlussbilanz (in Fr. 1000.–) | | Passiven |
|---|---|---|---|
| Liquide Mittel | 30 | Fremdkapital | 460 |
| Forderungen | 70 | Aktienkapital | 200 |
| Vorräte | 270 | Reserven | 100 |
| Anlagevermögen | 400 | Gewinn | 10 310 |
| | 770 | | 770 |

Eine Unterbewertung ist vom Gesetzgeber erlaubt. Sie weist folgende Vorteile auf:

– Ein Gläubiger kann sich darauf verlassen, dass die effektive Vermögenslage der Gesellschaft mindestens so gut wie dargestellt ist.

– Die Vermögens- und Liquiditätslage der Gesellschaft verbessert sich durch die Einbehaltung eines Teils des Gewinnes (sogenannte Selbstfinanzierung).

– Die Aktionäre erhalten zwar kurzfristig weniger Dividende, aber ihre Aktien gewinnen normalerweise an Wert (Kurssteigerung), da jedermann vermutet, dass die wirkliche Vermögenslage der Gesellschaft besser ist als ausgewiesen.

# 49 Stille Reserven

Die unterschiedlichen Informationsbedürfnisse von Geschäftsleitung und Öffentlichkeit haben dazu geführt, dass in der Praxis interne und externe Abschlussrechnungen geführt werden:

**Bilanzen und Erfolgsrechnungen**

**externe**

Externe Rechnungen sind zur Information von Dritten (z.B. Gläubigern, Aktionären, Öffentlichkeit) bestimmt und unterliegen den auf Gläubigerschutz ausgerichteten obligationenrechtlichen Bewertungsvorschriften. Sie zeigen daher in der Regel eine schlechtere Vermögens- und Ertragslage, als es der Wirklichkeit entspricht.

**interne**

Interne Rechnungen sind als Entscheidungsgrundlage sowie als Kontrollinstrument für die Unternehmungsleitung bestimmt. Sie sind deshalb möglichst genau und geben die wirklichen Werte wieder (soweit das möglich ist).

In externen Bilanzen werden in der Regel die Aktiven unterbewertet und die Schulden überbewertet. Das Eigenkapital (als Saldogrösse der Bilanz) ist daher in der externen Bilanz kleiner als in der internen. Die Differenz zwischen dem in der externen Bilanz ausgewiesenen und dem effektiven Eigenkapital gemäss interner Bilanz nennt man **stille Reserven.**❶

**Beispiel 1**      **Der Bestand an stillen Reserven**

Um das Wesen der stillen Reserven zu verdeutlichen, wurde in der unten stehenden externen Bilanz nur das Anlagevermögen (als Folge zu hoher Abschreibungen) um 20 unterbewertet (Beträge in Kurzzahlen). Dasselbe Vorgehen wäre auch bei den anderen Aktivposten möglich.

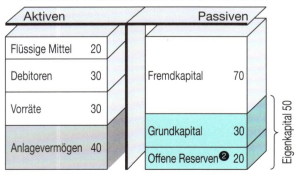

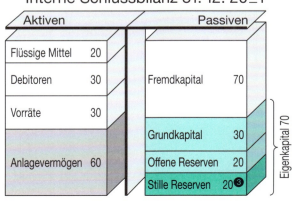

❶ Still nennt man diese Reserven deshalb, weil sie in der externen Bilanz nicht sichtbar, d.h. für Aussenstehende nicht erkennbar sind.

❷ Im Gegensatz zu den stillen Reserven sind die **offenen Reserven** in der externen Bilanz ausgewiesen, d.h. für Aussenstehende erkennbar. Die offenen Reserven setzen sich zusammen aus der gesetzlichen Kapitalreserve, der gesetzlichen Gewinnreserve und den freiwilligen Gewinnreserven.

❸ Da die interne Bilanz die richtige Höhe des Eigenkapitals zeigen soll, müssen die stillen Reserven in der internen Bilanz als Eigenkapital-Bestandteil aufgeführt werden. Dieser Bilanzposten gibt an, um wie viel das Eigenkapital in der externen Bilanz tiefer bilanziert ist.

**Beispiel 2**  **Die Bildung von stillen Reserven**

Dieses Beispiel bildet die Fortsetzung von Beispiel 1; die Schlussbilanz von Beispiel 1 entspricht der Eröffnungsbilanz in Beispiel 2.

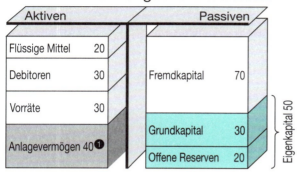
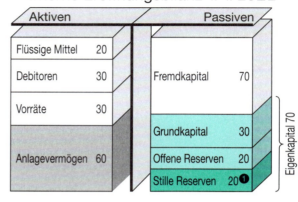
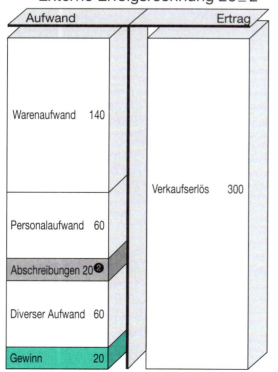
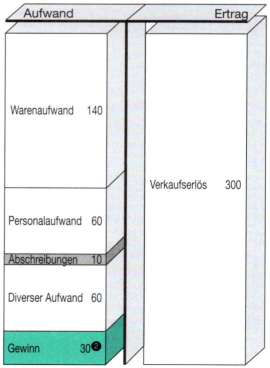

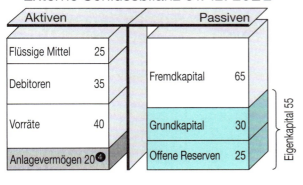
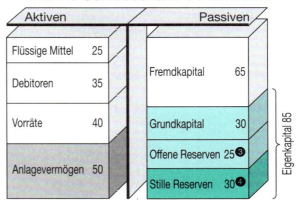

Durch die Bildung von stillen Reserven werden in der externen Erfolgsrechnung der Aufwand zu hoch und der Gewinn zu tief ausgewiesen.

❶ In der externen Eröffnungsbilanz vom 1. 1. 20_2 ist das Anlagevermögen um 20 unterbewertet. Der Anfangsbestand an stillen Reserven beträgt demnach 20 (vgl. Schlussbilanz vom 31. 12. 20_1).

❷ Durch überhöhte Abschreibungen in der externen Erfolgsrechnung werden im Verlaufe des Jahres 20_2 zusätzlich 10 stille Reserven gebildet.

Der Buchungssatz verdeutlicht, dass durch die Bildung von stillen Reserven der Aufwand in der externen Erfolgsrechnung zu hoch und das Vermögen in der externen Bilanz zu tief ausgewiesen wird.

Abschreibungen / Anlagevermögen 10
(+ Aufwand)      (– Vermögen)

Da der effektive Aufwand um 10 kleiner ist als der extern ausgewiesene, ist der effektive Gewinn um 10 höher.

❸ Die offenen Reserven haben sich infolge Zuweisung aus dem Reingewinn um 5 erhöht.

❹ In der externen Schlussbilanz vom 31.12.20_2 wird das Anlagevermögen um 30 unterbewertet. Der Schlussbestand an stillen Reserven beträgt demnach 30.
Diesen Endbestand an stillen Reserven erhält man auch, wenn man zum Anfangsbestand an stillen Reserven die in der Periode 20_2 neu gebildeten stillen Reserven addiert:

| | |
|---|---|
| Anfangsbestand an stillen Reserven gemäss Eröffnungsbilanz | 20 |
| Zuwachs an stillen Reserven gemäss Erfolgsrechnung | 10 |
| Endbestand an stillen Reserven gemäss Schlussbilanz | 30 |

**Beispiel 3**  **Die Auflösung von stillen Reserven**

Dieses Beispiel bildet die Fortsetzung von Beispiel 2; die Schlussbilanz von Beispiel 2 entspricht der Eröffnungsbilanz in Beispiel 3.

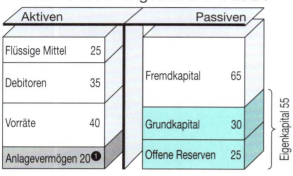

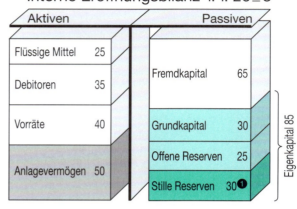

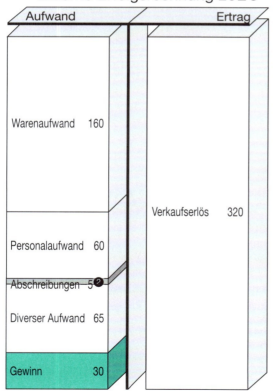

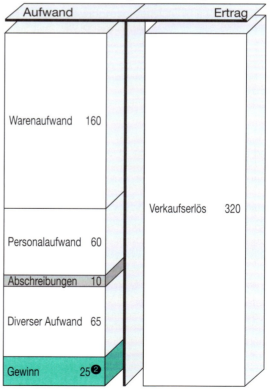

46

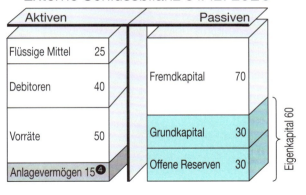
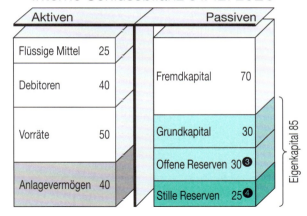

Durch die Auflösung von stillen Reserven werden in der externen Erfolgsrechnung der Aufwand zu tief und der Gewinn zu hoch ausgewiesen.

❶ In der externen Eröffnungsbilanz vom 1. 1. 20_3 ist das Anlagevermögen um 30 unterbewertet. Der Anfangsbestand an stillen Reserven beträgt demnach 30 (vgl. Schlussbilanz vom 31. 12. 20_2).

❷ Durch zu kleine Abschreibungen in der externen Erfolgsrechnung werden im Verlaufe des Jahres 20_3 von den früher gebildeten stillen Reserven 5 aufgelöst.

Die Buchung verdeutlicht, dass durch die Auflösung von stillen Reserven der Aufwand in der externen Erfolgsrechnung um 5 zu tief eingesetzt wird. Die Unterbewertung des Anlagevermögens in der externen Bilanz wird um 5 vermindert.

Anlagevermögen / Abschreibungen 5
(+ Vermögen)   (– Aufwand)

Da der effektive Aufwand um 5 höher ist als der extern ausgewiesene, ist der effektive Gewinn um 5 tiefer.

❸ Die offenen Reserven haben sich infolge Zuweisung aus dem Reingewinn um 5 erhöht.

❹ In der externen Schlussbilanz vom 31. 12. 20_3 wird das Anlagevermögen um 25 unterbewertet. Der Schlussbestand an stillen Reserven beträgt demnach 25.
Diesen Endbestand an stillen Reserven erhält man auch, wenn man vom Anfangsbestand an stillen Reserven die in der Periode 20_3 aufgelösten stillen Reserven wegzählt:

| | |
|---|---|
| Anfangsbestand an stillen Reserven gemäss Eröffnungsbilanz | 30 |
| Auflösung an stillen Reserven gemäss Erfolgsrechnung | 5 |
| Endbestand an stillen Reserven gemäss Schlussbilanz | 25 |

47

## Zusammenfassung

Die Bestände an stillen Reserven wirken sich auf die Bilanz aus, die Veränderungen an stillen Reserven (Bildung und Auflösung) auf die Erfolgsrechnung.

Durch die **Bildung von stillen Reserven** werden in der externen Erfolgsrechnung der Aufwand zu hoch (bzw. der Ertrag zu tief) und der Gewinn zu tief ausgewiesen.

Die Bildung stiller Reserven ist auf zwei Wegen möglich:

### Bildung von stillen Reserven

#### Unterbewertung von Aktiven

- Kassabestände in fremder Währung: Umrechnungskurs zu tief

  Betriebsaufwand/Kasse

- Wertschriften: Bilanzierung unter den aktuellen Börsenkursen

  Wertschriftenaufwand/Wertschriftenbestand

- Debitoren in Schweizer Franken: Delkredere höher als das tatsächliche Risiko

  Debitorenverluste/Delkredere

- Debitoren in fremder Währung: Umrechnungskurs zu tief

  Warenertrag/Debitoren

- Warenvorräte: Bilanzierung unter dem Einstandswert

  Warenaufwand/Warenvorrat

- Mobiliar, Maschinen, Fahrzeuge: Abschreibungen höher als der tatsächliche Wertverzehr

  Abschreibungen/Mobilien

- Liegenschaften: Zu viel abschreiben oder bei steigendem Wert den Anschaffungswert in der Bilanz belassen

  Immobilienaufwand/Immobilien, oder die stillen Reserven entstehen ohne Buchungssatz.

#### Überbewertung von Schulden

- Kreditoren und andere Schulden in fremder Währung: Umrechnungskurse zu hoch

  Warenaufwand/Kreditoren

- Rückstellungen: Mehr Rückstellungen als nötig

  Übriger Aufwand/Rückstellungen❶

Durch die **Auflösung von stillen Reserven** werden in der externen Erfolgsrechnung der Aufwand zu tief (bzw. der Ertrag zu hoch) und der Gewinn zu hoch ausgewiesen.

Die oben aufgeführten Buchungssätze für die Bildung von stillen Reserven werden für die Auflösung von stillen Reserven gedreht.

**Beurteilung der stillen Reserven**

Die Bildung von stillen Reserven wird vom Obligationenrecht in praktisch unbegrenztem Umfang erlaubt, weil damit für die Unternehmungen viele Vorteile verbunden sind:

- Durch die Bildung von stillen Reserven wird der extern ausgewiesene Gewinn verkleinert, sodass den Teilhabern weniger Gewinnanteile ausgeschüttet werden. Die zurückbehaltenen Gewinne stehen der Unternehmung als zusätzliche eigene Mittel für die Finanzierung von Investitionen zur Verfügung, wodurch die Unabhängigkeit der Gesellschaft gegenüber Kreditgebern gefördert wird. ❷

- Die Bildung von stillen Reserven in sehr guten Jahren und deren Auflösung in Zeiten weniger guten Geschäftsganges ermöglicht eine gleichmässige Dividendenauszahlung.

- Stille Reserven sind verstecktes Eigenkapital und bilden ein Fettpolster für schlechte Zeiten: Die Gesellschaft kann durch die Auflösung von stillen Reserven Verluste verkleinern oder sogar beseitigen. Gegen aussen erscheint die Unternehmung dadurch in besserem Licht. ❸

❶ Rückstellungen sind Verpflichtungen, bei denen die Höhe und der Zeitpunkt der Fälligkeit noch nicht feststehen, zum Beispiel für
   - Garantieleistungen auf verkauften Erzeugnissen
   - Rechtsstreitigkeiten (gegen uns laufende Prozesse)
   - Steuernachzahlungen
   - Versicherungsrisiken (einer Versicherungsgesellschaft gegenüber den Versicherten)

❷ Man nennt die Finanzierung durch Zurückbehaltung von Reingewinnen **Selbstfinanzierung.**

❸ Weil die Gefahr besteht, dass bei jahrelanger Verlustverschleierung durch Auflösung stiller Reserven Geldgeber und Arbeitnehmer über den wahren Geschäftsverlauf getäuscht werden, muss die Auflösung stiller Reserven bei der Aktiengesellschaft grundsätzlich im Anhang aufgeführt werden (OR 959c Abs.1 Ziff. 3).

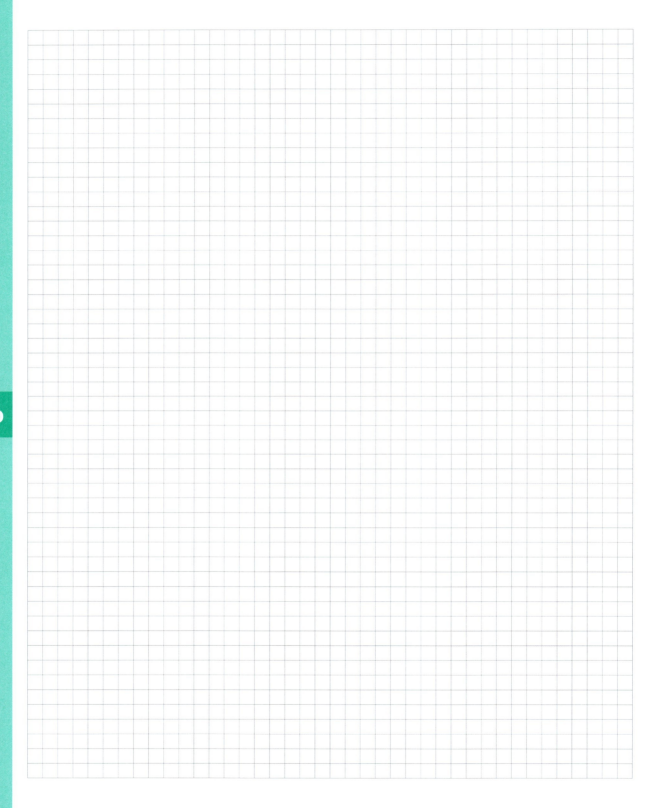

# 5. Teil  Zusätzliche Konten und Kontenplan

In diesem Teil werden vorwiegend Einzelprobleme zur Vertiefung der Kenntnisse im Rechnungswesen behandelt, die für das Verständnis des Systems als Ganzes nicht von zentraler Bedeutung sind.

Im Kapitel Kontenpläne und Kontenrahmen werden die in der Buchhaltung einer Unternehmung (Kontenplan) oder einer ganzen Branche (Kontenrahmen) gebräuchlichen Konten in ein einheitliches System eingeordnet, das eine bessere Übersicht und eine gezieltere Auswertung der Aufzeichnungen ermöglicht.

## 51 Lohnabrechnung

Bei der Abrechnung der Löhne sind die Sozialversicherungsbeiträge zu berücksichtigen. In der Regel werden sie in Prozenten der Lohnsumme ausgedrückt, wobei die Beiträge zwischen Arbeitgeber und Arbeitnehmer aufgeteilt werden. Die wichtigsten Sozialversicherungsbeiträge sind heute:

- Alters- und Hinterlassenenversicherung (AHV)     8,4%
- Invalidenversicherung (IV)     1,4%
- Erwerbsersatzordnung (EO) ❶     0,5%

                                                                                   10,3% ❷

- Arbeitslosenversicherung (ALV) ❸     2,2%
- Berufliche Vorsorge (BVG) ❹
- Unfallversicherung (UVG) ❺

Für die Verbuchung der Sozialversicherungsbeiträge ist entscheidend, ob der Arbeitnehmer oder Arbeitgeber für den Beitrag aufkommen muss.

❶ Anspruch von Dienstpflichtigen auf Erwerbsausfallentschädigung während des Militär- oder Zivilschutz-Dienstes und von erwerbstätigen Frauen während 14 Wochen nach der Niederkunft.

❷ Die Versicherungsbeiträge für AHV, IV, EO werden je zur Hälfte durch den Arbeitgeber und den Arbeitnehmer getragen. Für Selbstständigerwerbende gelten folgende Sätze bis maximal: AHV 7,8%, IV 1,4%, EO 0,5%, total 9,7%.

❸ Versichert wird nur bis zu einem bestimmten Bruttolohn (im Jahr 2014 bis Fr. 126 000.– jährlich bzw. Fr. 10 500.– monatlich). Je nach Lage auf dem Arbeitsmarkt, d.h. je nach Höhe der Arbeitslosigkeit, schwankt dieser Prozentsatz. Die ALV-Beiträge werden ebenfalls über die AHV-Ausgleichskasse abgerechnet. Für Löhne bis Fr. 126 000.– beträgt der Beitragssatz 2,2%. Für höhere Löhne ab Fr. 126 000.– wird ein Solidaritätsbeitrag von 1% erhoben. Alle Beiträge werden hälftig von Arbeitgeber- und Arbeitnehmerseite bezahlt.

❹ Die Versicherungsbeiträge für die berufliche Vorsorge (PK) sind von den Leistungen der meist privaten Pensionskassen abhängig. Der Arbeitgeber muss mindestens die Hälfte der Gesamtkosten tragen. Viele Arbeitgeber übernehmen mehr als den obligatorischen Prämienanteil. Versichert wird in der Regel der um den Koordinationsabzug verminderte Jahreslohn. Der Koordinationsabzug beträgt Fr. 24 570.–; das sind ⅞ der maximalen Altersrente von Fr. 28 080.– (Stand 2014).

❺ Die Berufsunfallversicherung (BU) geht voll zulasten des Arbeitgebers. Die Nichtberufsunfallversicherung (NBU) *kann* dem Arbeitnehmer verrechnet werden. Die Prämienhöhe ist vom Unfallrisiko der entsprechenden Berufsgattung abhängig.

**Beispiel** K. Furrer, Direktorin, verdient pro Monat Fr. 12 000.– brutto. Wie werden die Sozialversicherungsbeiträge verbucht, und wie hoch ist die Nettoauszahlung (auf ganze Franken)? Die PK- und die Unfallbeitragssätze sind angenommen.

|  | Betrag | Lohnaufwand | Sozialaufwand | Kreditoren AHV, IV, EO, ALV; PK, UV, FAK ❶ |
|---|---|---|---|---|
| Bruttolohn | 12 000.– | | | |
| **Arbeitnehmerbeiträge** | | | | |
| AHV-Beitrag 5,15% von 12 000.– | 618.– | 618 | | 618 |
| ALV-Beitrag 1,1% von 10 500 = 116 | | | | |
|     + 0,5% von 1 500 = 8 | 124.– | 124 | | 124 |
| Pensionskassenbeitrag 7% von 9 953 ❷ | 697.– | 697 | | 697 |
| NBU-Beitrag 0,8% von 12 000.– | 96.– | 96 | | 96 |
| Nettolohn | 10 465.– | 10 465 | | |
| **Arbeitgeberbeiträge** | | | | |
| AHV-Beitrag 5,15% von 12 000.– | 618.– | | 618 | 618 |
| Verwaltungskosten 3% von 1 236 ❸ | 37.– | | 37 | 37 |
| ALV-Beitrag 1,1% von 10 500 = 116 | | | | |
|     + 0,5% von 1 500 = 8 | 124.– | | 124 | 124 |
| Pensionskassenbeitrag 10% von 9 953 ❷ | 995.– | | 995 | 995 |
| BU-Beitrag 0,2% von 12 000 | 24.– | | 24 | 24 |
| Salden | | 12 000 | 1 798 | 3 333 |
| | 12 000 | 12 000 | 1 798    1 798 | 3 333    3 333 |

Wie gross ist der Personalaufwand der Unternehmung für K. Furrer?

|  | Nettolohn | Fr. 10 465.– |
|---|---|---|
| + | Arbeitnehmerbeiträge | Fr.   1 535.– |
| = | Bruttolohn | Fr. 12 000.– |
| + | Arbeitgeberbeiträge | Fr.   1 798.– |
| = | Personalaufwand | Fr. 13 798.– |

❶ PK = Pensionskasse, UV = Unfallversicherung

❷ Der versicherte Lohn von Fr. 9 952.50 errechnet sich aus dem Bruttolohn von Fr. 12 000.– minus Koordinationsabzug von Fr. 2 047.50.

❸ Zusätzlich zahlt der Arbeitgeber noch einen Verwaltungskostenbeitrag von 3% der AHV/IV/EO-Beiträge, d. h. 0,309% des Bruttolohnes, an die AHV-Ausgleichskasse.

Für Mitglieder, welche grössere Beitragssummen entrichten, gelten abgestufte Verwaltungskostenansätze.

## Zusammenfassende Darstellung zur Lohnabrechnung

| **Arbeitnehmer** | | | **Arbeitgeber** | | |
|---|---|---|---|---|---|
| Die Arbeitnehmer-beiträge werden direkt vom Lohn abgezogen | AHV, IV, EO | 5,15% | AHV, IV, EO | 5,15% | Die Arbeitgeber-beiträge werden als Sozialaufwand verbucht. |
| | ALV | 1,1% | ALV | 1,1% | |
| | NBU | 0,5–1% | BU | 0,1–1% | |
| Buchung: Lohnaufwand/ Kreditoren | PK | 5–7% | PK | 5–10% | Buchung: Sozialaufwand/ Kreditoren |
| | | | FAK ❶ | 1,5–3% | |
| Die Nettolohnaus-zahlung erfolgt über die liquiden Mittel  Buchung: Lohnaufwand/ Liquide Mittel | Nettolohn | 85–90% | | | |
| Die Gutschrift der Kinderzulagen erfolgt über die FAK  Buchung: Kreditoren/ Lohnaufwand | | | | | |

❶ Bei Betrieben, die an die Familienausgleichskasse (FAK) angeschlossen sind, zahlt der Arbeitgeber für die Entrichtung von Kinder- und Ausbildungszulagen einen zusätzlichen Beitrag, der sich kantonal unterscheidet. Ebenso unterscheiden sich die von den Kantonen ausbezahlten Kinder- und Ausbildungszulagen, sie betragen gesamtschweizerisch mindestens Fr. 200.– pro Kind/Monat (Stand 1.1.2014). Die Abrechnungen erfolgen über die kantonalen AHV-Ausgleichskassen.

# Wertschriften (Effekten)

**Effekten** nennt man die zur Kapitalanlage geeigneten Wertpapiere wie Aktien, Partizipationsscheine (PS), Anleihensobligationen oder Pfandbriefe, die regelmässig an der Börse gehandelt werden.

Effekten werden

- von der öffentlichen Hand und von Unternehmungen zur Kapitalbeschaffung ausgegeben und
- von Einzelpersonen oder Körperschaften zur Kapitalanlage gekauft.

Dafür, dass die Kapitalgeber ihr Geld zur Verfügung stellen, erhalten sie eine Entschädigung:

- Bei Gläubigerpapieren (z. B. Anleihensobligationen) ist dies ein gleich bleibender Zins.
- Bei Beteiligungspapieren (z. B. Aktien) ist dies eine dem Geschäftsgang angepasste Dividende.

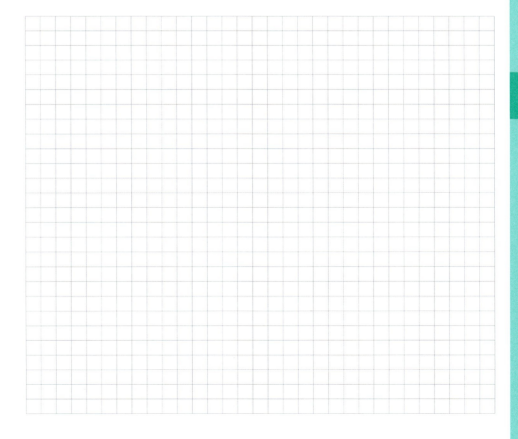

a) Kauf- und Verkaufsabrechnungen

Der Wertpapierhandel wird an der Schweizer Börse elektronisch über ein Computersystem abgewickelt. Für den Wertpapierhandel an der Börse bedarf es einer staatlichen Bewilligung. Der Anleger kann die Effekten nicht selbst an der Börse kaufen oder verkaufen, sondern muss einer zum Handel zugelassenen Bank den entsprechenden Auftrag erteilen.

**Beispiel 1**     **Kauf von Aktien**❶

G. Frei erteilt der Zürcher Kantonalbank den Auftrag, für ihn an der Schweizer Börse 20 Namenaktien Lift Holding AG, Seldwyla, zu kaufen.

Nachdem die Zürcher Kantonalbank den Auftrag ausgeführt hat, schickt sie dem Auftraggeber die Effektenabrechnung.

❶ Gleich wie Aktien werden Partizipationsscheine und ähnliche Beteiligungspapiere abgerechnet.

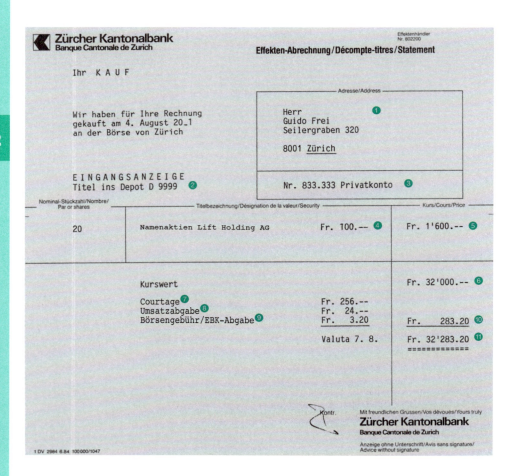

**Ausrechnungen**

20 x Fr. 1600.–
0,8% von Fr. 32 000.–
³/₄‰ von Fr. 32 000.–
¹/₁₀‰ von Fr. 32 000.–

**Legende zur Börsenabrechnung**

❶ Name und Adresse des Auftraggebers
❷ Wertpapierdepot des Auftraggebers bei der Zürcher Kantonalbank
❸ Privatkonto des Auftraggebers bei der Zürcher Kantonalbank
❹ **Nominalwert** (Nennwert) einer Aktie. Das ist der auf der Aktie aufgedruckte (genannte) Anteil am Grundkapital einer Aktiengesellschaft.
❺ **Stückkurs** (Preis für eine Aktie)
❻ **Kurswert** (Stückzahl x Stückkurs)
❼ **Courtage** (Kommission für die beauftragte Bank. Die Sätze werden laufend der Marktsituation angepasst.)
❽ **Umsatzabgabe** (eidgenössischer Stempel; das ist eine indirekte Bundessteuer)
❾ Abgabe an die Schweizer Börse und die eidg. Bankenkommission (Börsenaufsicht)
❿ **Spesentotal** (beim Kauf zum Preis addieren, beim Verkauf vom Erlös subtrahieren)
⓫ **Endbetrag der Bankabrechnung**

**Beispiel 2**   **Verkauf von Anleihensobligationen**

T. Riniker erteilt der Bank AG den Auftrag, für ihn an der Effektenbörse Anleihensobligationen der Schweizerischen Eidgenossenschaft im Nominalwert von Fr. 10 000.– zu verkaufen.

Die Bank führt den Auftrag aus und schickt dem Auftraggeber die Börsenabrechnung:

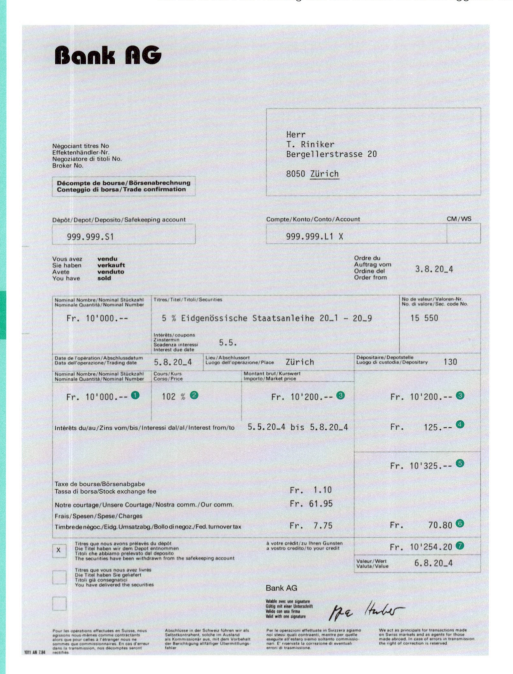

**Ausrechnungen**

102% von Fr. 10 000.–

Siehe Erläuterungen zum Marchzins

**Legende zur Börsenabrechnung**

❶ **Nominalwert** (Nennwert). Das ist der auf der Obligation aufgedruckte Betrag.
❷ **Prozentkurs** (Preis in Prozenten des Nominalwertes)
❸ **Kurswert** (Prozentkurs • Nominalwert)
❹ **Marchzins** (immer zum Kurswert addieren, vgl. unten)
❺ **Schlusswert** (Kurswert + Marchzins)
❻ **Spesentotal** (beim Kauf zum Preis addieren, beim Verkauf vom Erlös subtrahieren)
❼ **Endbetrag** der Bankabrechnung

**Erläuterungen zum Marchzins**

Bei Obligationen wird der Zins dem Obligationär jährlich gegen Einreichung eines Zinscoupons bei einer Bank ausbezahlt.

Der laufende Zinscoupon wird beim Verkauf von Obligationen vom Verkäufer mitgeliefert, sodass der Käufer beim nächsten Zinstermin gegen Vorlage des Zinscoupons den **ganzen** Jahreszins einkassieren kann.

Da der Verkäufer aber entsprechend der Besitzdauer Anspruch auf einen Anteil am Jahreszins hat, muss ihm der Käufer beim Erwerb der Obligation den **Marchzins für die Zeit zwischen dem letzten Zinstermin und dem Verkaufsdatum** bezahlen.

Weil sich durch den Marchzins der Verkaufserlös für den Verkäufer erhöht und sich gleichzeitig der Kaufpreis für den Käufer vergrössert, muss der Marchzins immer zum Kurswert addiert werden.

```
                    Jahrescoupon
                      360 Tage

   Verkäufer                Käufer
    90 Tage                270 Tage
  Zinstermin   Kauf/Verkauf             Zinstermin
  5. 5. 20_4   5. 8. 20_4              5. 5. 20_5
```

$$\text{Marchzins} = \frac{K \cdot p \cdot t}{100 \cdot 360} = \frac{10\,000 \cdot 5 \cdot 90}{100 \cdot 360} = \underline{\text{Fr. } 125.-}$$

Anders als bei den festverzinslichen Obligationen steht bei den Aktien die Jahresdividende nicht zum Voraus fest, da sie vom wirtschaftlichen Ergebnis der laufenden Geschäftsperiode abhängt, sodass **keine Marchdividende** berechnet werden kann. Die von den Aktionären geschätzte künftige Dividende beeinflusst hingegen den Stückkurs.

b) Rendite

Beim Vergleich mehrerer Kapitalanlagen müssen vor allem zwei Faktoren beachtet werden:

1. Für die meisten Kapitalanleger steht die **Rendite** (auch **Rentabilität**) der Anlage im Vordergrund: Der Ertrag aus einer Kapitalanlage sollte im Verhältnis zum angelegten Betrag möglichst gross sein.
2. Jede Anlage muss eine genügende **Sicherheit** aufweisen. Es besteht immer das Risiko, dass ein Schuldner nicht mehr in der Lage ist, die fälligen Zinsen zu entrichten oder das Kapital zurückzuzahlen, oder dass die Börsenkurse von Wertpapieren sinken.

Unter Rendite versteht man das in Prozenten ausgedrückte Verhältnis zwischen dem jährlichen Ertrag, den ein bestimmtes Vermögen abwirft, und dem für den Erwerb dieses Vermögens eingesetzten Kapital.

$$\text{Rendite} = \frac{\text{Jahresertrag} \cdot 100\%}{\text{eingesetztes Kapital}}$$

Der Ertrag besteht bei Effekten aus Zinsen oder Dividenden sowie aus Kursgewinnen. Kursverluste schmälern den Ertrag. Das eingesetzte Kapital entspricht dem Kaufpreis für die Wertpapiere.

**Beispiel 1**

**Rendite von Aktien (ohne Kursdifferenzen, Besitzdauer = 1 Jahr)**

Eine Inhaberaktie der UHT-Holding AG mit einem Nominalwert von Fr. 200.– kann an der Effektenbörse zum Kurs von 1000.– gekauft werden. Die Jahresdividende beträgt 10%.
Wie gross ist die Rendite ohne Berücksichtigung von Kursdifferenzen?

$$\text{Rendite} = \frac{20^{❶} \cdot 100\%}{1000^{❷}} = \underline{\underline{2{,}00\%}}^{❸}$$

❶ Der Jahresertrag besteht aus der Jahresdividende von 10% des Nominalwertes.
❷ Das eingesetzte Kapital ist der Kaufpreis für die Aktie. Die Spesen werden bei Renditeberechnungen normalerweise nicht berücksichtigt.
❸ Renditen werden in der Regel auf zwei Dezimalstellen genau berechnet.

**Beispiel 2**  **Rendite von Aktien (mit Kursgewinn, Besitzdauer = 1 Jahr)**

A. Honauer verkaufte die vor einem Jahr für Fr. 1 100.– erworbene Aktie der Allgemeinen Versicherungs-Gesellschaft (Nominalwert Fr. 100.–) zum Kurs von 1 205.–. Die Jahresdividende betrug Fr. 26.–.

Wie hoch war die Rendite unter Berücksichtigung des erzielten Kursgewinnes?

$$\text{Rendite} = \frac{131^\bullet \cdot 100\%}{1100} = \underline{11{,}91\%}$$

❶  
| Dividende | Fr. 26.– |
|---|---|
| Kursgewinn (Fr. 1 205.– ./. Fr. 1 100.–) | Fr. 105.– |
| Jahresertrag | Fr. 131.– |

**Beispiel 3**  **Rendite von Aktien (mit Kursverlust, Besitzdauer ≠ 1 Jahr)**

F. Gehrig kaufte eine Namenaktie der Brauerei Hopfen & Malz zum Kurs von 2 650.– und verkaufte diese 2½ Jahre später für Fr. 2 600.–. Die Dividenden betrugen im 1. Jahr Fr. 60.– und im 2. Jahr Fr. 50.–.

Wie hoch war die Rendite?

$$\text{Rendite} = \frac{24^\bullet \cdot 100\%}{2\,650} = \underline{0{,}91\%}$$

❶  
| Dividende im 1. Jahr | Fr. 60.– |
|---|---|
| Dividende im 2. Jahr | Fr. 50.– |
| Dividende total | Fr. 110.– |
| ./. Kursverlust | Fr. 50.– |
| Gesamtertrag in 900 Tagen | Fr. 60.– |
| Jahresertrag (360 Tage) | Fr. 24.– = $\frac{\text{Fr. 60.–} \cdot 360\text{ Tage}}{900\text{ Tage}}$ |

**Beispiel 4**  **Rendite von Obligationen (mit Kursverlust, Besitzdauer = 1 Jahr)**

J. Brändli verkaufte die vor einem Jahr zum Kurs von 103% erworbenen Obligationen 5% Stadt Bern 20_1–20_9 zum Kurs 102%.

Wie haben die Obligationen rentiert?

$$\text{Rendite} = \frac{4^\bullet \cdot 100\%}{103^\bullet} = \underline{3{,}88\%}$$

❶ Geht man bei der Berechnung von Aktienrenditen in der Regel von einem Stück aus, bezieht man sich bei der Berechnung von Obligationenrenditen normalerweise auf einen Nominalwert von Fr. 100.–.

| Jahreszins (5% von Fr. 100.–) | Fr. 5.– |
|---|---|
| ./. Kursverlust im Jahr (1% von Fr. 100.–) | Fr. 1.– |
| Jahresertrag | Fr. 4.– |

❷ Das eingesetzte Kapital beträgt 103% von Fr. 100.–.

**Beispiel 5**

**Rendite von Obligationen (mit Kursgewinn, Besitzdauer ≠ 1 Jahr)**

Die Anleihe 4% Graubündner Kantonalbank 20_1–20_9, Zinstermin 31. März, wurde am 28. Oktober 20_6 zum Kurs 99% gehandelt.

Wie rentieren diese Obligationen auf Verfall (das ist das Ende der Laufzeit), wenn die Anleihe zu pari (d.h. zum Nominalwert) zurückbezahlt wird?

$$\text{Rendite} = \frac{4.41^\bullet \cdot 100\%}{99} = \underline{4{,}45\%}$$

❶ 
| Jahreszins* | Fr. 4.– |
| Kursgewinn im Jahr** | Fr. –.41 |
| Jahresertrag | Fr. 4.41 |

\* Da sich der Zins von Fr. 4.– (4% von Fr. 100.–) auf ein Jahr bezieht, sind hier keine Umrechnungen notwendig.

\*\* Der Kursgewinn von Fr. 1.– (1% von Fr. 100.–) wird hingegen während der ganzen Besitzdauer (28. Oktober 20_6 bis 31. März 20_9 = 2 Jahre 152 Tage = 872 Tage) erzielt, sodass eine Umrechnung auf das Jahr nötig ist:

$$\text{Kursgewinn im Jahr} = \frac{\text{Fr. 1.–} \cdot 360 \text{ Tage}}{872 \text{ Tage}} = \text{Fr. –.41}$$

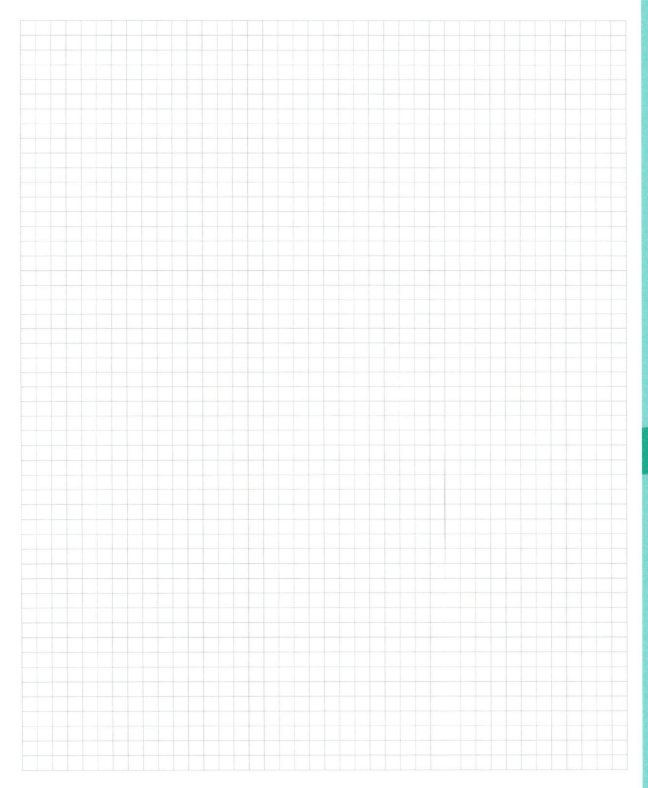

c) Wertschriftenbuchhaltung

Für die Verbuchung des Wertschriftenverkehrs werden drei Konten benötigt:

## Wertschriftenkonten

### Wertschriftenbestand (Aktivkonto)

Wertschriften zählen zum Umlaufvermögen,

- wenn sie erworben werden, um vorübergehend nicht benötigte Liquidität gewinnbringend anzulegen oder
- wenn sie spekulativen Zwecken dienen.

Die Wertschriften gehören zum **Anlagevermögen,**

- wenn sie den Charakter einer langfristigen Kapitalanlage haben oder
- wenn sie zum Zwecke der Beteiligung an einer anderen Kapitalgesellschaft erworben werden.

Im **Soll** werden der Anfangsbestand, Käufe und Bestandeszunamen (bei Kursgewinnen) gebucht, im **Haben** Verkäufe, Bestandesabnahmen (bei Kursverlusten) und Schlussbestand.

### Wertschriftenaufwand

Im **Soll** werden Depotgebühren und Bestandesabnahmen (bei Kursverlusten) gebucht, im **Haben** Aufwandsminderungen und der Saldo.

### Wertschriftenertrag[1]

Im **Soll** werden Ertragsminderungen und der Saldo gebucht, im **Haben** Dividendenerträge, Zinserträge und die Bestandeszunahmen (bei Kursgewinnen).

---

[1] Weisen die Wertschriften den Charakter einer Beteiligung auf, werden folgende Konten verwendet: Beteiligungen (Aktivkonto), Beteiligungsaufwand und Beteiligungsertrag. Die Buchungsregeln gelten sinngemäss.

**Beispiel zur Wertschriftenverbuchung**

| Datum | Geschäftsfall | Buchungssatz | Wertschriften-bestand | | Wertschriften-aufwand | | Wertschriften-ertrag | |
|---|---|---|---|---|---|---|---|---|
| 11.03. | Bankabrechnung für Aktienkauf<br>10 Aktien zum Kurs 3 000.–<br>+ Courtage 240.–<br>+ Übrige Spesen 27.–<br>= Endbetrag ❶ 30 267.– | Wertschriftenbestand/Bank | 30 267 | | | | | |
| 22.05. | Bankgutschrift für einkassierte Dividenden auf obigen Aktien:<br>Bruttodividende 1500.–<br>./. 35% VSt 525.–<br>= Nettodividende ❷ 975.– | Bank/Wertschriftenertrag<br><br>Debitor VSt/Wertschriftenertrag | | | | | 975<br><br>525 | |
| 13.09. | Bankbelastung für Depotspesen | Wertschriftenaufwand/Bank | | | 33 | | | |
| 31.12. | Korrekturbuchung ❸<br>(Bestandeszunahme) | Wertschriftenbestand/<br>Wertschriftenertrag | 733 | | | | 733 | |
| 31.12. | Wertschriftenbestand Ende Jahr gemäss Inventar ❹ | Bilanz/Wertschriftenbestand | | 31 000 | | | | |
| 31.12. | Saldo Wertschriftenaufwand | Erfolgsrechnung/<br>Wertschriftenaufwand | | | | 33 | | |
| 31.12. | Saldo Wertschriftenertrag ❺ | Wertschriftenertrag/<br>Erfolgsrechnung | | | | | 2 233 | |
| | | | 31 000 | 31 000 | 33 | 33 | 2 233 | 2 233 |

❶ Wertschriftenkäufe und -verkäufe werden mit dem Endbetrag der Bankabrechnung gebucht. Das Konto Wertschriftenbestand erfasst demnach während des Jahres sowohl Bestandesänderungen (Käufe, Verkäufe, Rückzahlungen von Obligationen) als auch Erfolgsposter (Kursgewinne und -verluste, Kauf- und Verkaufsspesen, Marchzinsen). (Vgl. auch Punkt ❸.)

❷ Da die abgezogenen Verrechnungssteuern von der Steuerverwaltung zurückgefordert werden können, stellen diese auch Ertrag dar. Im Konto Wertschriftenerfolg müssen demnach immer die Bruttoerträge verbucht werden.
Im Konto Debitor (Verrechnungssteuer) werden die Guthaben aus Verrechnungssteuerabzügen gegenüber der Steuerverwaltung gebucht.

❸ Der Betrag der Korrekturbuchung ergibt sich durch Saldierung ces Kontos Wertschriftenbestand: Zuerst wird der Saldo gemäss Inventar (31000) im Haben eingesetzt. Die Habensumme im Konto beträgt nun 31000.–, die Sollsumme nur 30267. Damit das Konto ausgeglichen ist, muss auf der Sollseite noch ein Betrag von 733 verbucht werden (30267 + 733 = 31000).

❹ Zur Feststellung des Wertschriftenbestandes wird Ende Jahr en Wertschrifteninventar aufgestellt. Hier enthält es die 10 Inhaberaktien zum Kurs 3100.–.

❺ Zur Bestimmung des Gewinnes aus den Wertschriftenanlagen sind die Saldi von Wertschriftenaufwand und Wertschriftenertrag miteinander zu verrechnen.

# 53 Liegenschaften

In der Liegenschaftenbuchhaltung werden alle mit dem Kauf, Verkauf und der Verwaltung von Liegenschaften zusammenhängenden Geschäftsfälle erfasst. Zu den Liegenschaften (Immobilien) werden allgemein gezählt:

- Gebäude
- Stockwerkeigentum
- Grundstücke

Die Buchungen erfolgen in den Bestandeskonten Immobilien und Hypotheken sowie den Erfolgskonten Immobilienaufwand und Immobilienertrag.❶

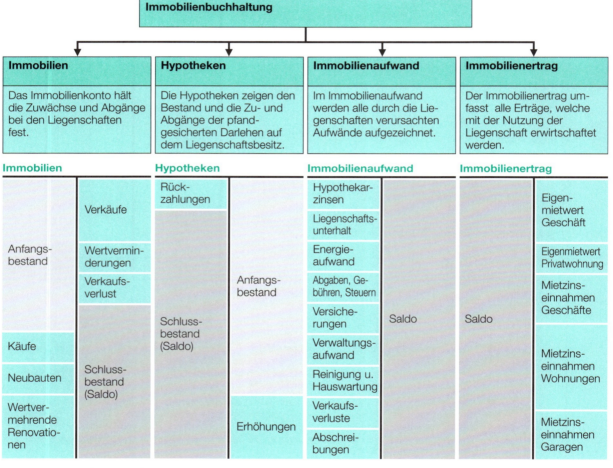

**Beispiel**  R. Volkart kauft ein kleines Mehrfamilienhaus für Fr. 1 000 000.–. An eigenen Mitteln bringt er Fr. 300 000.– auf, den Rest finanziert er mit einem Hypothekardarlehen.

R. Volkart verbucht den Kauf und den summarischen Geschäftsverkehr während des ersten Jahres für diese Liegenschaft wie folgt:

❶ Anstelle der Konten Immobilien, Immobilienaufwand und Immobilienertrag werden synonym auch die Konten Liegenschaften, Liegenschaftsaufwand und Liegenschaftsertrag verwendet.

| | Buchungssatz | | Bestandeskonten | | | | Erfolgskonten | | | |
|---|---|---|---|---|---|---|---|---|---|---|
| | | | Immobilien | | Hypotheken | | Immobilienaufwand | | Immobilienertrag | |
| | Soll | Haben | Soll | Haben | Soll | Haben | Soll | Haben | Soll | Haben |
| **Kauf** | | | | | | | | | | |
| Anzahlung mit eigenen Mitteln | Immobilien | Bank | 300 000 | | | | | | | |
| Restfinanzierung durch Hypothekardarlehen | Immobilien | Hypotheken | 700 000 | | | 700 000 | | | | |
| Einmalige Ausgaben im Zusammenhang mit dem Kauf (Handänderung, Grundbuch) | Immobilien | Bank | 6 000 | | | | | | | |
| **Verwaltung** | | | | | | | | | | |
| Unterhalt und Reparaturen | Immob.-aufwand | Bank | | | | | 4 000 | | | |
| Gebühren und Abgaben (Wasser, Kehricht), Versicherungen | Immob.-aufwand | Bank | | | | | 3 000 | | | |
| Heizung, Beleuchtung Treppenhaus | Immob.-aufwand | Bank | | | | | 4 000 | | | |
| Reinigung, Hauswartentschädigung | Immob.-aufwand | Bank | | | | | 2 000 | | | |
| Abschreibung | Immob.-aufwand | Immobilien | | 6 000 | | | 6 000 | | | |
| Hypothekarzinsen | Immob.-aufwand | Bank | | | | | 35 000 | | | |
| Mietzinseinnahmen | Bank | Immob.-ertrag | | | | | | | | 46 000 |
| Mietwert private Wohnung❶ | Privat | Immob.-ertrag | | | | | | | | 12 000 |
| Salden | | | | 1 000 000 | 700 000 | | | 54 000 | 58 000 | |
| | | | 1 006 000 | 1 006 000 | 700 000 | 700 000 | 54 000 | 54 000 | 58 000 | 58 000 |

| Bilanz | | | | Erfolgsrechnung | | | |
|---|---|---|---|---|---|---|---|
| Immobilien | 1 000 000 | Hypotheken | 700 000 | Immobilienaufwand | 54 000 | Immobilienertrag | 58 000 |
| | | Eigenkapital | 300 000 | Gewinn | 4 000 | | |
| | 1 000 000 | | 1 000 000 | | 58 000 | | 58 000 |

❶ R. Volkart bewohnt selber eine Wohnung in dieser Liegenschaft. Um den wirklich erzielten Liegenschaftenerfolg auszuweisen, muss der Mietwert, den man bei einer Vermetung an Dritte erzielt hätte, in die Rechnung miteinbezogen werden. Wären in der Liegenschaft noch Räume durch ein von R. Volkart geführtes Geschäft belegt, müsste auch der Mietwert für diese Räume berücksichtigt werden. Die Buchungen für die Eigenmiete und die Geschäftsmiete lauten:

| Eigenmiete | Privat/Immobilienertrag |
|---|---|
| Geschäftsmiete | Raumaufwand/Immobilienertrag |

# 54 Mehrwertsteuer

Die Mehrwertsteuer (MWST) ist eine **indirekte Bundessteuer.** Mit ihr erzielt der Bund mehr als einen Drittel seiner Einnahmen; sie ist damit seine wichtigste Geldquelle.

Die Mehrwertsteuer heisst so, weil der von einer Unternehmung geschaffene Mehrwert besteuert wird. Bei einer Kleiderfabrik beispielsweise besteht der Mehrwert im Wesentlichen aus der Wertdifferenz zwischen den eingekauften Stoffen und den verkauften Kleidern.

**Steuerpflichtig** ist grundsätzlich, wer eine gewerbliche oder andere berufliche Tätigkeit selbstständig ausübt, bei welcher der jährliche Umsatz (Nettoerlös) Fr. 100 000.– übersteigt.

Die Mehrwertsteuer wird auf **Lieferungen sowie Eigenverbrauch von Gegenständen und Dienstleistungen** erhoben. Es gelten folgende Steuersätze:

## Steuersätze

### Normalsatz 8,0%

Grundsätzlich werden alle Umsätze zum Normalsatz von 8,0% besteuert. Zusammengefasst sind dies:
- Gegenstände wie Waren, Rohstoffe, Fahrzeuge, Maschinen, Mobiliar
- Energie wie Elektrizität, Gas, Heizöl, Treibstoffe
- Dienstleistungen von Reisebüros, Taxiunternehmen, Coiffeuren, Ingenieuren, Rechtsanwälten, Architekten, Werbebüros, Transportunternehmungen, Restaurants und Hotels ❷
- Gegenstände zum Eigengebrauch

### Reduzierter Satz 2,5%

Der reduzierte Satz von 2,5% kommt für Güter und Dienstleistungen des täglichen Bedarfs zur Anwendung ❶:
- Nahrungsmittel
- Alkoholfreie Getränke
- Futtermittel
- Medikamente
- Zeitungen, Bücher
- Pflanzen, Sämereien
- Wasser in Leitungen
- Radio- und Fernsehgebühren
- Gegenstände zum Eigengebrauch

### Von der Steuer ausgenommene oder steuerbefreite Umsätze mit 0%

Von der Steuer ausgenommen sind folgende Umsätze: ❶
- Ärzte, Zahnärzte, Heilbehandlungen
- Schulen
- Kirche, soziale Institutionen
- Kino, Theater, Konzerte
- Lotterien
- Sportanlässe
- Geld- und Kapitalverkehr
- Versicherungen
- Wohnungs- und Geschäftsmieten
- Liegenschaftskäufe
- Im eigenen Betrieb gewonnene Erzeugnisse der Landwirtschaft

Der Export von Gütern und Dienstleistungen ist grundsätzlich von der MWST befreit. ❸

❶ Durch die Steuersatzreduktion bzw. das Ausnehmen bestimmter Umsätze von der Steuer soll die Deckung der Grundbedürfnisse für sozial schlechter gestellte Bevölkerungsschichten erleichtert werden. Auf den von der Steuer ausgenommenen Umsätzen ist ein Abzug der Vorsteuer nicht möglich.

Für verschiedene von der Steuer ausgenommene Umsätze kann die freiwillige Versteuerung beantragt werden. Ein häufiges Beispiel sind Sportanlässe, sofern die auf Eintritten oder Startgeldern geschuldeten Umsatzsteuern tiefer sind als die Vorsteuerabzüge.

❷ Für Beherbergungsleistungen (Übernachtung und Frühstück) gilt ein Sondersatz von 3,8%.

❸ Die Steuerbefreiung der Exporte soll die internationale Konkurrenzfähigkeit der Schweiz fördern, was im Hinblick auf die Arbeitsplatzsicherung im Inland von Bedeutung ist. Diese Steuerbefreiung entspricht auch den internationalen Gepflogenheiten, wonach Exporte nur im Bestimmungsland besteuert werden. Ein Vorsteuerabzug ist möglich.

## Wie funktioniert die Mehrwertsteuer?

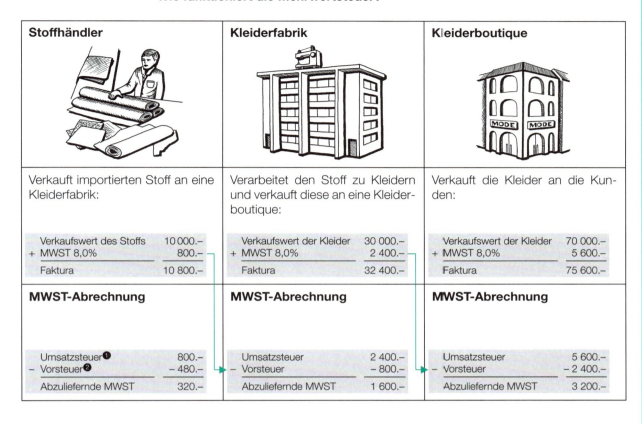

Das Wesen der Mehrwertsteuer kann am Beispiel der Kleiderfabrik veranschaulicht werden:

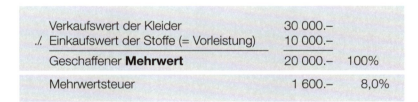

❶ Unter Umsatzsteuer versteht man die auf dem Umsatz geschuldete Mehrwertsteuer.

❷ Unter Vorsteuer versteht man die auf empfangenen Lieferungen und Leistungen bezahlte Mehrwertsteuer. Sie kann von der geschuldeten Umsatzsteuer in Abzug gebracht werden. Den abzugsfähigen Betrag nennt man auch Vorsteuerabzug (er beträgt hier 8,0% des Einkaufswerts von Fr. 6000.– und wird am Zoll erhoben).

Die Abrechnung der Vorsteuer ist in diesem Beispiel vereinfacht dargestellt. In der Praxis könnten auch die auf der Beschaffung von Maschinen, Mobiliar und Zutaten wie Faden und Knöpfen bezahlten Vorsteuern in Abzug gebracht werden (siehe Beispiel nächste Seite).

Auf dieser Doppelseite wird die **Verbuchung** der Mehrwertsteuer nach der Netto- und der Brutto-Methode anhand einiger typischer Geschäftsfälle einer Kleiderfabrik dargestellt.

**Beispiel 1** — **Netto-Verbuchung**

| Datum | Geschäftsverkehr | Buchungssatz Soll | Haben | Betrag | Debitor Vorsteuer ❶ | | Kreditor Umsatzsteuer | |
|---|---|---|---|---|---|---|---|---|
| 15. 1. | **Kauf Nähmaschine** <br> Kaufpreis 2 000.– <br> + MWST 8,0% 160.– <br> Faktura 2 160.– | Maschinen <br> Debitor Vorsteuer | Kreditoren <br> Kreditoren | 2 000 <br> 160 | 160 | | | |
| 2. 2. | **Stoffeinkauf** <br> Kaufpreis 40 000.– <br> + MWST 8,0% 3 200.– <br> Faktura 43 200.– | Stoffaufwand <br> Debitor Vorsteuer | Kreditoren <br> Kreditoren | 40 000 <br> 3 200 | 3 200 | | | |
| 20. 2. | **Kleiderverkauf** <br> Verkaufswert 60 000.– <br> + MWST 8,0% 4 800.– <br> Faktura 64 800.– | Debitoren <br> Debitoren | Verkaufsertrag <br> Kred. Umsatzst. | 60 000 <br> 4 800 | | | | 4 800 |
| 21. 2. | **Kauf Dampfbügelautomat** <br> Kaufpreis 5 000.– <br> + MWST 8,0% 400.– <br> Faktura 5 400.– | Maschinen <br> Debitor Vorsteuer | Kreditoren <br> Kreditoren | 5 000 <br> 400 | 400 | | | |
| 5. 3. | **Stoffeinkauf** <br> Kaufpreis 30 000.– <br> + MWST 8,0% 2 400.– <br> Faktura 32 400.– | Stoffaufwand <br> Debitor Vorsteuer | Kreditoren <br> Kreditoren | 30 000 <br> 2 400 | 2 400 | | | |
| 27. 3. | **Kleiderverkauf** <br> Verkaufswert 50 000.– <br> + MWST 8,0% 4 000.– <br> Faktura 54 000.– | Debitoren <br> Debitoren | Verkaufsertrag <br> Kred. Umsatzst. | 50 000 <br> 4 000 | | | | 4 000 |
| 23. 4. | **Postüberweisung der geschuldeten MWST** <br> Umsatzst.-Schuld 8 800.– <br> – Vorsteuer-Guth. 6 160.– <br> Überweisung netto 2 640.– | Kred. Umsatzst. <br> Kred. Umsatzst. | Debitor Vorsteuer <br> Post | 6 160 <br> 2 640 | | 6 160 | 6 160 <br> 2 640 | |
| | | | | | 6 160 | 6 160 | 8 800 | 8 800 |

Die Netto-Methode wird von der Eidgenössischen Steuerverwaltung empfohlen und hat sich in der Praxis bei mittleren und grösseren Unternehmungen durchgesetzt. Für kleinere Betriebe und in der Schule eignet sich die auf der nächsten Seite dargestellte **Brutto-Methode** besser, weil die MWST nicht bei jedem steuerpflichtigen Einkauf und Verkauf einzeln gebucht werden muss und somit weniger Buchungen anfallen.

❶ Für die Verbuchung der Vorsteuer werden von der Eidgenössischen Steuerverwaltung zwei getrennte Konten für die Beschaffung von Anlagevermögen einerseits und den Einkauf von Waren, Rohstoffen sowie die Beanspruchung von Dienstleistungen anderseits verlangt. Im Schulunterricht genügt aus methodischen Gründen ein einziges Konto.

**Beispiel 2**  **Brutto-Verbuchung**

| Datum | Geschäftsverkehr | Buchungssatz | | | Konten für MWST | | | |
|---|---|---|---|---|---|---|---|---|
| | | Soll | Haben | Betrag | Debitor Vorsteuer | | Kreditor Umsatzsteuer | |
| 15. 1. | **Kauf Nähmaschine** <br> Kaufpreis 2 000.– <br> + MWST 8,0% 160.– <br> Faktura 2 160.– | Maschinen | Kreditoren | 2 160 | | | | |
| 2. 2. | **Stoffeinkauf** <br> Kaufpreis 40 000.– <br> + MWST 8,0% 3 200.– <br> Faktura 43 200.– | Stoffaufwand | Kreditoren | 43 200 | | | | |
| 20. 2. | **Kleiderverkauf** <br> Verkaufswert 60 000.– <br> + MWST 8,0% 4 800.– <br> Faktura 64 800.– | Debitoren | Verkaufsertrag | 64 800 | | | | |
| 21. 2. | **Kauf Dampfbügelautomat** <br> Kaufpreis 5 000.– <br> + MWST 8,0% 400.– <br> Faktura 5 400.– | Maschinen | Kreditoren | 5 400 | | | | |
| 5. 3. | **Stoffeinkauf** <br> Kaufpreis 30 000.– <br> + MWST 8,0% 2 400.– <br> Faktura 32 400.– | Stoffaufwand | Kreditoren | 32 400 | | | | |
| 27. 3. | **Kleiderverkauf** <br> Verkaufswert 50 000.– <br> + MWST 8,0% 4 000.– <br> Faktura 54 000.– | Debitoren | Verkaufsertrag | 54 000 | | | | |
| 31. 3. | **Umsatzsteuer 1. Quartal**❶ | Verkaufsertrag | Kred. Umsatzst. | 8 800 | | | | 8 800 |
| 31. 3. | **Vorsteuer 1. Quartal**❷ <br> Vorsteuer auf Maschinen <br> Vorsteuer auf Stoffeinkäufen | Debitor Vorsteuer <br> Debitor Vorsteuer | Maschinen <br> Stoffaufwand | 560 <br> 5 600 | 560 <br> 5 600 | | | |
| 31. 3. | **Verrechnung Vorsteuer-Guthaben mit Umsatzsteuerschuld**❸ | Kred. Umsatzst. | Debitor Vorsteuer | 6 160 | | 6 160 | 6 160 | |
| 23. 4. | **Überweisung der geschuldeten MWST** | Kred. Umsatzst. | Post | 2 640 | | | 2 640 | |
| | | | | | 6 160 | 6 160 | 8 800 | 8 800 |

❶ **Abrechnung Umsatzsteuern**

| | 108,0% | 8,0% |
|---|---|---|
| 20. 2. Kleiderverkauf | 64 800 | 4 800 |
| 27. 3. Kleiderverkauf | 54 000 | 4 000 |
| 31. 3. Umsatzsteuer-Schuld | | 8 800 |

❷ **Abrechnung Vorsteuern**

| | 108,0% | 8,0% | |
|---|---|---|---|
| 15. 1. Kauf Nähmaschine | 2 160 | 160 | |
| 18. 2. Kauf Dampfbügelaut. | 5 400 | 400 | 560 |
| 2. 2. Stoffeinkauf | 43 200 | 3 200 | |
| 5. 3. Stoffeinkauf | 32 400 | 2 400 | 5 600 |
| 31. 3. Vorsteuer-Guthaben | | | 6 160 |

❸ **MWST-Abrechnung 1. Quartal**

| | |
|---|---|
| Umsatzsteuer-Schuld | 8 800 |
| – Vorsteuer-Guthaben | 6 160 |
| Steuerschuld netto | 2 640 |

Die Steuerpflichtigen rechnen mit der Eidgenössischen Steuerverwaltung in der Regel **quartalsweise nach vereinbartem Entgelt** ab.

## Abrechnungsart

### Nach vereinbartem Entgelt

Die Umsatzsteuer wird aufgrund der Rechnungen an Kunden abgerechnet, die Vorsteuer aufgrund der Rechnungen von Lieferanten.

Diese Abrechnungsart ist der Normalfall.

Diese Methode hat für die Eidgenössische Steuerverwaltung den Vorteil, dass sie rascher zu ihrem Geld kommt, da die Rechnungsstellung an Kunden zeitlich vor der Zahlung erfolgt. Dieses System ist zudem einfacher in der Durchführung, da es auf der Debitoren- bzw. Kreditoren-Buchhaltung basiert. Für den Steuerpflichtigen besteht sodann ein Vorteil darin, dass der Vorsteuerabzug bereits bei Erhalt der Lieferantenrechnung vorgenommen werden kann (und nicht erst bei deren Bezahlung).

Abrechnungstechnisch nachteilig ist, dass bei Abzug von Rabatten und Skonti, bei Rücksendungen und bei Debitorenverlusten die Zahlung niedriger ist als der Rechnungsbetrag und somit der steuerbare Umsatz nachträglich korrigiert werden muss.

### Nach vereinnahmtem Entgelt

Die Umsatzsteuer wird aufgrund der eingegangenen Zahlungen von Kunden abgerechnet, die Vorsteuer aufgrund der an Lieferanten geleisteten Zahlungen.

Diese Abrechnungsart bedarf einer speziellen Bewilligung der Eidgenössischen Steuerverwaltung.

**54**

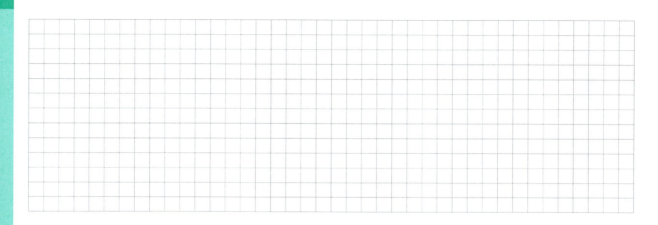

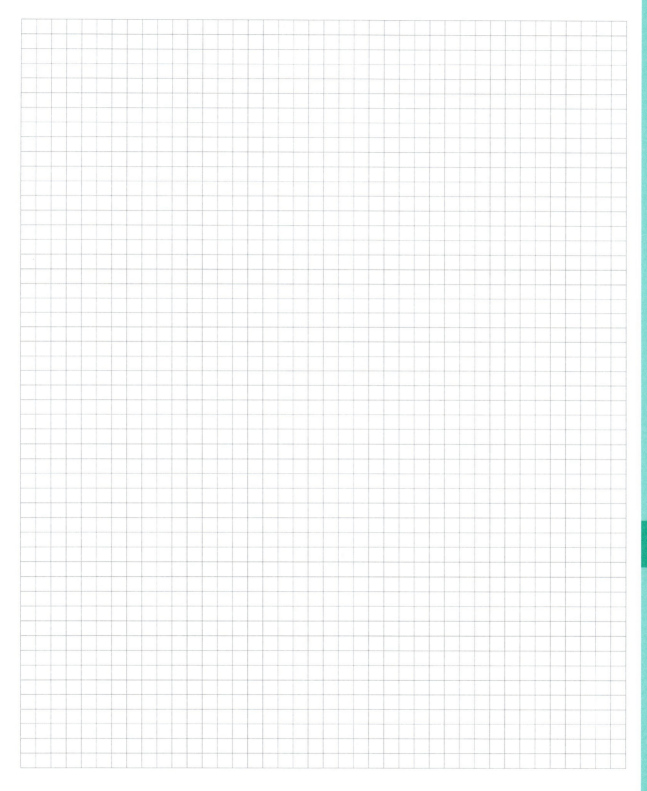

# 55 Mehrstufige Erfolgsrechnung

Ziel der mehrstufigen Erfolgsrechnung ist es, das vorhandene Zahlenmaterial besser auszuwerten und zusätzliche Informationen über die Unternehmung zu gewinnen. Durch die zweistufige (Fabrikationsbetrieb) oder die dreistufige Gliederung (Warenhandelsbetrieb) der Erfolgsrechnung wird es möglich, insbesondere folgende Fragen zu beantworten:

- Wie gross ist der gesamte aus dem Warenverkauf erzielte Bruttogewinn, der zur Deckung des Gemeinaufwandes (Löhne und Gehälter, Raumaufwand, Abschreibungen, Zinsen und übriger Geschäftsaufwand) zur Verfügung steht?
- Wie gross ist der durch die eigentliche Betriebstätigkeit erwirtschaftete Reingewinn bzw. Reinverlust?
- Inwiefern hat der neutrale Bereich, d.h. die ausserbetrieblichen und die ausserordentlichen Aufwände und Erträge, den Gesamterfolg der Unternehmung beeinflusst?

Die mehrstufige Erfolgsrechnung wird nach folgendem Schema gegliedert:

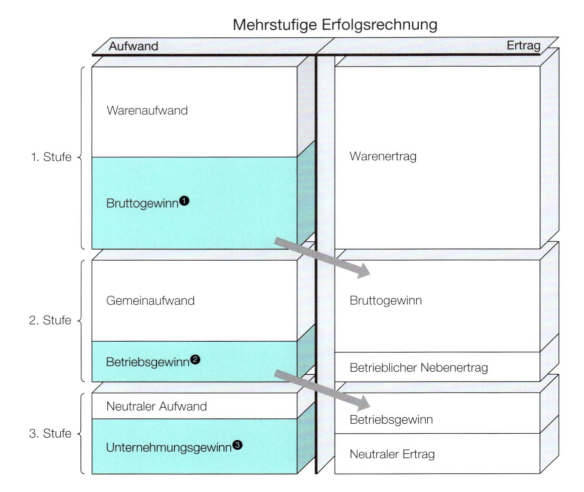

❶ Der Bruttogewinn ist im Warenhandel eine sehr wichtige Grösse. Einerseits zeigt er den Betrag, der zur Deckung des Gemeinaufwandes zur Verfügung steht (den sogenannten Deckungsbeitrag), andererseits ist der Bruttogewinnzuschlag (Bruttogewinn in Prozenten des Warenaufwandes) einer der wichtigsten Zuschlagssätze in der Einzelkalkulation (vgl. dazu Abschnitt 61).
Im Fabrikationsbetrieb fällt diese Stufe weg, da der Materialverbrauch nicht die gleiche Bedeutung hat wie der Warenaufwand im Handelsbetrieb.

❷ Auf dieser Stufe werden die durch die rein betriebliche Leistungserstellung verursachten Aufwände und Erträge einander gegenübergestellt. Sie zeigt das Ergebnis der unternehmerischen Haupttätigkeit.

❸ Der Unternehmungserfolg (auch Gesamterfolg genannt) setzt sich wie folgt zusammen:

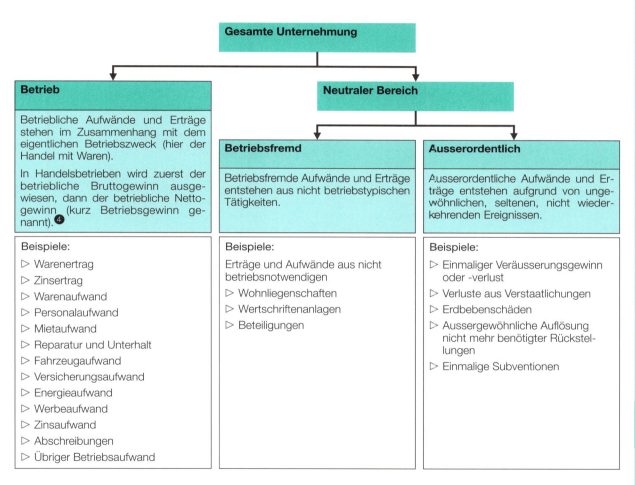

❹ Gemäss Obligationenrecht wird der Betrieb nicht weiter unterteilt. Hingegen scheidet der Kontenrahmen KMU in der Kontenklasse 7 noch **Nebenbetriebe** separat aus (vgl. Anhang 3 dieses Buchs):
  ▷ In der Praxis wird häufig die **Betriebsliegenschaft** als Nebenbetrieb betrachtet (im Sinne eines Profit Centers). Um die Aufwände und Erträge der Betriebsliegenschaft separat zu erfassen, werden die Konten Liegenschaftsaufwand (Immobilienaufwand) und Liegenschaftsertrag (Immobilienertrag) geführt.
  ▷ Die ertragsbringende Anlage von überschüssiger Liquidität des Betriebs in Form von **Wertpapieren** kann auch als Nebenbetrieb mit den Konten Wertschriftenaufwand und Wertschriftenertrag erfasst werden.
  ▷ Ebenfalls als Nebenbetrieb betrachtet werden können betriebsnotwendige **Beteiligungen** an anderen Unternehmen mit den Konten Beteiligungsaufwand und Beteiligungsertrag.

## Beispiel in Kontoform

**Mehrstufige Erfolgsrechnung (in Kurzzahlen)**

| | Aufwand | | | Ertrag | |
|---|---|---|---|---|---|
| **1. Stufe** | Warenaufwand | 200 | Warenertrag | 500 |
| | **Bruttogewinn** | 300 | | |
| | | 500 | | 500 |
| **2. Stufe** | Personalaufwand | 150 | Bruttogewinn | 300 |
| | Raumaufwand | 50 | Betrieblicher Zinsertrag | 10 |
| | Abschreibungen | 30 | | |
| | Übriger Betriebsaufwand | 45 | | |
| | **Betriebsgewinn** | 35 | | |
| | | 310 | | 310 |
| **3. Stufe** | Wertschriftenerfolg | 12 | Betriebsgewinn | 35 |
| | **Unternehmungsgewinn** | 48 | Immobilienerfolg | 15 |
| | | | Ausserordentlicher Ertrag | 10 |
| | | 60 | | 60 |

In den Geschäftsberichten wird die Erfolgsrechnung häufig in Berichtsform dargestellt. Gegenüber der Darstellung in Kontoform hat diese Darstellungsweise den Vorteil, dass sie auch für den buchhaltungsunkundigen Leser leicht verständlich ist.

## Beispiel in Berichtsform

| | | | |
|---|---|---|---|
| **1. Stufe** | Warenertrag | | 500 |
| | − Warenaufwand | | 200 |
| | = **Bruttogewinn** | | **300** |
| **2. Stufe** | + Betrieblicher Zinsertrag | | 10 |
| | − Gemeinaufwand | | |
| |     Personalaufwand | 150 | |
| |     Raumaufwand | 50 | |
| |     Abschreibungen | 30 | |
| |     Übriger Betriebsaufwand | 45 | 275 |
| | = **Betriebsgewinn** | | **35** |
| **3. Stufe** | + Neutraler Erfolg | | |
| |     Immobilienerfolg | + 15 | |
| |     Ausserordentlicher Ertrag | + 10 | |
| |     Wertschriftenerfolg | − 12 | 13 |
| | = **Unternehmungsgewinn** | | **48** |

## Kontenpläne und Kontenrahmen

Damit die Übersicht über die Buchhaltung gewahrt bleibt und eine gezielte Auswertung der Aufzeichnungen möglich ist, führen die Unternehmungen einen Kontenplan.

> Unter **Kontenplan** versteht man das übersichtlich gegliederte und systematisch geordnete Verzeichnis aller Konten einer Unternehmung.

Für Unternehmungen derselben Branche ergeben sich immer gleichartige Geschäftsfälle. Um die Übersicht zu erleichtern, wurden für bestimmte Branchen Musterkontenpläne als Vorlage für die Kontenpläne der einzelnen Unternehmungen geschaffen.

> Die für eine ganze Branche gültige Musterordnung der Konten nennt man **Kontenrahmen.**

Der diesem Werk zugrunde liegende **Kontenrahmen KMU** richtet sich an kleine und mittlere Unternehmen in Produktion, Handel und Dienstleistung in der Schweiz. Der Kontenrahmen KMU ist auf dem Prinzip der Abschlussgliederung aufgebaut, was bedeutet, dass die Kontenreihenfolge mit dem Aufbau des Jahresabschlusses übereinstimmt.

Die ersten drei Ziffern (Kontenklassen, Kontenhauptgruppen und Kontengruppen) der im Kontenrahmen KMU aufgeführten vierstelligen Konten sollten bei der Ausgestaltung der Kontenpläne verbindlich angewandt werden, damit eine Vereinheitlichung des Aufbaus und der Gliederung der Bilanzen und Erfolgsrechnungen der KMU in der Schweiz erreicht wird. Die vierte Ziffer (Konten) kann hingegen je nach Unternehmen an die betriebsindividuellen Bedürfnisse angepasst werden.

| Gliederungsstufe | Nummer | Beispiel | |
|---|---|---|---|
| Kontenklasse | 1 bis 9 | 2 | Passiven |
| Kontenhauptgruppe | 10 bis 99 | 20 | Fremdkapital |
| Kontengruppe | 100 bis 999 | 200 | Kurzfristiges Fremdkapital |
| Konto | 1000 bis 9999 | 2206 | Kreditor VSt |

Im Anhang hinten im Buch ist ein ausklappbarer Kontenrahmen KMU abgebildet.

# 6. Teil  Kalkulation

Die Kalkulation befasst sich mit der Berechnung und Kontrolle

– der Kosten für die Leistungserstellung und
– der Verkaufspreise.

Dabei treten folgende Fragen auf, die der Unternehmer beantworten können muss, wenn er seine Verkaufspolitik festlegen und das Unternehmen effizient führen will:

- Wie lassen sich die anfallenden Kosten aus den Zahlen der Finanzbuchhaltung herauslesen?

- Wo fallen im Betrieb Kosten an, und wie sind sie den einzelnen Betriebsteilen zu belasten?

- Wie sind die anfallenden Kosten (Gemeinkosten und Einzelkosten) auf die einzelnen Produkte zu verteilen?

- Mit welchen rechnerischen Zuschlagssätzen kann für das einzelne Produkt aus dem Ankaufspreis auf den Verkaufspreis geschlossen werden?

- Wo liegt die Nutzschwelle, d. h., ab welchem Umsatz wird ein Gewinn erzielt?

# 61  Kalkulation im Handelsbetrieb

Die Einkaufs- und Verkaufskalkulationen dienen der Bestimmung des Einstandswertes und des Nettoerlöses❶.

Das folgende Kalkulationsschema zeigt den Zusammenhang zwischen dem Einstandswert und dem Nettoerlös.

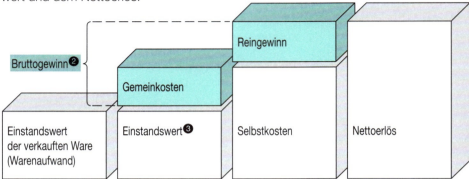

Dieses Kalkulationsschema gilt sowohl für die Einzelkalkulation als auch für die Gesamtkalkulation.

| Kalkulation | |
|---|---|
| **Gesamtkalkulation** | **Einzelkalkulation** |
| • Die Gesamtkalkulation erfasst die gesamten betrieblichen Kosten,❹ also jene für die Gesamtheit der erstellten Produkte und/oder Leistungen.<br>• Die Gesamtkalkulation liefert die Zuschlagssätze für die Einzelkalkulation. | • Die Einzelkalkulation erfasst nur die Kosten für ein bestimmtes Produkt oder eine bestimmte Leistung.<br>• In der Einzelkalkulation werden die Zuschlagssätze aus der Gesamtkalkulation zur Bestimmung der Selbstkosten und des Nettoerlöses für das einzelne Produkt angewandt. |

❶ Vgl. 3. Teil in Band 1.

❷ In der Regel wird der Bruttogewinn in Prozenten des Einstandswertes (Bruttogewinnzuschlag) ausgedrückt. Wird er in Prozenten des Nettoerlöses errechnet, spricht man von Bruttogewinnmarge oder Handelsmarge.

❸ Der Einstandswert, d. h. der Warenaufwand, lässt sich für jeden Artikel einzeln erfassen, man spricht deshalb von **Einzelkosten** oder **direkten Kosten.** Im Gegensatz dazu können die **Gemeinkosten** (Löhne, Gehälter, Raumaufwand, Abschreibungen, Zinsen und übriger Geschäftsaufwand) nur gesamthaft und nicht für das einzelne Produkt ermittelt werden. Da sich diese Kosten nicht direkt dem einzelnen Produkt zurechnen lassen, spricht man von **indirekten** Kosten.

❹ In der Kalkulation spricht man von Kosten und nicht von Aufwand. Vgl. dazu die Ausführungen in Abschnitt 62.

**Beispiel** Die Erfolgsrechnung eines kleinen Optikergeschäftes sieht wie folgt aus:

### Erfolgsrechnung

| Aufwand | | | Ertrag |
|---|---|---|---|
| Warenaufwand | 100 000 | Nettoerlös | 220 000 |
| Bruttogewinn | 120 000 | | |
| | 220 000 | | 220 000 |
| Personalaufwand | 72 000 | Bruttogewinn | 120 000 |
| Raumaufwand | 12 000 | | |
| Übriger Aufwand | 16 000 | | |
| Reingewinn | 20 000 | | |
| | 120 000 | | 120 000 |

Zu berechnen sind:

- die Zuschlagssätze gemäss Gesamtkalkulation für die Gemeinkosten und den Reingewinn;
- die Selbstkosten und der Nettoerlös für ein optisches Gerät mit Fr. 100.– Einstandspreis.

| | Gesamtkalkulation | Zuschlagssätze ❶ | Einzelkalkulation |
|---|---|---|---|
| Einstandswert | Fr. 100 000.– | 100% | Fr. 100.– |
| + Gemeinkosten | Fr. 100 000.– | 100% ⟶ | Fr. 100.– |
| = Selbstkosten | Fr. 200 000.– | 200% ⟶ 100% | Fr. 200.– |
| + Reingewinn | Fr. 20 000.– | 10% ⟶ | Fr. 20.– |
| = Nettoerlös | Fr. 220 000.– | 110% | Fr. 220.– |

❶ Für die Einzelkalkulation werden Gemeinkosten, Reingewinn und Bruttogewinn als prozentuale Zuschlagssätze ermittelt:

$$\text{Gemeinkostenzuschlag} = \frac{\text{Gemeinkosten} \cdot 100\%}{\text{Einstandswert}} = \frac{100\,000 \cdot 100\%}{100\,000} = 100\%$$

$$\text{Reingewinnzuschlag} = \frac{\text{Reingewinn} \cdot 100\%}{\text{Selbstkosten}} = \frac{20\,000 \cdot 100\%}{200\,000} = 10\%$$

$$\text{Bruttogewinnzuschlag} = \frac{\text{Bruttogewinn} \cdot 100\%}{\text{Einstandswert}} = \frac{120\,000 \cdot 100\%}{100\,000} = 120\%$$

Mit dem Bruttogewinnzuschlag kann vom Einstandspreis direkt auf den Nettoerlös gerechnet werden. Die Einzelkalkulation sieht dann so aus:

| | | | |
|---|---|---|---|
| | Einstandspreis | Fr. 100.– | 100% |
| + | Bruttogewinn | Fr. 120.– | 120% |
| = | Nettoerlös | Fr. 220.– | 220% |

**61**

Zusammenfassend ergibt sich für den Warenhandel das folgende Kalkulationsschema, das die einzelnen Rechnungsstufen vom Bruttoankaufspreis bis zum Bruttoverkaufspreis eines Produktes zeigt.

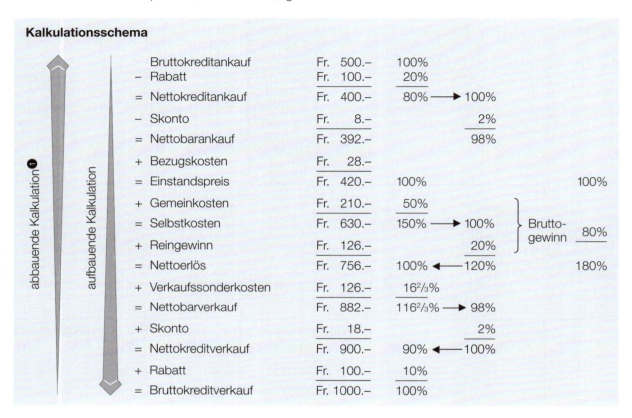

① Wird vom Bruttokreditverkauf zum Bruttokreditankauf gerechnet, d.h. **vom grossen zum kleinen** Wert, spricht man von **abbauender Kalkulation.** Geht man vom Bruttokreditankauf aus und sucht den Bruttokreditverkauf, d.h., geht man **vom kleinen zum grossen Wert,** spricht man von **aufbauender Kalkulation.**

### Schlüsselzahlen

Für Kalkulationen, die immer auf denselben Kalkulationssätzen aufbauen, ist die Anwendung einer sogenannten **Schlüsselzahl (Kalkulationsfaktor)** sinnvoll. Mit der Schlüsselzahl wird die Berechnung der einzelnen Kalkulationsstufen durch eine einzige Multiplikation ersetzt.

**Beispiel 1**

**Aufbauende Kalkulation**

Mit welcher Schlüsselzahl muss aufgrund der nebenstehenden Kalkulation der Einstandspreis eines Artikels multipliziert werden, damit der Bruttokreditverkaufspreis errechnet werden kann?

$$\text{Schlüsselzahl} = \frac{\text{Bruttokreditverkauf}}{\text{Einstand}} = \frac{1000.-}{420.-} = \underline{2{,}3810}$$

**Beispiel 2**

**Abbauende Kalkulation**

Mit welcher Schlüsselzahl muss aufgrund der nebenstehenden Kalkulation der Bruttokreditverkaufspreis multipliziert werden, damit direkt der Einstandspreis errechnet werden kann?

$$\text{Schlüsselzahl} = \frac{\text{Einstand}}{\text{Bruttokreditverkauf}} = \frac{420.-}{1000.-} = \underline{0{,}4200}$$

# 62 Kalkulation im Produktionsbetrieb

Die Kalkulation im Produktionsbetrieb ist im Vergleich zum Handelsbetrieb komplizierter, weil in einem Industriebetrieb mithilfe von Material, Arbeit und Maschinen neue Güter geschaffen werden, während beim Händler fertige Güter weiterverkauft werden.

Von den meisten Produktionsbetrieben wird eine separate Betriebsbuchhaltung geführt, mit der die Wirtschaftlichkeit der betrieblichen Leistungserstellung überwacht werden kann.

### Rechnungswesen

#### Finanzbuchhaltung (Fibu)

In der Finanzbuchhaltung wird der laufende Geschäftsverkehr chronologisch (im **Journal**) und systematisch (in den **Konten**) erfasst.

Die Finanzbuchhaltung dient zur Ermittlung der Vermögenslage (mittels **Inventar** und **Bilanz**) und des Erfolgs (mittels **Erfolgsrechnung**).

Die Zahlen der Finanzbuchhaltung sind für die Führung der Unternehmung zum Teil nicht geeignet, weil sie einerseits stille Reserven enthalten und anderseits nur den Gesamterfolg und nicht den Erfolg je Produkt ausweisen.

#### Betriebsbuchhaltung (Bebu)

In der Betriebsbuchhaltung werden die für die Leistungserstellung entstandenen Kosten nach **Kostenarten** (z. B. Materialkosten, Personalkosten, Abschreibungen), nach **Kostenstellen** (d. h. nach verschiedenen Abteilungen wie Einkauf, Lager, Fabrikation, Verkauf) und nach **Kostenträgern** (z. B. nach den hergestellten Produkten) erfasst.

Die Betriebsbuchhaltung ist eine rein interne Rechnung. Sie stellt Unterlagen für die **Kalkulation** sowie die **Kosten- und Erfolgskontrolle** bereit.

**Beispiel 1**  **Gesamtkalkulation mittels Betriebsabrechnungsbogen (BAB)**

Der auf der nächsten Doppelseite abgebildete Betriebsabrechnungsbogen umfasst die Kostenarten-, die Kostenstellen- sowie die Kostenträgerrechnung (Beträge in Kurzzahlen).

### 1. Die Kostenartenrechnung

Die Kostenartenrechnung dient zur Erfassung der Kosten. Ausgangspunkt bildet dabei der Aufwand gemäss Finanzbuchhaltung.

Der bei der Produktion von Gütern entstehende Wertverzehr wird in der Finanzbuchhaltung **Aufwand** und in der Betriebsbuchhaltung **Kosten** genannt. Den Unterschied bezeichnet man als **sachliche Abgrenzung.**

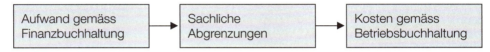

Aufwand und Kosten können zahlenmässig übereinstimmen, sodass keine sachlichen Abgrenzungen notwendig sind (hier z. B. beim Material, bei den Löhnen und Gehältern, bei den Mietzinsen und beim Sonstigen).

Manchmal unterscheiden sich Aufwand und Kosten, d. h. es sind sachliche Abgrenzungen notwendig. Im Beispiel sind Unterschiede bei den Abschreibungen sowie den Zinsen festzustellen:

– In der Finanzbuchhaltung wurde zwecks Bildung stiller Reserven zu viel abgeschrieben. Die Kosten, die möglichst dem objektiv richtigen Wertverzehr entsprechen sollen, damit die Unternehmungsleitung ihre Entscheidungen auf zuverlässiges Zahlenmaterial abstützen kann, sind um 6 kleiner als der Aufwand.

– Im Zinsaufwand sind vor allem bei Aktiengesellschaften nur die Fremdzinsen enthalten. Da das Eigenkapital nicht gratis zur Verfügung steht, muss als sachliche Abgrenzung noch ein Eigenkapitalzins verbucht werden.

Je nachdem, ob die Kosten direkt den einzelnen hergestellten Produkten zugerechnet werden können oder nicht, wird in der Kostenartenrechnung zwischen Einzelkosten und Gemeinkosten unterschieden:

**Betriebsabrechnungsbogen eines Produktion**

❶ Unter **Einzelmaterial** versteht man das Material, das den einzelnen Produkten direkt zugerechnet wird (z. B. das Holz sowie die Beschläge in einer Schreinerei). Zum **Gemeinkostenmaterial** (hier mit Übriges Material bezeichnet) gehört jenes Material, dessen Verbrauch nicht für jedes einzelne Produkt erfasst wird (z. B. der Leimverbrauch [= Hilfsmaterial] oder die Schmiermittel [= Betriebsstoff] in einer Schreinerei. Auch das Büromaterial ist normalerweise Gemeinkostenmaterial.)

❷ Zu den Arbeitskosten zählen die Löhne und Gehälter sowie die Sozialleistungen. Je nachdem, ob der Lohn direkt dem Produkt zugerechnet werden kann oder nicht, unterscheidet man zwischen **Einzellöhnen** und **Gemeinkostenlöhnen** (auch Hilfslöhne und Gehälter genannt; hier mit Übrige Löhne und Gehälter bezeichnet). In Industriebetrieben werden in der Regel die Fertigungslöhne der Arbeiter als Einzellöhne erfasst; die Gehälter der Büroangestellten sowie der Kostenstellenleiter hingegen zählen normalerweise zu den Gemeinkostenlöhnen.

❸ Das Total aller der Kostenstelle Material angerechneten Gemeinkosten heisst **Material-Gemeinkosten.** (In Schulbeispielen werden alle Kostenstellen, die etwas mit dem Materialeinkauf und der Lagerung zu tun haben, in einer Kostenstelle zusammengefasst; in der Praxis gibt es für diese Tätigkeiten mehrere Kostenstellen, z. B. Einkauf, Wareneingang und Lager.)

❹ Das Total aller der Kostenstelle Fertigung belasteten Gemeinkosten heisst **Fertigungs-Gemeinkosten.** (In Schulbeispielen gibt es nur eine oder allenfalls zwei Fertigungsstellen. Komplizierte Produktionsvorgänge erfordern in der Praxis oft Dutzende von Fertigungsstellen.)

❺ Alle im Zusammenhang mit der Verwaltung (z. B. Direktion, Personalwesen, Buchhaltung) und dem Verkauf der Produkte beschäftigten Kostenstellen werden in Schulbeispielen meist in einer Kostenstelle zusammengefasst. Das Total der an dieser Kostenstelle gesammelten Gemeinkosten wird mit **Verwaltungs- und Vertriebs-Gemeinkosten** bezeichnet.

Einzelmaterial (EM)❶
Einzellöhne (EL)❷ } Einzelkosten

Übriges Material❶
Übrige Löhne und Gehälter❷
Mietzinsen
Zinsen
Abschreibungen
Sonstiges } Gemeinkoste

Umlage Material-Gemeinkosten (MGK)
Umlage Fertigungs-Gemeinkosten (FGK)

**Herstellkosten (HK)**

Umlage Verwaltungs- und Vertriebs-Gemeinkosten (VVGK)

**Selbstkosten (SK)**

Erfolg

Nettoerlös

## ...es (Kurzzahlen)

| Kostenartenrechnung | | | Kostenstellenrechnung | | | Kostenträgerrechnung | |
|---|---|---|---|---|---|---|---|
| Aufwand (Fibu) | Sachliche Abgrenzungen | Kosten (Bebu) | Material | Fertigung | Verwaltung und Vertrieb | Produkt A | Produkt B |
| 90 | | 90 | | | | 60 | 30 |
| 50 | | 50 | | | | 30 | 20 |
| 40 | | 40 | 5 | 25 | 10 | | |
| 90 | | 90 | 14 | 46 | 30 | | |
| 30 | | 30 | 7 | 16 | 7 | | |
| 12 | 8 | 20 | 6 | 10 | 4 | | |
| 18 | − 6 | 12 | 1 | 7 | 4 | | |
| 70 | | 70 | 12 | 46 | 12 | | |
| 400 | 2 | 402 | 45 MGK ❸ | 150 FGK ❹ | 67 VVGK ❺ | 90 | 50 |
| | | | 50% der EM | | | 30 | 15 |
| | | | | 300% der EL | | 90 | 60 |
| | | | | | | 210 | 125 |
| | | | | | 20% der HK | 42 | 25 |
| | | | | | | 252 | 150 |
| | | | | | | − 2 (Verlust) | 10 (Gewinn) |
| | | | | | | 250 | 160 |

## 2. Die Kostenstellenrechnung

Die Kostenstellenrechnung gibt darüber Auskunft, wo die Gemeinkosten angefallen sind. Kostenstellen sind entweder räumlich-organisatorische Stellen (d.h. Abteilungen wie z.B. Materialeinkauf, Materiallager, Fertigungshallen, Werkstätten, Verkauf, Verwaltung), für die ein Kostenstellenchef die Verantwortung trägt, oder rein abrechnungstechnische Kostenbezirke (wie z.B. Gebäude, Heizung).❶

Die Kostenstellenrechnung hat zwei Aufgaben:

– Erstens wird durch die Kostenstellenrechnung die Kostenentwicklung in den einzelnen Abteilungen überwacht, und es können nötigenfalls Massnahmen zur Verbesserung der **Wirtschaftlichkeit** getroffen und die verantwortlichen Kostenstellenleiter zur Rechenschaft gezogen werden.

– Zweitens wird je Hauptkostenstelle❷ ein **Kostensatz** für die Umlage der Gemeinkosten (GK) auf die Kostenträger ermittelt.❸ Diese Kostensätze werden auch für die Einzelkalkulation benötigt. Im Beispiel sind es die folgenden:

$$\text{Kostensatz Material-GK} = \frac{\text{Material-GK} \cdot 100\%}{\text{Einzelmaterialkosten}} = \frac{45 \cdot 100\%}{90} = \underline{50\%}$$

$$\text{Kostensatz Fertigungs-GK} = \frac{\text{Fertigungs-GK} \cdot 100\%}{\text{Einzellohnkosten}} = \frac{150 \cdot 100\%}{50} = \underline{300\%}\text{❹}$$

$$\text{Kostensatz Verwaltungs- und Vertriebs-GK} = \frac{\text{Verwaltungs- und Vertriebs-GK} \cdot 100\%}{\text{Herstellkosten}} = \frac{67 \cdot 100\%}{335} = \underline{20\%}$$

---

❶ In unseren Schulbeispielen kommen jeweils nur wenige Kostenstellen vor. In der Praxis gibt es je nach Grösse des Betriebs Dutzende bis Hunderte.

❷ Im Beispiel kommen nur sogenannte Hauptkostenstellen vor, d.h. Kostenstellen, auf denen Gemeinkosten gesammelt werden, die in direkter Beziehung zu den hergestellten Produkten stehen. Deshalb werden die Kosten von Hauptkostenstellen auf die Produkte (Kostenträger) umgelegt.

Wenn die in einer Kostenstelle gesammelten Kosten nicht direkt in Beziehung zu den hergestellten Produkten stehen (wie beispielsweise die Gebäudekosten), spricht man von einer **Vorkostenstelle.** Die Kosten von Vorkostenstellen werden dann nicht auf die Produkte, sondern auf andere Kostenstellen umgelegt. (Im BAB von Beispiel 1 gibt es keine Vorkostenstellen.)

❸ Die Umlagen haben wenn möglich nach dem Verursacherprinzip zu erfolgen, d.h. die Kosten sind jenen Produkten anzulasten, die sie verursacht haben.

❹ Oft wird der Kostensatz für die Fertigungs-GK in Franken je Fertigungsstunde anstatt in % der Einzellohnsumme angegeben.

## 3. Die Kostenträgerrechnung

Unter einem Kostenträger versteht man das erstellte Produkt bzw. die Dienstleistung (hier z.B. Produkt A und Produkt B). Er hat die mit der Erstellung verbundenen Kosten zu tragen.

Hauptaufgabe der Kostenträgerrechnung ist es, die Selbstkosten und den Gewinn je Produkt auszuweisen.

Die Verrechnung der Kosten auf die Kostenträger und die Ermittlung des Gewinnes erfolgt in der Regel gemäss folgendem **Kalkulationsschema:**

### Zusammenfassung

Der Datenfluss im Betriebsabrechnungsbogen kann schematisch wie folgt dargestellt werden:

|  | Kostenartenrechnung ||| Kostenstellenrechnung ||| Kostenträgerrechnung ||
|---|---|---|---|---|---|---|---|---|
|  | Aufwand | Sachliche Abgrenzungen | Kosten | Material | Fertigung | Verwaltung und Vertrieb | Produkt A | Produkt B |
| Einzelkosten | ● |  | ● |  |  |  | ● | ● |
| Gemeinkosten | ● |  | ● | ● | ● | ● |  |  |
| Umlage Material-GK (MGK) |  |  |  | MGK | FGK | VVGK | Einzelkosten ● | ● |
| Umlage Fertigungs-GK (FGK) |  |  |  |  |  |  | ● | ● |
| Umlage Verwaltungs- und Vertriebs-GK (VVGK) |  |  |  |  |  |  | Herstellkosten ● | ● |
|  |  |  |  |  |  |  | Selbstkosten |  |
|  |  |  |  |  |  |  | Erfolg |  |
|  |  |  |  |  |  |  | Nettoerlös |  |

**Beispiel 2**     **Einzelkalkulation**

Anhand dieses Beispiels soll gezeigt werden, welcher Zusammenhang zwischen der Gesamt- und der Einzelkalkulation besteht.

```
                          Kalkulation
                    ┌──────────┴──────────┐
              Gesamtkalkulation      Einzelkalkulation
```

**Gesamtkalkulation**

In der Gesamtkalkulation werden die gesamten Kosten für alle in einer bestimmten Rechnungsperiode erzeugten Produkte erfasst (vgl. Beispiel 1).

**Einzelkalkulation**

In der Einzelkalkulation werden die Kosten für eine bestimmte Leistungseinheit (z. B. für ein Stück) ermittelt.

In der Gesamtkalkulation werden die Zuschlagssätze ermittelt.

In der Einzelkalkulation werden die Zuschlagssätze angewandt.

Mithilfe der in der Gesamtkalkulation von Beispiel 1 ermittelten Kostensätze können die Selbstkosten für ein *einzelnes* Produkt, für dessen Herstellung Einzelmaterialkosten von 4 und Einzellohnkosten von 1 entstehen, ermittelt werden:

|   | | | |
|---|---|---:|---:|
|   | Einzelmaterial | 4 | 100% |
| + | Material-Gemeinkosten | 2 | 50% |
|   | Materialkosten | 6 | 150% |
|   |   |   |   |
|   | Einzellöhne | 1 | 100% |
| + | Fertigungs-Gemeinkosten | 3 | 300% |
|   | Fertigungskosten | 4 | 400% |
|   |   |   |   |
|   | Herstellkosten | 10 | 100% |
| + | Verwaltungs- und Vertriebs-Gemeinkosten | 2 | 20% |
|   | Selbstkosten | 12 | 120% |

**Beispiel** **Ermittlung der Nutzschwelle**

Von einem Händler, der nur mit einem Produkt handelt, sind folgende Zahlen bekannt:

- Nettoerlös je Stück          Fr.     4.–
- Einstandspreis je Stück      Fr.     3.–
- Gemeinkosten total (alle fix) Fr. 50 000.–

Bei welchem Umsatz erreicht dieser Handelsbetrieb die Nutzschwelle, d.h. den Punkt, bei dem weder Gewinn noch Verlust entsteht?

### a) Tabellarische Lösung

| Menge | Fixe Kosten | Variable Kosten | Kosten-total | Nettoerlös (= Umsatz) | Erfolg | Brutto-gewinn |
|---|---|---|---|---|---|---|
| 10 000 | 50 000 | 30 000 | 80 000 | 40 000 | – 40 000 | 10 000 |
| 20 000 | 50 000 | 60 000 | 110 000 | 80 000 | – 30 000 | 20 000 |
| 30 000 | 50 000 | 90 000 | 140 000 | 120 000 | – 20 000 | 30 000 |
| 40 000 | 50 000 | 120 000 | 170 000 | 160 000 | – 10 000 | 40 000 |
| 50 000 | 50 000 | 150 000 | 200 000 | 200 000 | 0 | 50 000 |
| 60 000 | 50 000 | 180 000 | 230 000 | 240 000 | + 10 000 | 60 000 |
| 70 000 | 50 000 | 210 000 | 260 000 | 280 000 | + 20 000 | 70 000 |
| 80 000 | 50 000 | 240 000 | 290 000 | 320 000 | + 30 000 | 80 000 |
| 90 000 | 50 000 | 270 000 | 320 000 | 360 000 | + 40 000 | 90 000 |
| 100 000 | 50 000 | 300 000 | 350 000 | 400 000 | + 50 000 | 100 000 |

Aus der Tabelle geht hervor, dass die Nutzschwelle bei einem Umsatz von 50 000 Stück (das ist die mengenmässige Nutzschwelle) bzw. Fr. 200 000.– (das ist die wertmässige Nutzschwelle) erreicht wird.

### b) Grafische Lösung

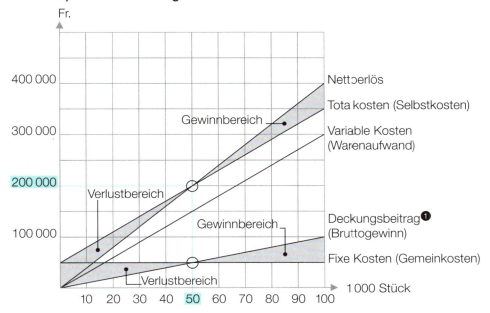

❶ Die Differenz zwischen dem Nettoerlös und den variablen Kosten heisst Deckungsbeitrag. (Im Handelsbetrieb entspricht diese Grösse dem Bruttogewinn.) Er heisst so, weil er zur Deckung der fixen Kosten und (nach Erreichen der Nutzschwelle) des Reingewinnes dient.

### c) Rechnerische Lösung

Stückbetrachtung

| Nettoerlös | 4.– |
|---|---|
| ./. Einstand (variable Kosten) | 3.– |
| Deckungsbeitrag je Stück | 1.– |

Gesamtbetrachtung

| Fixkosten (Gemeinkosten) | 50 000.– |
|---|---|
| + Reingewinn | 0.– |
| Deckungsbeitrag total | 50 000.– |

$$\text{Nutzschwelle} = \frac{\text{Deckungsbeitrag total}}{\text{Deckungsbeitrag je Stück}} = \frac{50\,000.-}{1.-} = \underline{50\,000 \text{ Stück}}$$

Die verschiedenen Lösungen zeigen, dass bei Erreichen der Nutzschwelle folgende zwei Bedingungen erfüllt sind:

1. Die Nettoerlöskurve kreuzt sich mit der Totalkostenkurve. Dies bedeutet, dass bei einem Umsatz von 50 000 Stück der Nettoerlös gleich hoch ist wie das Total der Kosten (je Fr. 200 000.–), sodass weder Gewinn noch Verlust entsteht.

> Nettoerlös = Kostentotal (Selbstkosten)

2. Die Deckungsbeitragskurve kreuzt sich mit der Fixkostenkurve. Dies bedeutet, dass bei 50 000 Stück die Gemeinkosten gerade gedeckt sind.

> Deckungsbeitrag (Bruttogewinn) = Fixe Kosten (Gemeinkosten)

**d) Mathematische Lösung**

Mit x wird die gesuchte Stückzahl bezeichnet.

|  | Nettoerlös | – variable Kosten | – Fixkosten | = 0 |
|---|---|---|---|---|
| <–> | 4x | – 3x | – 50 000 | = 0 |
| <–> | 1x |  |  | = **50 000 Stück** |

# 7. Teil     Bilanz- und Erfolgsanalyse

Bilanz und Erfolgsrechnung vermitteln einen Überblick über die finanzielle Lage einer Unternehmung. Sie gewinnen an Aussagekraft, wenn sie mittels Kennzahlen analysiert werden.

Kennzahlen entstehen durch das **Bilden von Verhältnissen zwischen verschiedenen Teilen der Bilanz und der Erfolgsrechnung.** Sie ermöglichen in konzentrierter Form Erkenntnisse über die finanzielle Lage einer Unternehmung, vor allem dann, wenn sie mit den Werten aus den Vorperioden oder eventuell mit überbetrieblichen Branchendurchschnittswerten verglichen werden.

Je nachdem, welches Zahlenmaterial von wem analysiert wird, spricht man von interner oder externer Analyse.

## Bilanz- und Erfolgsanalyse

### extern

Die Analyse stützt sich auf veröffentlichtes Zahlenmaterial in Geschäftsberichten und Publikationen. Ein Aufzeichnen der effektiven Verhältnisse ist nur beschränkt möglich.

**Analytiker:**
– Konkurrenzunternehmungen
– Gläubiger (Lieferanten, Banken)
– Investoren, Finanzanalysten
– Presse
– Steuerbehörde

### intern

Die Analyse stützt sich auf die bereinigten internen Zahlen nach Auflösung der stillen Reserven. Sie gibt Einblick in die tatsächlichen Verhältnisse (true and fair view).

**Analytiker:**
– Geschäftsleitung

Bevor mit der Bilanz- und Erfolgsanalyse begonnen werden kann, ist das Zahlenmaterial in drei Schritten aufzubereiten:

1. Schritt: Sofern die stillen Reserven bekannt sind, müssen diese aufgelöst werden.

2. Schritt: Wertberichtigungen sind bei den entsprechenden Konten zu verrechnen.

3. Schritt: Die Bilanz ist nach den für die Analyse notwendigen Kontengruppen zu gliedern.

**Beispiel** Anhand der folgenden Bilanz und Erfolgsrechnung einer Warenhandelsunternehmung werden die fünf wichtigsten Kennzahlengruppen dargestellt.

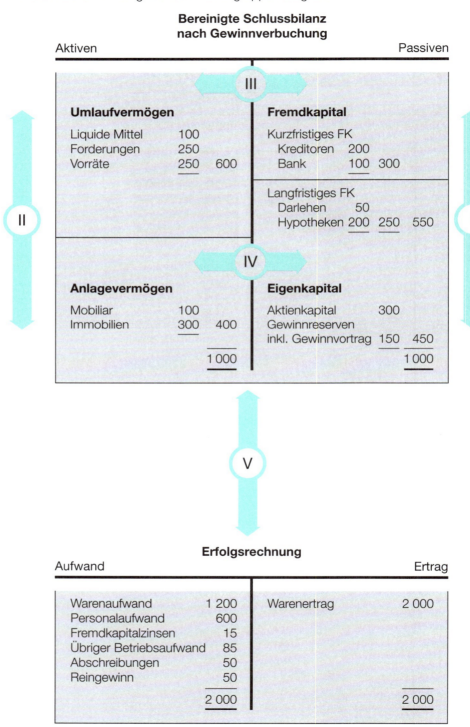

## Analyse

| Kennzahlen | | | | Richtwerte | Zweck |
|---|---|---|---|---|---|
| **I) Finanzierungskennzahlen** | | | | | Sicherung einer gesunden Finanzierung. (Gesund ist eine Finanzierung vor allem dann, wenn sie eine angemessene Rendite sowie eine genügende Liquidität gewährleistet.) |
| **Fremdfinanzierungsgrad** (Verschuldungsgrad) | $=\dfrac{\text{Fremdkapital} \cdot 100\%}{\text{Gesamtkapital}}$ | $=\dfrac{550 \cdot 100\%}{1000}$ | $= 55\%$ | 40 bis 70% | |
| **Eigenfinanzierungsgrad** | $=\dfrac{\text{Eigenkapital} \cdot 100\%}{\text{Gesamtkapital}}$ | $=\dfrac{450 \cdot 100\%}{1000}$ | $= 45\%$ | 30 bis 60% | |
| **Selbstfinanzierungsgrad** | $=\dfrac{\text{Gewinnreserven}^\bullet \cdot 100\%}{\text{Eigenkapital}}$ | $=\dfrac{150 \cdot 100\%}{450}$ | $= 33\%$ | Es gibt keine Richtwerte. Je älter die Unternehmung ist, desto höher ist in der Regel die Selbstfinanzierung. | |
| **II) Investitionskennzahlen** | | | | Der Richtwert ist abhängig von der Art der Unternehmung und der Branche. (Eine hohe Anlageintensität haben z.B. Verkehrsbetriebe, Kraftwerke, Hotels. Allgemein haben Industriebetriebe eine höhere Anlageintensität als Handelsbetriebe.) | Einhaltung eines für die Branche sinnvollen Verhältnisses zwischen Umlauf- und Anlagevermögen. |
| **Intensität des Umlaufvermögens** | $=\dfrac{\text{Umlaufvermögen} \cdot 100\%}{\text{Gesamtvermögen}}$ | $=\dfrac{600 \cdot 100\%}{1000}$ | $= 60\%$ | | |
| **Intensität des Anlagevermögens** (Immobilisierungsgrad) | $=\dfrac{\text{Anlagevermögen} \cdot 100\%}{\text{Gesamtvermögen}}$ | $=\dfrac{400 \cdot 100\%}{1000}$ | $= 40\%$ | | |
| **III) Liquiditätskennzahlen** | | | | | Gewährleistung der Zahlungsbereitschaft. (Wichtigste Kennzahl ist der Liquiditätsgrad 2, da er anzeigt, ob mit den kurzfristig verfügbaren Mitteln die kurzfristig fälligen Verbindlichkeiten beglichen werden können. Um der Gefahr der Zahlungsunfähigkeit vorbeugen zu können, sollte die Quick ratio 100% betragen.) |
| **Liquiditätsgrad 1** (Cash ratio) | $=\dfrac{\text{Liquide Mittel} \cdot 100\%}{\text{Kurzfristiges FK}}$ | $=\dfrac{100 \cdot 100\%}{300}$ | $= 33\%$ | 10 bis 35% | |
| **Liquiditätsgrad 2** (Quick ratio) | $=\dfrac{(\text{Liquide Mittel + Forderungen}) 100\%}{\text{Kurzfristiges Fremdkapital}}$ | | | | |
| | $=\dfrac{(100 + 250) 100\%}{300}$ | | $= 116\%$ | ca. 100% | |
| **Liquiditätsgrad 3** (Current ratio) | $=\dfrac{\text{Umlaufvermögen} \cdot 100\%}{\text{Kurzfristiges FK}}$ | $=\dfrac{600 \cdot 100\%}{300}$ | $= 200\%$ | ca. 150% bis 200% | |
| **IV) Deckungskennzahlen** | | | | | Wahrung der Fristenkongruenz (goldene Bilanzregel), d.h., im Anlagevermögen langfristig gebundenes Kapital darf nur mit langfristigen Mitteln finanziert werden. |
| **Anlagedeckungsgrad 1** | $=\dfrac{\text{Eigenkapital} \cdot 100\%}{\text{Anlagevermögen}}$ | $=\dfrac{450 \cdot 100\%}{400}$ | $= 113\%$ | 75 bis 100% | |
| **Anlagedeckungsgrad 2** | $=\dfrac{(\text{Eigenkapital + langfristiges FK}) 100\%}{\text{Anlagevermögen}}$ | | | | |
| | $=\dfrac{(450 + 250) 100\%}{400}$ | | $= 175\%$ | Mindestens 100% | |

❶ Für die Berechnung des Selbstfinanzierungsgrads werden nur die Gewinnreserven (= die zurückbehaltenen Gewinne) berücksichtigt. Im Beispiel wird angenommen, dass keine Kapitalreserven bestehen.

| Kennzahlen | | | | | Richtwerte | Zweck |
|---|---|---|---|---|---|---|
| **Ⓥ Rentabilitätskennzahlen** | | | | | | Sicherung des langfristigen Unternehmungsfortbestandes. (Der Eigenkapitalgeber erwartet eine angemessene Verzinsung des zur Verfügung gestellten Kapitals. Die zurückbehaltenen Gewinne begünstigen das Unternehmungswachstum [Selbstfinanzierung].) |
| **Eigenkapitalrendite** | $=$ | $\dfrac{\text{Reingewinn}❶ \cdot 100\%}{\text{Eigenkapital}❸}$ | $= \dfrac{50 \cdot 100\%}{450}$ | $= 11{,}1\%$ | Mindestens 8% | |
| **Gesamtkapitalrendite** | $=$ | $\dfrac{(\text{Reingewinn} + \text{Fremdzinsen}❷)100\%}{\text{Gesamtkapital}❸}$ | | | Der Richtwert hängt von der Höhe des Fremdkapitalanteils und dessen Verzinsung ab; in der Regel liegt er tiefer als die Eigenkapitalrendite. | |
| | $=$ | $\dfrac{(50 + 15)100\%}{1\,000}$ | | $= 6{,}5\%$ | | |
| **Gewinnmarge** | $=$ | $\dfrac{\text{Reingewinn}❹ \cdot 100\%}{\text{Verkaufsumsatz}}$ | $= \dfrac{50 \cdot 100\%}{2\,000}$ | $= 2{,}5\%$ | Handel: 2,5% und mehr. Industrie: 1,5% und mehr. | |
| **Cashflow-Marge** | $=$ | $\dfrac{\text{Cashflow}❺ \cdot 100\%}{\text{Verkaufsumsatz}}$ | $= \dfrac{100 \cdot 100\%}{2\,000}$ | $= 5\%$ | Ungefähr 3–5% höher als die Umsatzrentabilität. | |

❶ Bei der Einzelunternehmung und bei den Personengesellschaften sind die Eigenzinsen, die für das zur Verfügung gestellte Eigenkapital an die Eigentümer bezahlt wurden, wieder zum Reingewinn zu addieren. Die Eigenkapitalrendite gibt dann die effektive Verzinsung des Eigenkapitals an.

❷ Die auf dem Fremdkapital bezahlten Fremdzinsen haben den Reingewinn bereits vermindert. Sie sind deshalb für die Bestimmung der Gesamtkapitalrendite bzw. der effektiven Gesamtkapitalverzinsung zum Reingewinn zu addieren.

❸ Falls das Eigen- bzw. Gesamtkapital zu Beginn der Periode bekannt ist, geht man vom durchschnittlichen Kapital aus. Ist dieses nicht bekannt, rechnet man mit dem Eigen- bzw. Gesamtkapital gemäss Schlussbilanz.

❹ Oft werden in der Praxis zum Reingewinn noch die Fremdzinsen hinzugezählt (wie bei der Gesamtkapitalrendite).

❺ Der Cashflow zeigt die aus der Umsatztätigkeit erwirtschafteten flüssigen Mittel, die für Gewinnausschüttungen und Ersatz- oder Erweiterungsinvestitionen zur Verfügung stehen. Der Cashflow kann auf zwei Arten aus der Erfolgsrechnung errechnet werden:

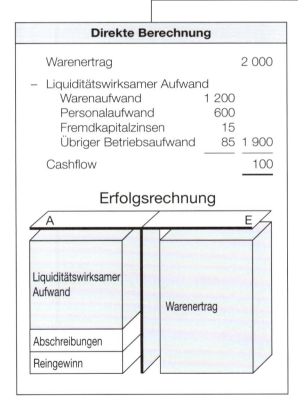
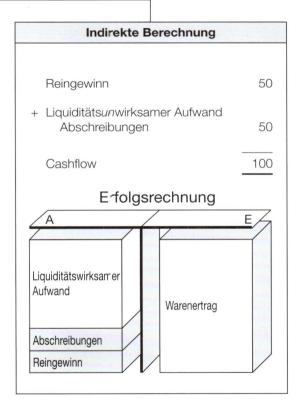

# Aufgaben

## 4. Teil  Der Jahresabschluss

## 41  Abschreibungen

**41.1** Mit den Abschreibungen werden Wertverminderungen von Vermögensteilen (vor allem von Sachgütern) buchhalterisch erfasst.

a) Warum müssen folgende Vermögenswerte abgeschrieben werden?

- Mobiliar
- Fahrzeug
- EDV-Anlage
- Patent
- Ölfeld
- Ladenhüter
- Debitoren

b) Wie wirken sich die Abschreibungen auf Vermögen und Erfolg aus?

c) Erklären Sie den Unterschied zwischen Ausgaben und Aufwand am Beispiel einer Maschine.

d) Welche Angaben benötigen Sie, um den jährlichen Abschreibungsbetrag bei einer Maschine zu bestimmen?

**41.2** Der Anschaffungswert für ein Fahrzeug beträgt Fr. 40 000.–, die voraussichtliche Nutzungsdauer 4 Jahre und der geschätzte Restwert Fr. 0.–.

a) Ermitteln Sie die jährlichen Abschreibungsbeträge sowie die Buchwerte Ende Jahr bei einem jährlichen Abschreibungssatz von **25% des Anschaffungswertes.**

| Jahr | Jährlicher Abschreibungsbetrag | Buchwert Ende Jahr |
|---|---|---|
| 1 | | |
| 2 | | |
| 3 | | |
| 4 | | |

b) Ermitteln Sie die jährlichen Abschreibungsbeträge sowie die Buchwerte Ende Jahr bei einem jährlichen Abschreibungssatz von **50% des Buchwertes.**

| Jahr | Jährlicher Abschreibungsbetrag | Buchwert Ende Jahr |
|---|---|---|
| 1 | | |
| 2 | | |
| 3 | | |
| 4 | | |

c) Tragen Sie die bei a) und b) ermittelten Grössen in das unten stehende Koordinatensystem ein.

d) Ab welchem Jahr ist die Abschreibung vom Anschaffungswert betragsmässig grösser als die Abschreibung vom Buchwert?

e) Welches Abschreibungsverfahren führt rechnerisch nie zu einem Buchwert von 0?

f) Warum nimmt man in der Praxis bei der Abschreibung vom Buchwert im Vergleich zur Abschreibung vom Anschaffungswert den doppelten Prozentsatz?

g) Warum wird die Abschreibung vom Anschaffungswert **lineare Abschreibung** und die Abschreibung vom Buchwert **degressive Abschreibung** genannt?

h) Welches Verfahren ist für die Abschreibung des oben erwähnten Fahrzeuges zweckmässiger?

**Lösungshilfe zu Aufgabe 41.2 c)**

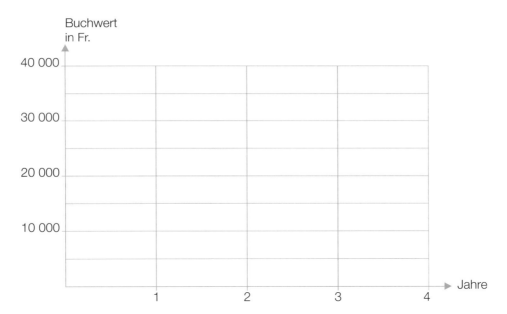

**41.3** Ende 20_0 wird eine Maschine zum Anschaffungswert von Fr. 50 000.– gekauft. Sie ist im Verlaufe der voraussichtlichen Nutzungsdauer von 5 Jahren linear auf 0 abzuschreiben.

Wie lauten die Konteneintragungen sowie die Schlussbilanzen für die ersten 3 Jahre, wenn

a) direkt abgeschrieben wird?
b) indirekt abgeschrieben wird?

(Lösungsblatt auf der nächsten Seite.)

# Lösungsblatt zu Aufgabe 41.3

## a) Direkte Abschreibung

**20_1**

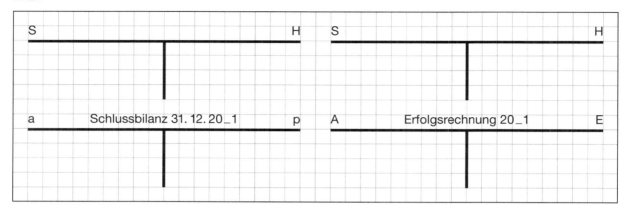

**20_2**

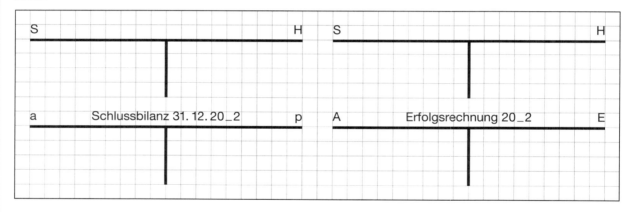

**20_3**

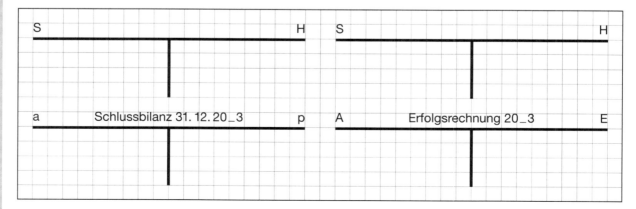

# Lösungsblatt zu Aufgabe 41.3

## b) Indirekte Abschreibung

**20_1**

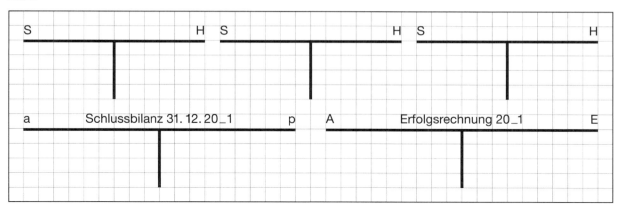

**20_2**

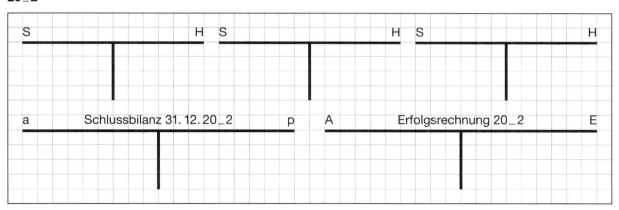

**20_3**

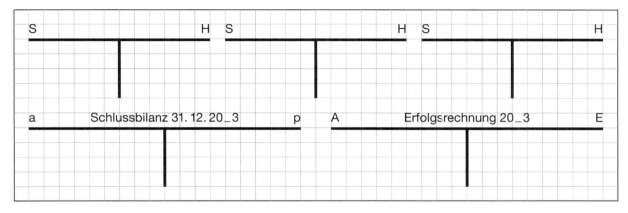

**41.4** Beantworten Sie folgende Fragen.

a) Wie lautet der Buchungssatz für die direkte Abschreibung einer Maschine?

b) Wie lautet der Buchungssatz für die indirekte Abschreibung einer Maschine?

c) Was ist den unter a) und b) genannten Buchungen gemeinsam und wodurch unterscheiden sie sich?

d) Bei welcher Abschreibungsmethode zeigt das Anlagekonto immer den Buchwert?

e) Wie wird der Buchwert einer Anlage bei indirekter Abschreibung ermittelt?

f) Wodurch unterscheiden sich die in der Bilanz ausgewiesenen Abschreibungen von den Abschreibungen gemäss Erfolgsrechnung?

g) Was ist das Konto Wertberichtigung Maschinen für ein Konto?

h) Wie lauten die Buchungsregeln für das Konto Wertberichtigung Maschinen?

i) Wie nennt man die Abschreibungen mit konstantem Abschreibungssatz vom Anschaffungswert?

k) Wie nennt man die Abschreibungen mit konstantem Abschreibungssatz vom Buchwert?

l) Besteht ein Zusammenhang zwischen den linearen oder degressiven Abschreibungen auf der einen Seite und den direkten oder indirekten Abschreibungen auf der anderen Seite?

**41.5** Vor 2 Jahren wurde für Fr. 75000.– eine Maschine gekauft. Dazu kamen Transportkosten von Fr. 3000.– sowie Montagekosten von Fr. 2000.–. Die Maschine hat nach einer geschätzten Nutzungsdauer von 4 Jahren voraussichtlich keinen Restwert mehr. Es wird **indirekt** abgeschrieben.

a) Wie hoch ist der Anschaffungswert?

b) Wie hoch ist der Abschreibungsbetrag im dritten Jahr bei linearer Abschreibung?

c) Skizzieren Sie die bei linearer Abschreibung benötigten Konten und tragen Sie alle Buchungen des dritten Jahres ein.

d) Wie lautet die Schlussbilanz des dritten Jahres bei linearer Abschreibung?

e) Wie hoch ist der Abschreibungsbetrag im dritten Jahr bei degressiver Abschreibung? (Der Abschreibungssatz ist im Vergleich zur linearen Abschreibung doppelt so hoch zu wählen.)

f) Skizzieren Sie die bei degressiver Abschreibung benötigten Konten und tragen Sie alle Buchungen des dritten Jahres ein.

g) Wie lautet die Schlussbilanz des dritten Jahres bei degressiver Abschreibung?

h) Wodurch unterscheiden sich die direkte und die indirekte Abschreibungsmethode?

i) Wodurch unterscheiden sich das lineare und das degressive Abschreibungsverfahren?

**41.6** Die folgenden Geschäftsfälle sind auf zwei Arten zu verbuchen (Beträge in Fr. 1000.–):

- 1. 1. Eröffnung: Anschaffungswert der Maschinen 500, bisher insgesamt 300 abgeschrieben.
- 23. 4. Kauf einer neuen Maschine für 100.
- 10. 10. Verkauf einer alten Maschine für 20 (Anschaffungswert 90, Buchwert beim Verkauf 30).
- 31. 12. Abschreibung 50.

a) **Direkte Abschreibung**

| Datum | Text | Maschinen | | Abschreibungen | |
|---|---|---|---|---|---|
| | | Soll | Haben | Soll | Haben |
| | | | | | |

b) **Indirekte Abschreibung**

| Datum | Text | Maschinen | | Wertberichtigung Maschinen | | Abschreibungen | |
|---|---|---|---|---|---|---|---|
| | | Soll | Haben | Soll | Haben | Soll | Haben |
| | | | | | | | |

**41.7** Pascal Schärer betreibt von 20_1 bis 20_3 eine private Buslinie von Seldwyla nach Oberdorf. Dazu gründet er Ende 20_0 eine Unternehmung mit einer Bareinzahlung von Fr. 20 000.–. Mit diesem Geld kauft er einen gebrauchten Kleinbus, den er noch drei Jahre fahren kann und anschliessend einem Occasionshändler für etwa Fr. 2 000.– verkaufen will. Er rechnet mit folgenden jährlichen Aufwänden und Erträgen:

**Erfolgsrechnung** (in Fr. 1 000.–)

| Aufwand | | Ertrag | |
|---|---|---|---|
| Diverser Baraufwand wie Löhne, Diesel, Öl, Reifen, Service, Reparatur und Unterhalt, Steuern, Versicherungen, Reinigung, Abgaben | 49 | Transporterträge bar | 64 |
| Abschreibungen (linear) | | | |
| **Reingewinn** | | | |

a) Vervollständigen Sie die Erfolgsrechnung.

b) Erstellen Sie die Schlussbilanzen für die Jahre 20_1 bis 20_3. Pascal Schärer nimmt den Gewinn jeweils Ende Jahr für private Zwecke aus der Kasse und verkauft den alten Bus Ende 20_3 wie geplant dem Schrotthändler.

**Schlussbilanzen nach Gewinnentnahme** (in Fr. 1 000.–)

| Aktiven | 20_0 | 20_1 | 20_2 | 20_3 | Passiven | 20_0 | 20_1 | 20_2 | 20_3 |
|---|---|---|---|---|---|---|---|---|---|
| Kasse | 0 | | | | Eigenkapital | 20 | | | |
| Fahrzeug | 20 | | | | | | | | |
| | 20 | | | | | 20 | | | |

c) Welcher Betrag an Bargeld steht Pascal Schärer Ende 20_3 für den Kauf eines neuen Kleinbusses zur Verfügung, wenn er den Betrieb weiterführen will?

d) Wie wäre die finanzielle Situation Ende 20_3, wenn Pascal Schärer auf die Abschreibungen verzichtet hätte?

**41.8** Der Anschaffungswert einer Maschine beträgt Fr. 105 000.–, die geschätzte Nutzungsdauer 5 Jahre, der voraussichtliche Restwert am Ende der Nutzungsdauer Fr. 5 000.–; wählen Sie lineare, indirekte Abschreibung.

a) Nennen Sie den Buchungssatz für die Abschreibung im vierten Jahr.

b) Skizzieren Sie die Bilanz am Ende des vierten Jahres.

**41.9** Anstatt indirekt, linear abzuschreiben, wurde am Ende des zweiten Jahres aus Versehen «Abschreibungen an Einrichtungen Fr. 5000.–» (= 10% des Anschaffungswertes) gebucht.

Korrigieren Sie den Fehler

a) mit zwei Buchungen;

b) mit einer Buchung.

**41.10** Diese Maschine wird nach vierjährigem Gebrauch vor Ende der Nutzungsdauer bar verkauft.

| | |
|---|---|
| Anschaffungswert | Fr. 200 000.– |
| Kumulierte Abschreibungen | Fr. 160 000.– |
| Buchwert | Fr. 40 000.– |
| Verlust | Fr. 10 000.– |
| Verkaufspreis | Fr. 30 000.– |

Wie lauten die Buchungen beim Verkauf, wenn

a) nach direkter Methode abgeschrieben wurde?

b) nach indirekter Methode abgeschrieben wurde?

**41.11** Nach drei Jahren Nutzung wird eine nicht mehr benötigte Maschine, die noch einen Buchwert von Fr. 10 000.– hat, bar verkauft.

Wie lauten die notwendigen Buchungen, wenn der Verkaufserlös

a) Fr. 10 000.– beträgt?

b) Fr. 7 000.– beträgt?

c) Fr. 12 000.– beträgt?

**41.12** Nach drei Jahren Nutzung wird eine nicht mehr benötigte Maschine, die mit einem Anschaffungswert von Fr. 40 000.– und kumulierten Abschreibungen von Fr. 30 000.– in der Buchhaltung geführt wird, bar verkauft.

Wie lauten die notwendigen Buchungen, wenn der Verkaufserlös

a) Fr. 10 000.– beträgt?

b) Fr. 7 000.– beträgt?

c) Fr. 12 000.– beträgt?

# 42 Debitorenverluste, Delkredere

**42.1** Endgültige Debitorenverluste können direkt über das Minus-Ertragskonto Debitorenverluste im Debitorenbestand abgebucht werden, da ja der zahlungsunfähige Kunde und die Höhe des Verlustes bekannt sind. Mutmassliche Verluste, d.h. Verluste, mit denen in Zukunft zu rechnen ist, werden jeweils am Jahresende durch indirekte Abschreibung über das Minus-Aktivkonto Delkredere und das Minus-Ertragskonto Debitorenverluste berücksichtigt.

a) Verbuchen Sie den zusammengefassten Debitorenverkehr der Schweizer-AG, und erstellen Sie die Schlussbilanzen (alle Beträge in Fr. 1000.–). Die Unternehmung wurde neu gegründet.

b) Wie müsste die Delkredere-Buchung vom 31.12.20_2 lauten, wenn mit einem mutmasslichen Verlust von 10% auf dem Debitorenbestand gerechnet würde?

c) Warum spricht man beim Delkredere von einem ruhenden Konto?

## 42

### Jahr 20_1

Bisheriger Geschäftsverkehr

Konkurs von Kunde X. Der endgültige Verlust beträgt 20.

Auf dem Debitorenbestand ist ein Delkredere zu bilden. Die mutmasslichen Verluste betragen 5% des Debitorenbestandes.

Saldi

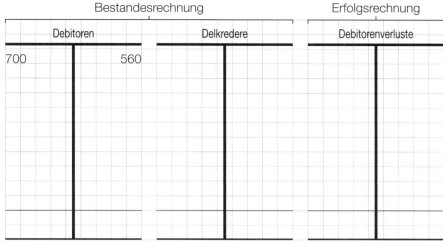

### Jahr 20_2

Eröffnung

Lieferung an Kunden auf Kredit 800.

Gegen Kunde Y wurde die Betreibung eingeleitet. Mangels Aktiven wurde das Verfahren eingestellt. Der Verlust beträgt 10.

Zahlungen von Kunden auf das Postkonto 830.

Die mutmasslichen Verluste auf dem Debitorenbestand betragen 5%.

Saldi

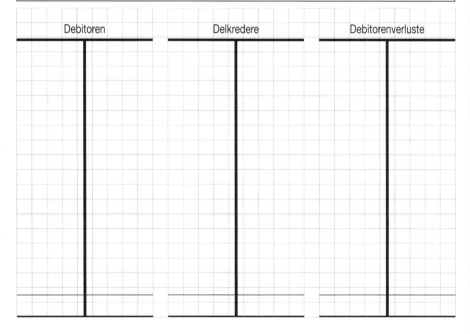

**42.2** Wie lauten die Buchungssätze zu den folgenden Geschäftsfällen?

| Nr. | Geschäftsfall | Buchung Soll | Buchung Haben | Betrag |
|---|---|---|---|---|
| 1. | Debitor Müller, gegen welchen wir die Betreibung eingeleitet haben, zahlt die ganze Forderung von Fr. 1200.– über die Bank. | | | |
| 2. | Debitor R. Schneider wird zum dritten Mal für die fällige Forderung von Fr. 4000.– gemahnt. | | | |
| 3. | Das Verfahren gegen Debitor Guggenheim ist abgeschlossen. Von unserer Forderung von Fr. 2300.– erhalten wir noch Fr. 300.– als Konkursdividende❶ durch die Post überwiesen. Der Rest der Forderung ist abzuschreiben. | | | |
| 4. | Kunde L. Hauri, dessen Zahlung wir in diesem Jahr bereits abgeschrieben haben, überweist uns unverhofft Fr. 1400.– auf unser Bankkonto. | | | |
| 5. | Debitor R. Schneider (vgl. Nr. 2) hat nicht auf unsere Mahnung geantwortet. Wir leiten gegen ihn die Betreibung ein. Der Kostenvorschuss beträgt Fr. 40.– und wird bar beglichen.❷ | | | |
| 6. | An Kunde Weilenmann gewähren wir einen Rabatt von Fr. 370.– wegen mangelhafter Warenlieferung. | | | |
| 7. | Die Speditionsfirma belastet uns für eingeführte Waren Fr. 180.–. (Franko-Lieferung) | | | |
| 8. | Von R. Schneider (vgl. Nr. 5) erhalten wir eine Postüberweisung<br>Forderungsbetrag Fr. 4000.–<br>Kostenvorschuss Fr. 40.–<br>Verzugszinsen Fr. 125.–<br>Total Fr. 4165.–<br>(Die Verzugszinsen sind noch nicht verbucht worden.) | | | |
| 9. | Das Delkredere wird von Fr. 30000.– auf Fr. 25000.– herabgesetzt. | | | |

❶ Prozentualer Anteil der Forderung, der nach Abschluss des Konkursverfahrens noch ausbezahlt wird.
❷ Gemäss Schuldbetreibungs- und Konkursgesetz (SchKG) Art. 68 können die Betreibungskosten dem säumigen Schuldner belastet werden.

**42.3** Vervollständigen Sie die folgende Tabelle, indem Sie die fehlenden Grössen einsetzen bzw. den richtigen Buchungssatz eintragen (die einzelnen Jahre bauen aufeinander auf).

| Jahr | Debitoren-bestand Ende Jahr | Delkredere in % des Debitoren-bestandes | Delkredere in Fr. | Buchung Soll | Buchung Haben | Betrag |
|---|---|---|---|---|---|---|
| 1 | 100 000.– | 5% | | | | |
| 2 | 170 000.– | 5% | | | | |
| 3 | 150 000.– | 5% | | | | |
| 4 | | 8% | 10 400.– | | | |
| 5 | 140 000.– | | | Delkredere | Debitorenverluste | 2 000.– |
| 6 | | 7% | | – | – | |
| 7 | | 10% | | Debitorenverluste | Delkredere | 2 600.– |
| 8 | | 10% | 10 000.– | | | 1 000.– |

**42.4** a) Die nachstehenden Geschäftsfälle sind in den Konten Debitoren, Delkredere und Debitorenverluste zu verbuchen.

1. Rechnungen für verkaufte Waren Fr. 187 000.–.
2. Versandkosten zu unseren Lasten bar bezahlt Fr. 1500.–.
3. Eingegangene Zahlungen von Kunden auf unser Postkonto Fr. 176 200.–.
4. Debitor Rebmann betreiben wir für eine Forderung von Fr. 1800.–. Den Kostenvorschuss von Fr. 30.– leisten wir bar.
5. Das Konkursverfahren gegen die Firma Zangger ist abgeschlossen. 10% unserer Gesamtforderung von Fr. 13 000.– werden auf unser Bankkonto überwiesen. Den Rest schreiben wir ab.
6. Debitor Künzli befindet sich in Zahlungsschwierigkeiten. Zum Ausgleich seiner Schuld von Fr. 1100.– liefert er uns Mobiliar im Wert von Fr. 700.–. Auf die Restforderung verzichten wir.
7. Aufgrund unserer Betreibung erhalten wir von Debitor Rebmann auf unser Postkonto überwiesen.

| Forderung | Fr. 1 800.– |
| Betreibungskosten | Fr. 30.– |
| Verzugszinsen | Fr. 30.– |
| Total | Fr. 1 860.– |

8. Unsere Forderung gegenüber Debitor Hoffmann schrieben wir im letzten Jahr ab. Jetzt ist er durch eine Erbschaft wieder zu Vermögen gekommen; er überweist uns durch die Post Fr. 2 700.–.
9. Das Delkredere soll am Jahresende Fr. 5 000.– betragen.

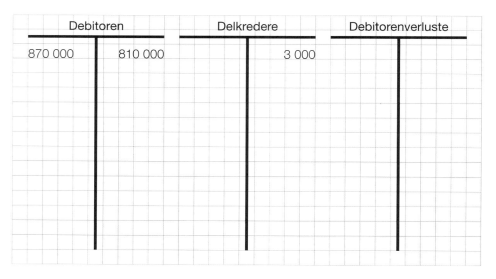

b) Die Konten sind abzuschliessen und wieder zu eröffnen.

c) Warum werden mutmassliche Debitorenverluste nicht direkt auf dem Debitorenbestand abgeschrieben?

d) Warum bucht man geleistete Kostenvorschüsse bei Betreibungen nicht über ein Aufwandskonto ab?

**42.5** Welche Geschäftsfälle zum Debitorenverkehr könnten folgende Buchungssätze verursacht haben?

| Nr. | Buchung | | Geschäftsfall |
|---|---|---|---|
| | Soll | Haben | |
| 1. | Bilanz | Delkredere | |
| 2. | Debitorenverluste | Debitoren | |
| 3. | Post<br>Debitorenverluste | Debitoren<br>Debitoren | |
| 4. | Debitoren | Kasse | |
| 5. | Debitoren | Warenertrag | |
| 6. | Bank | Debitorenverluste<br>(evtl. a.o. Ertrag) | |
| 7. | Warenertrag | Debitoren | |
| 8. | Debitorenverluste | Delkredere | |
| 9. | Erfolgsrechnung | Debitorenverluste | |
| 10. | Delkredere | Bilanz | |

**42.6** Setzen Sie die folgenden Grössen bei den unten abgebildeten Konten in die richtigen Felder ein.

- Kreditverkäufe
- Anfangsbestand
- Forderungen für Betreibungskosten und Verzugszinsen (B. u. V.)
- Eingang bereits abgeschriebener Debitorenforderungen (a. F.)
- Saldo auf Erfolgsrechnung (ER)
- Debitorenzahlungen
- Definitive Verluste aus Betreibungen
- Schlussbestand
- Erhöhung der mutmasslichen Debitorenverluste (m. D.)

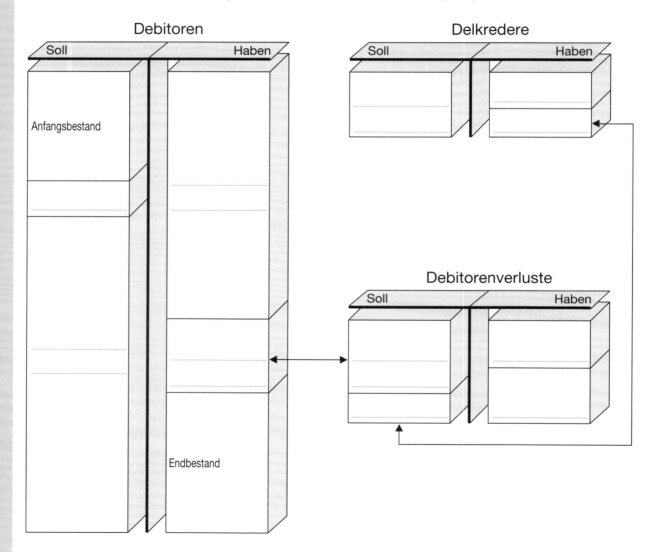

**42.7** Führen Sie das Journal.

- 1.12. Barbezug vom Bankkonto Fr. 2 000.–
- 3.12. Wareneinkauf in Deutschland auf Kredit für EUR 1 000.–. Wir buchen die Rechnung zum Kurs 1.60.
- 5.12. Der Konkurs gegen R. Huber ist abgeschlossen. 20% unserer Gesamtforderung von Fr. 8 000.– werden auf unser Bankkonto überwiesen; den Rest schreiben wir ab.
- 15.12. Bareinlage des Geschäftsinhabers Fr. 10 000.–
- 17.12. Kauf einer Maschine auf Kredit Fr. 20 000.–
- 18.12. Verkauf einer ausgedienten Maschine auf Kredit für Fr. 2 000.–.
Der seinerzeitige Anschaffungswert betrug Fr. 30 000.–; heute ist die Maschine noch mit Fr. 5 000.– in den Büchern. Es wird indirekt abgeschrieben.
- 20.12. Zahlung der Rechnung vom 3. 12. durch die Bank. Kurs 1.58. Die Kursdifferenz ist auch zu buchen.
- 21.12. Kunde U. Amberg, den wir bereits im Sommer abgeschrieben haben, überweist unverhofft Fr. 500.– auf unser Postkonto.
- 31.12. Die Maschinen sind indirekt um Fr. 25 000.– abzuschreiben.
- 31.12. Das Delkredere ist von Fr. 15 000.– auf Fr. 18 000.– zu erhöhen.
- 31.12. Der Warenvorrat hat in der Berichtsperiode um Fr. 12 000.– abgenommen.

# 43 Transitorische Aktiven und Passiven (Rechnungsabgrenzung)

**43.1** B. Müller eröffnet auf 1. Dezember 20_1 eine Dorfdrogerie. Der Geschäftsverkehr bis Ende Jahr ist summarisch im folgenden Journal zusammengefasst.

a) Wie lauten die Buchungen (Konten gemäss unten stehenden Rechnungen)?

| Datum | Geschäftsfall | Buchungssatz | | |
|---|---|---|---|---|
| | | Soll | Haben | Betrag |
| 30. 11. | Kapitaleinlage auf Bankkonto | | | 100 000 |
| 30. 11. | Kauf Mobiliar auf Kredit | | | 60 000 |
| 30. 11. | Wareneinkäufe auf Kredit | | | 60 000 |
| 30. 11. | Barbezug ab Bankkonto | | | 10 000 |
| 1. 12. | Vorauszahlung Mietzins für 3 Monate (Bankgiro) | | | 6 000 |
| 23. 12. | Lohnzahlungen mit Bankgiro | | | 3 000 |
| 31. 12. | Versch. Geschäftsaufwand (Bankgiro) | | | 5 010 |
| 31. 12. | Warenverkäufe bar | | | 40 000 |
| 31. 12. | Bareinzahlungen auf Bankkonto | | | 38 000 |
| 31. 12. | Zahlungen an Kreditoren (Bankgiro) | | | 95 000 |
| 31. 12. | Korrekturbuchung Lagerzunahme | | | 35 000 |
| 31. 12. | Direkte Abschreibung Mobiliar | | | 3 000 |
| 31. 12. | Bankgutschrift Zinsertrag | | | 10 |

Aufgrund dieser Buchungen ergeben sich Ende 20_1 folgende provisorische Abschlussrechnungen:

**Schlussbilanz vom 31. 12. 20_1**

| Aktiven | | Passiven | |
|---|---|---|---|
| Kasse | 12 000 | Kreditoren | 25 000 |
| Bank | 19 000 | Eigenkapital | 100 000 |
| Warenvorrat | 35 000 | | |
| Mobilien | 57 000 | | |
| **Verlust** | **2 000** | | |
| | 125 000 | | 125 000 |

**Erfolgsrechnung Dezember 20_1**

| Aufwand | | Ertrag | |
|---|---|---|---|
| Warenaufwand | 25 000 | Warenertrag | 40 000 |
| Personalaufwand | 3 000 | Zinsertrag | 10 |
| Mietaufwand | 6 000 | | |
| Abschreibungen | 3 000 | | |
| Übr. Aufwand | 5 010 | **Verlust** | **2 000** |
| | 42 010 | | 42 010 |

In der Erfolgsrechnung werden Aufwand und Ertrag einer bestimmten **Rechnungsperiode** (hier der Dezember 20_1) einander gegenübergestellt. Es kommt in der Praxis allerdings vor, dass in den Aufwands- und Ertragskonten
- Beträge verbucht worden sind, die erst die nächste Rechnungsperiode betreffen, oder
- Beträge fehlen, die noch das Ergebnis der laufenden Rechnungsperiode beeinflussen sollen.

b) Welcher Aufwand ist im Journal nicht periodengerecht verbucht worden?

c) Erstellen Sie unter Berücksichtigung des bei b) entdeckten Fehlers die berichtigten Abschlussrechnungen:

**Schlussbilanz vom 31. 12. 20_1**

| Aktiven | | Passiven |
|---|---|---|
| Kasse | Kreditoren | |
| Bank | Eigenkapital | |
| Warenvorrat | | |
| Mobilien | | |

**Erfolgsrechnung Dezember 20_1**

| Aufwand | | Ertrag |
|---|---|---|
| Warenaufwand | Warenertrag | |
| Personalaufwand | Zinsertrag | |
| Mietaufwand | | |
| Abschreibungen | | |
| Übriger Aufwand | | |

d) Skizzieren Sie die für die zeitliche Abgrenzung benötigten Konten, tragen Sie die Buchungen des Monats Dezember 20_1 ein und schliessen Sie die Konten ab.

e) Tragen Sie die Wiedereröffnung sowie die Rückbuchung der transitorischen Buchung in den bei d) skizzierten Konten ein.

f) Warum muss die transitorische Buchung nach der Wiedereröffnung mit dem gegenüber der Bildung umgekehrten Buchungssatz zurückgebucht werden?

**43.2** Von der Taxiunternehmung R. Kummer lagen folgende provisorischen Abschlussrechnungen vor (Kurzzahlen[1]):

### Schlussbilanz vom 31. 12. 20_1

| Aktiven | | Passiven | |
|---|---|---|---|
| Liquide Mittel | 4 | Bank | 10 |
| Debitoren | 10 | Eigenkapital | 30 |
| Fahrzeuge | 36 | **Gewinn** | **10** |
| | 50 | | 50 |

### Erfolgsrechnung 20_1

| Aufwand | | Ertrag | |
|---|---|---|---|
| Personalaufwand | 80 | Fahrgeldertrag | 150 |
| Abschreibungen Fahrzeuge | 10 | | |
| Übriger Aufwand | 50 | | |
| **Gewinn** | **10** | | |
| | 150 | | 150 |

Im Fahrgeldertrag sind auch die verkauften Taxiabonnemente von 48 enthalten, die von den Kunden erst etwa zur Hälfte eingelöst worden sind.

a) Erstellen Sie die zeitlich abgegrenzten Abschlussrechnungen.

### Schlussbilanz vom 31. 12. 20_1

| Aktiven | Passiven |
|---|---|
| Liquide Mittel | Bank |
| Debitoren | |
| Fahrzeuge | Eigenkapital |

[1] Kurzzahlen werden in den Aufgabenstellungen dann verwendet, wenn die Betragsangaben nicht in Fr. 1000.– erfolgen. Eine Kurzzahleinheit kann für eine frei wählbare, innerhalb derselben Aufgabe aber gleich bleibende sinnvolle Betragssumme stehen.

**Erfolgsrechnung 20_1**

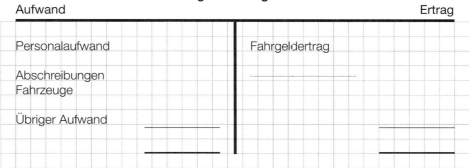

b) Führen Sie die zeitliche Abgrenzung kontenmässig durch (Abgrenzung, Abschluss, Wiedereröffnung, Rückbuchung).

| Datum | Text | Buchung | Konten |
|-------|------|---------|--------|
|       |      |         |        |

**43.3** Führen Sie für jeden aufgeführten Geschäftsfall der im Sommer dieses Jahres gegründeten Privatschule H. Pestalozzi folgende Arbeiten aus:
- Beschriften Sie das transitorische Konto und das passende Erfolgskonto.
- Tragen Sie den bisherigen Verkehr des laufenden Geschäftsjahres ein.
- Verbuchen Sie die Rechnungsabgrenzung, und schliessen Sie die Konten ab.
- Eröffnen Sie die Konten, und tragen Sie die Rückbuchung ein.
- Erklären Sie aus der Sicht der Bestandes- **und** der Erfolgsrechnung, warum die transitorischen Konten im neuen Jahr aufgelöst werden müssen.

a) Der von der Schule jeweils am 31. August sowie am 28. Februar im Voraus zahlbare Mietzins für ein halbes Jahr beträgt Fr. 24 000.–.

| Datum | Text | Buchung | Konten |
|---|---|---|---|
|  |  |  |  |

b) Die Schüler bezahlen das Schulgeld am 30. September bzw. 31. März für ein ganzes Schulsemester im Voraus ein. Die Schülerzahlungen vom vergangenen Herbst betragen Fr. 160 000.–.

| Datum | Text | Buchung | Konten |
|---|---|---|---|
|  |  |  |  |

c) Die Schule wird vom Staat unterstützt. Die ausstehenden Subventionen für das abgelaufene Schuljahr betragen Fr. 20 000.–.

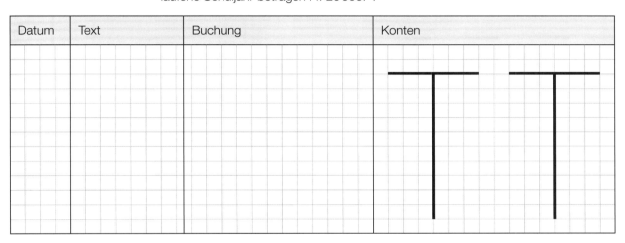

d) Die Schule hat am 31. August ein jeweils am 28. Februar und am 31. August nachschüssig❶ zu 6% verzinsliches Darlehen von Fr. 100 000.– aufgenommen.

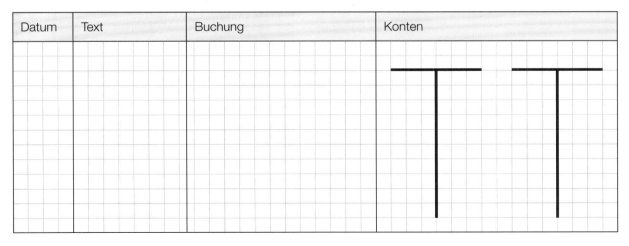

❶ Nachschüssig heisst: Die Zinsen werden nach Beanspruchung des Darlehens, also im Nachhinein, bezahlt (Gegenteil: vorschüssig oder im Voraus).

**43.4** Es können folgende vier Fälle von zeitlichen Abgrenzungen unterschieden werden:

| Nr. | Geschäftsfall | Rechnungsabgrenzung |
|---|---|---|
| 1. | Ein im alten Geschäftsjahr 20_1 noch nicht verbuchter Aufwand ist der laufenden Periode 20_1 zu belasten. Beispiel: Aufgelaufene Schuldzinsen | Transitorische Passiven / Zinsaufwand — Aufwandsnachtrag |
| 2. | Ein im alten Geschäftsjahr 20_1 noch nicht verbuchter Ertrag ist noch der laufenden Periode 20_1 gutzuschreiben. Beispiel: Aufgelaufene Aktivzinsen | Transitorische |
| 3. | Ein im laufenden Geschäftsjahr 20_1 verbuchter Aufwand ist ganz oder teilweise der nächsten Periode 20_2 zu belasten. Beispiel: Vorausbezahlte Mietzinsen | Transitorische |
| 4. | Ein im laufenden Geschäftsjahr 20_1 verbuchter Ertrag ist ganz oder teilweise der nächsten Periode 20_2 gutzuschreiben. Beispiel: Im Voraus erhaltene Mietzinsen | Transitorische |

a) Vervollständigen Sie die oben stehende Darstellung für die Nummern 2 bis 4 analog zu Nummer 1.

b) Begründen Sie, warum alle transitorischen Buchungen immer erfolgswirksam sind.

c) Wann wird bei den transitorischen Aktiven im Haben bzw. bei den transitorischen Passiven im Soll gebucht?

**43.5** Vervollständigen Sie die Tabelle (Die Geschäftsfälle stammen aus verschiedenen Unternehmungen.)

| Auf-gabe | Geschäftsfall | Bereits verbucht ❶ | Anteil 20_1 ❷ | Anteil 20_2 ❸ | LG/LS/GG/GS ❹ | Buchungssatz mit Betrag (Ende 20_1) |
|---|---|---|---|---|---|---|
| a) | Am 22.12. 20_1 bezahlte Lohnvorschüsse für Januar: Fr. 8000.–. | | | | | |
| b) | Am 31.5. 20_1 vorausbezahlter Jahresmietzins: Fr. 8400.–. | | | | | |
| c) | Den Jahreszins von 6% für ein am 31.3. 20_1 aufgenommenes Darlehen von Fr. 20000.– zahlen wir jeweils am 31.3. nachschüssig. | | | | | |
| d) | Eine Reparaturrechnung von voraussichtlich Fr. 1000.– ist noch nicht eingetroffen. | | | | | |
| e) | Die Autoversicherungsprämien von Fr. 3600.– wurden am 30.11. 20_1 für ein halbes Jahr vorausbezahlt. | | | | | |
| f) | Im Total der erhaltenen Zahlungen für Taxifahrten von Fr. 100000.– sind Fr. 4000.– für noch nicht verbrauchte Abonnemente enthalten. | | | | | |
| g) | Den Zins auf einem zu 5% verzinslichen Aktivdarlehen von Fr. 60000.– erhalten wir pünktlich halbjährlich auf Mitte und Ende Jahr | | | | | |

❶ In dieser Spalte ist in Franken anzugeben, wie viel vom betreffenden Geschäftsfall in der abzuschliessenden Periode 20_1 bereits verbucht worden ist. (Unter dem Jahr geben in der Regel entweder Zahlungsvorgänge bzw. ein- oder ausgehende Fakturen den Anlass zu einer Buchung.)

❷ In dieser Spalte ist anzugeben, wie gross der Aufwands- bzw. Ertragsanteil für die Geschäftsperiode 20_1 ist.

❸ In dieser Spalte ist anzugeben, wie gross der Aufwands- bzw. Ertragsanteil für die Geschäftsperiode 20_2 ist.

❹ Geben Sie in dieser Spalte an, ob diese Unternehmung am Jahresende über ein Leistungsguthaben (LG), eine Leistungsschuld (LS), ein Geldguthaben (GG) oder eine Geldschuld (GS) verfügt.

**43.6** Die folgende Darstellung enthält Buchungen aus verschiedenen Buchhaltungen.

Bestimmen Sie bei jeder Teilaufgabe durch Ankreuzen, ob es sich um eine Bildung oder um eine Rückbuchung von transitorischen Posten handelt, und geben Sie jeweils einen passenden Geschäftsfall an.

| Teilaufgabe | Buchungssatz | Bildung | Rückbuchung | Geschäftsfall (in Worten) |
|---|---|---|---|---|
| a) | Mietaufwand/TP❶ | | | |
| b) | TA❶/Zinsertrag | | | |
| c) | TP/Zinsaufwand | | | |
| d) | Schulgeldertrag/TA | | | |
| e) | TA/Immobilienertrag | | | |
| f) | TP/Mietaufwand | | | |
| g) | TA/Lohnaufwand | | | |
| h) | TP/Lohnaufwand | | | |
| i) | Versicherungsaufwand/TP | | | |

❶ TA = Transitorische Aktiven; TP = Transitorische Passiven

**43.7** Nennen Sie die Buchungssätze mit Betrag zu den folgenden Geschäftsfällen eines Warenhandelsbetriebes. Beträge in Kurzzahlen. Abschluss am 31. 12.

a) Wir erwarten von unserem Hauptlieferanten einen Umsatzbonus von 6 auf den Bezügen des laufenden Jahres. Die Gutschrift ist allerdings noch nicht eingetroffen.

b) Wir gewähren einzelnen Grosskunden einen Umsatzbonus auf den im laufenden Jahr getätigten Umsätzen. Die Gutschriften im Betrag von etwa 10 werden erst im nächsten Jahr erstellt.

c) Soeben ist noch eine Frachtrechnung von 2 für den Bezug von Waren eingetroffen.

d) Wir haben ein zu 6% verzinsliches Darlehen von 200 aufgenommen (Zinstermine jeweils 31. Mai und 30. November). Die aufgelaufenen, noch nicht zur Zahlung fälligen Zinsen sind zu verbuchen.

e) Der jeweils am 30. Oktober sowie am 30. April zum Voraus zu entrichtende Mietzins für ein halbes Jahr beträgt 24.

f) Das Delkredere ist von 8 auf 6 zu vermindern.

**43.8** Nennen Sie die Buchungssätze mit Betrag zu den folgenden Geschäftsfällen eines Industriebetriebes. Beträge in Kurzzahlen. Abschluss am 31. 12.

a) Im Dezember wurde eine Maschine repariert. Die Rechnung ist noch nicht eingetroffen. Gemäss Kostenvoranschlag wird die Reparatur 3 betragen.

b) Von den Anfang Dezember an verschiedene Angestellte ausbezahlten Lohnvorschüssen von insgesamt 20 gehen 90% zulasten des alten Jahres.

c) Eine grosse Rechnung für Büromaterialbezüge ist noch ausstehend. Wir schätzen den Betrag auf 15. Davon soll ⅓ zulasten des neuen Jahres gehen.

d) Wir haben die Haftpflicht- und Kaskoversicherungsprämien für die Geschäftsfahrzeuge von 8 Ende September für ein Jahr zum Voraus einbezahlt.

e) Die Maschinen sind indirekt um 20 abzuschreiben.

f) Wir haben ein zu 6% verzinsliches Darlehen von 100 gewährt (Zinstermine jeweils 30. April und 31. Oktober). Die aufgelaufenen, noch nicht zur Zahlung fälligen Zinsen sind zu verbuchen.

## Aufgaben zur Vertiefung

**43.10** Die folgenden Geschäftsfälle mit Kurzzahlen stammen aus verschiedenen Unternehmungen. Geben Sie die verlangten Buchungssätze mit Betrag an. Abschluss 31. 12.

a) Ein Lieferant gewährt einem Grosskunden einen Umsatzbonus von 8 auf den Warenbezügen des laufenden Jahres.
  1. Wie bucht der Kunde, wenn die Gutschrift noch nicht eingetroffen ist?
  2. Wie bucht der Kunde, wenn die Gutschrift soeben eintrifft?
  3. Wie bucht der Lieferant, wenn er die Gutschrift noch nicht ausgestellt hat?
  4. Wie bucht der Lieferant, wenn er die Gutschrift soeben ausgestellt hat?

b) Der Borger zahlt dem Darleiher jeweils am 30. September einen Jahreszins von 12.
  1. Wie bucht der Darlehensgeber, wenn die Zinsen nachschüssig bezahlt werden (was allgemein üblich ist)?
  2. Wie bucht der Darlehensgeber, wenn die Zinsen vorschüssig bezahlt werden?
  3. Wie bucht der Darlehensnehmer, wenn die Zinsen nachschüssig bezahlt werden?
  4. Wie bucht der Darlehensnehmer, wenn die Zinsen vorschüssig bezahlt werden?

**43.11** Von einer Versicherungsgesellschaft sind folgende Kurzzahlen bekannt:
– Am 1. 1. 20_1 betragen die Bestände an vorausbezahlten Prämien 80 und an fälligen, ausstehenden Prämien 10.
– Im Verlauf des Jahres 20_1 werden von den Versicherten Prämien von 900 einbezahlt.
– Am 31. 12. 20_1 betragen die Bestände an vorausbezahlten Prämien 70 und an fälligen, ausstehenden Prämien 15.

Führen Sie für 20_1 die Konten transitorische Aktiven, transitorische Passiven und Prämienertrag, und ermitteln Sie den Prämienertrag für das Jahr 20_1.

# 44 Abschluss bei der Einzelunternehmung

**44.1** Das Eigenkapital umfasst die der Unternehmung langfristig durch den Geschäftsinhaber zur Verfügung gestellten Mittel. Im Privatkonto werden die laufenden Gutschriften und Bezüge des Geschäftsinhabers während des Jahres festgehalten.

Wie werden folgende Geschäftsfälle in der Buchhaltung dieser Einzelunternehmung verbucht?

| Nr. | Geschäftsfall | Buchungssatz | | |
|---|---|---|---|---|
| | | Soll | Haben | Betrag |
| 1. | Der Geschäftsinhaber bezieht Fr. 1 000.– bar. | | | |
| 2. | Gutschrift des Monatsgehaltes des Geschäftsinhabers Fr. 6 000.– (Eigenlohn). | | | |
| 3. | Der Geschäftsinhaber bezieht Waren für den privaten Gebrauch. Der Einstandswert beträgt Fr. 1 000.–. | | | |
| 4. | Der Geschäftsinhaber überschreibt ein Grundstück zur Erhöhung seiner Kapitaleinlage. Fr. 200 000.–. | | | |
| 5. | Die Zahnarztrechnung für die Tochter des Geschäftsinhabers wird per Post beglichen. Fr. 600.–. | | | |
| 6. | Im Zusammenhang mit Kunden- und Lieferantenbesuchen bezieht der Geschäftsinhaber seine Reiseauslagen bar. Fr. 750.–. | | | |
| 7. | Der alte Geschäftswagen im Wert von Fr. 3 500.– wird dem Sohn des Geschäftsinhabers bar verkauft. | | | |
| 8. | Dem Geschäftsinhaber werden Fr. 10 000.– Eigenzinsen gutgeschrieben. | | | |
| 9. | Der Frau des Geschäftsinhabers werden für ihre gelegentliche Mitarbeit Fr. 800.– per Post überwiesen. | | | |
| 10. | Der Jahresgewinn von Fr. 30 000.– wird auf das Eigenkapital übertragen. | | | |

**44.2** a) Verbuchen Sie die summarischen Beträge für Gutschriften und Bezüge des Geschäftsinhabers P. Frei. Beim Abschluss ist das Privatkonto über das Eigenkapitalkonto auszugleichen; der Erfolg ist mit dem Eigenkapital zu verrechnen.

| | Vorgänge | Buchung | Konten | |
|---|---|---|---|---|
| | | | **Eigenkapital** | **Privat** |
| | Eröffnung | | 200 000 | |
| | Gehaltsgutschriften an P. Frei Fr. 90 000.– | | | |
| | Zinsgutschrift auf dem Eigenkapital 5% auf Anfangsbestand | | | |
| | Barbezüge von P. Frei Fr. 85 000.– | | | |
| **1. Schritt** | Ausgleich des Privatkontos über das Eigenkapital | | | |
| | | | | **Erfolgsrechnung** |
| | Total Aufwendungen während des Jahres | — | | 300 000 |
| | Total Erträge während des Jahres | — | | 335 000 |
| **2. Schritt** | Verrechnung des Erfolges mit dem Eigenkapital | | | |
| | | | | **Schlussbilanz** |
| | Total Aktiven | | | 500 000 |
| | Total Fremdkapital | | | 250 000 |
| **3. Schritt** | Übertrag Eigenkapital auf Schlussbilanz | | | |

b) Wie gross ist das Unternehmereinkommen von P. Frei in diesem Jahr?

**44.3** a) Führen Sie für das Architekturbüro J. Haas das Journal sowie die beiden Konten Privat und Eigenkapital.

| Nr. | Vorgänge | Buchung | Konten | | | |
|---|---|---|---|---|---|---|
| | | | Eigenkapital | | Privat | |
| | Übertrag | | | 300 000 | 157 000 | 132 000 |
| 1. | Salärgutschrift Fr. 10 000.–. | | | | | |
| 2. | Zahlung einer privaten Heizölrechnung durch die Post für Fr. 4 700.–. | | | | | |
| 3. | J. Haas überschreibt seinen Range Rover als Kapitaleinlage auf das Geschäft. Fr. 50 000.– | | | | | |
| 4. | Banküberweisung für Geschäftsspesen Fr. 1 850.–. | | | | | |
| 5. | Versand von Honorarrechnungen für ausgeführte Arbeiten Fr. 75 000.–. | | | | | |
| 6. | J. Haas übernimmt einen alten Zeichnungstisch aus dem Büro für seinen Sohn. Fr. 300.– | | | | | |
| 7. | Der Zins auf der Eigenkapitaleinlage (auf dem Eröffnungsbestand) wird gutgeschrieben. Zinsfuss 6%. | | | | | |
| 8. | Postzahlungen von Debitoren Fr. 80 000.–. | | | | | |
| 9. | Das Privatkonto ist auszugleichen. | | | | | |
| 10. | Der Gewinn von Fr. 60 000.– wird mit dem Eigenkapital verrechnet. | | | | | |
| 11. | Das Eigenkapitalkonto ist abzuschliessen. | | | | | |

b) Welche Geschäftsfälle könnten die Soll-Eintragung von Fr. 157 000.– im Privatkonto bewirkt haben?

**44.4** Bestimmen Sie die fehlenden Grössen (alle Beträge in Fr. 1000.–).

|   | Eigenkapital vor Abschlussbuchungen | Privatkonto Sollüberschuss | Privatkonto Habenüberschuss | Erfolg (Gewinn +/ Verlust –) | Eigenkapital nach Abschlussbuchungen |
|---|---|---|---|---|---|
| a) | 70 | 4 |  | +20 |  |
| b) | 100 |  | 10 | +35 |  |
| c) | 30 |  | 20 | –10 |  |
| d) | 120 | 15 |  | –20 |  |
| e) | 50 |  |  | +5 | 65 |
| f) | 80 |  |  | –7 | 80 |
| g) | 200 | 20 |  |  | 240 |
| h) |  |  | 15 | –40 | 315 |
| i) |  | 10 |  | +50 | 400 |
| k) | 480 |  | 25 |  | 490 |
| l) | 330 |  |  | +32 | 350 |
| m) | 800 |  |  | –45 | 780 |

**44.5** Setzen Sie die folgenden Grössen im Privat- und Eigenkapitalkonto in die richtigen Felder ein.

- Anfangsbestand
- Barbezüge
- Kapitalrückzahlung
- Eigenlohn
- Ausgleich Soll-Überschuss Privatkonto
- Verlust aus Erfolgsrechnung
- Schlussbestand
- Private Warenbezüge
- Eigenzins
- Zahlung von Privatrechnungen

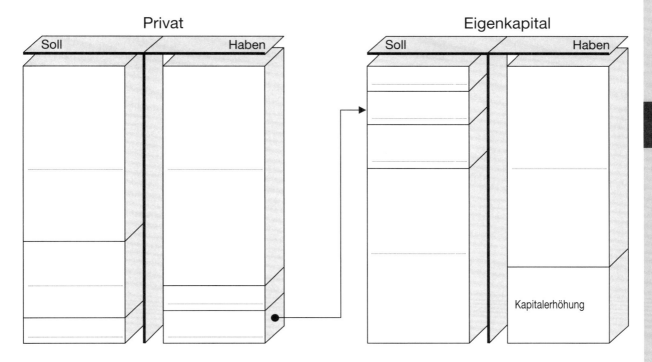

### Aufgaben zur Vertiefung

**44.10** Der ausgewiesene Gewinn in der Einzelunternehmung S. Weidmann beträgt Fr. 51 600.–. Vor dem Ausgleich über das Eigenkapitalkonto wies das Privatkonto einen Sollüberschuss von Fr. 8 300.– auf.

a) Mit welcher Buchung wurde das Privatkonto ausgeglichen?

b) Wie gross war das Eigenkapital am Anfang des Jahres, wenn es nach Gewinnverbuchung Fr. 393 300.– beträgt?

c) Wie gross waren die Bezüge des Geschäftsinhabers, wenn ihm das Eigenkapital (Anfangsbestand) zu 6% verzinst wurde und die Gehaltsgutschriften Fr. 72 000.– ausmachten?

d) Wie hätte sich eine Kapitalerhöhung von Fr. 50 000.– am 30. Juni auf den Gesamtgewinn des Jahres ausgewirkt? Begründen Sie die Antwort.

e) Inwiefern würde sich die Kapitalerhöhung von Fr. 50 000.– gemäss Aufgabe d) auf das Unternehmereinkommen auswirken?

**44.11** E. Hartmann führt ein Malergeschäft. Vor dem Abschluss weisen die Konten in der provisorischen Saldenbilanz die gezeigten Beträge auf (siehe nebenstehende Abschlusstabelle).

a) Wie lauten die Buchungen und die Beträge für die folgenden Nachträge?
  1. E. Hartmann wird der Eigenzins von 5% auf seiner Kapitaleinlage gutgeschrieben.
  2. Laut Inventar betragen die Farbvorräte Fr. 4050.– und der Bestand an Tapeten Fr. 11350.–.
  3. Für die Abwicklung eines Auftrages musste eine Pressluftreinigungsmaschine gemietet werden. Die Faktura von Fr. 1010.– ist noch zu verbuchen.
  4. Die Fahrzeuge sind um Fr. 7000.–, die Maschinen und Einrichtungen noch um Fr. 1100.– abzuschreiben.
  5. Für den Monat Dezember sind E. Hartmann Fr. 6500.– Gehalt gutzuschreiben.

b) In der Korrekturspalte der Abschlusstabelle sind die Nachträge zu berücksichtigen, und das Privatkonto ist über das Eigenkapital auszugleichen.

c) Erstellen Sie die Abschlussrechnungen. Der Erfolg ist mit dem Eigenkapital zu verrechnen.

d) Wie viele Prozente des gemäss provisorischer Saldenbilanz investierten Eigenkapitals machen der Eigenzins und der erzielte Reingewinn zusammen aus?

e) Vergleichen Sie die unter d) berechnete Eigenkapitalrendite mit anderen Anlagemöglichkeiten.

| Konten | Prov. Saldenbilanz Soll | Prov. Saldenbilanz Haben |
|---|---|---|
| Liquide Mittel | 15 180 | |
| Debitoren | 37 490 | |
| Farbvorräte | 3 100 | |
| Tapeten | 12 500 | |
| Fahrzeuge | 21 000 | |
| Maschinen und Einrichtungen | 4 400 | |
| Liegenschaft | 840 000 | |
| Kreditoren | | 43 |
| Bankschuld | | 36 |
| Hypotheken | | 2000 |
| Eigenkapital | | 6500 |
| Privat | | 27 |
| Farb- und Tapetenaufwand | 73 700 | |
| Lohnaufwand | 218 150 | |
| Zinsaufwand | 13 580 | |
| Übriger Geschäftsaufwand | 94 850 | |
| Ertrag aus Arbeiten und Verkauf | | 4732 0 |
| | 1 333 950 | 1 3339 5 |

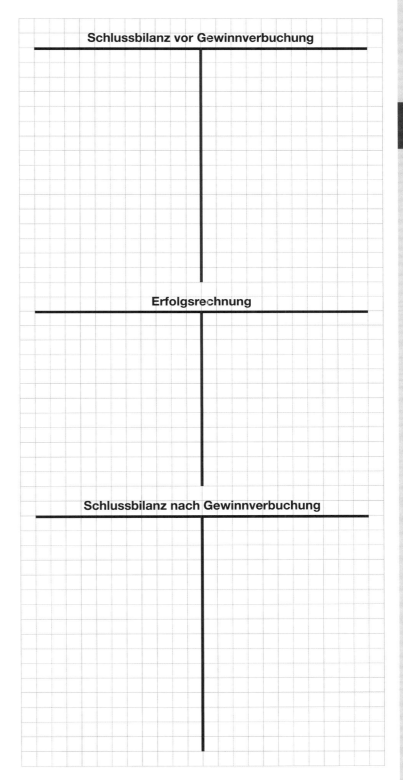

# 45 Abschluss bei der Kollektivgesellschaft

**45.1** Bei der Kollektivgesellschaft werden für jeden Gesellschafter ein Privatkonto und ein Kapitalkonto geführt. Im Kapitalkonto werden die langfristigen Kapitaleinlagen festgehalten, das Privatkonto zeigt die laufenden Bezüge des Geschäftsinhabers und die Gutschrift für Eigenzins, Gehalt und Reingewinn.

Wie lauten die Buchungssätze zu den folgenden Geschäftsfällen?

| Nr. | Geschäftsfall | Buchungssatz | | |
|---|---|---|---|---|
| | | Soll | Haben | Betrag |
| 1. | Zahlung der Steuerrechnung von Gesellschafter Zingg durch die Post. Fr. 8500.– | | | |
| 2. | Gutschrift des Gehalts an Gesellschafter Roth. Fr. 7000.– | | | |
| 3. | Gesellschafter Zingg benutzt den Geschäftswagen für die Ferien. Es werden ihm dafür Fr. 1000.– belastet. | | | |
| 4. | Der Zins von 5% auf den Kapitaleinlagen wird gutgeschrieben. Kapital Zingg Fr. 200000.– Kapital Roth Fr. 150000.– | | | |
| 5. | Roth bezieht Ware im Verkaufswert von Fr. 600.– zu privatem Gebrauch aus dem Geschäft. | | | |
| 6. | Zingg übernimmt einen alten PC zu privaten Zwecken für Fr. 200.–. | | | |
| 7. | Der Gewinn von Fr. 60000.– wird den beiden Gesellschaftern je zur Hälfte gutgeschrieben. | | | |
| 8. | Roth erhöht seine Kapitaleinlage zulasten seines Privatkontos um Fr. 10000.–. | | | |
| 9. | Zingg entnimmt der Geschäftskasse für private Einkäufe Fr. 500.–. | | | |
| 10. | Ein neuer Gesellschafter wird aufgenommen. Als Kapitaleinlage zahlt J. Marx Fr. 100000.– auf die Bank ein und überschreibt ein Grundstück für Fr. 50000.–. | | | |

**45.2** a) Verbuchen Sie die Eröffnung, den Geschäftsverkehr sowie den Abschluss mit Gewinnzuweisung, und erstellen Sie die Schlussbilanz nach Gewinnverbuchung (alle Zahlen in Fr. 1000.–).

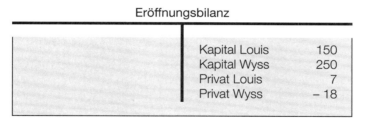

**Geschäftsfälle**

Eröffnung

Gutschriften für Eigenlohn je 84

Bezüge während des Jahres:
Louis 108
Wyss 92

Zinsgutschrift 6% auf der Kapitaleinlage

Gutschrift Reingewinnanteil je 12

Salden

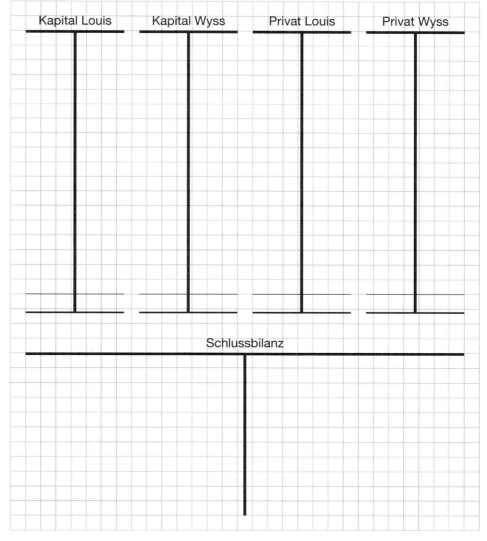

b) Was stellen die Privatkonten Louis und Wyss gegenüber der Gesellschaft dar?

c) Wie gross sind die Unternehmereinkommen von Louis und Wyss in diesem Jahr?

**45.3** Aus der Probebilanz Ende 20_1 der Meister & Co. sind folgende (Kurz-)Zahlen bekannt:

| Kapital Meister | Kapital Ludwig | Privat Meister | Privat Ludwig |
|---|---|---|---|
| 87 \| 110 | 102 \| 99 | 500 \| | 250 \| |

a) Wie lautet die Schlussbilanz, wenn ein Reingewinn von 30 erzielt wurde, der im Verhältnis der Kapitaleinlagen der Gesellschafter verteilt wird?

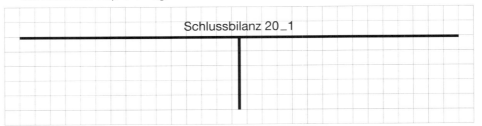

b) Wie lautet die Schlussbilanz, wenn in Bezug auf die Gewinnverteilung keine vertragliche Abmachung besteht? ❶

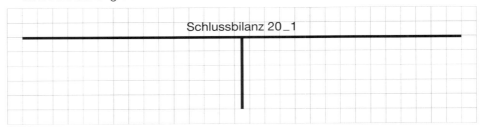

c) Wie lautet die Schlussbilanz bei einem Verlust von 30? Die Verluste sollen über die Kapitaleinlagen abgebucht werden. In Bezug auf die Gewinn- oder Verlustanteile jedes Gesellschafters bestehen keine vertraglichen Abmachungen.

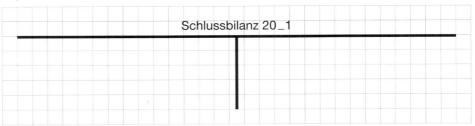

❶ Mangels vertraglicher Vereinbarung über die Gewinn- und Verlustverteilung kommt OR Artikel 533 zur Anwendung:

> ¹ Wird es nicht anders vereinbart, so hat jeder Gesellschafter, ohne Rücksicht auf die Art und Grösse seines Beitrages, gleichen Anteil an Gewinn und Verlust.
> ² Ist nur der Anteil am Gewinne oder nur der Anteil am Verluste vereinbart, so gilt diese Vereinbarung für beides.
> ³ Die Verabredung, dass ein Gesellschafter, der zu dem gemeinsamen Zwecke Arbeit beizutragen hat, Anteil am Gewinne, nicht aber am Verluste haben soll, ist zulässig.

d) Wie lauten die Zinsgutschriften für die beiden Gesellschafter im Jahre 20_2, wenn von der Schlussbilanz 20_1 gemäss Aufgabe c) ausgegangen wird? Der Zins beträgt 6%. (Auf ganze Kurzzahlen runden.)

e) 20_2 wird ein Gewinn von 40 erzielt. Wie lauten die Buchungen mit den Beträgen für die Gewinnverteilung Ende 20_2? Der Gewinn wird nach Köpfen verteilt, es ist von der Schlussbilanz 20_1 gemäss Aufgabe c) auszugehen. (Vgl. OR Art. 560 Abs. 1.)

| Text | Buchung | | Betrag |
|---|---|---|---|
| | Soll | Haben | |
| Aufstockung der 20_1 durch Verlust verminderten Kapitaleinlagen von Meister und Ludwig. | | | |
| Gewinnanteil von Meister und Ludwig. | | | |

**45.4** Bei der Gründung einer Kollektivgesellschaft werden folgende Kapitaleinlagen geleistet:

Meier     Fr. 100 000.–
Huber     Fr. 200 000.–

Der Gesellschaftsvertrag enthält eine Bestimmung, wonach jeder Kollektivgesellschafter Anrecht auf ein jährliches Honorar von Fr. 50 000.– sowie auf eine Verzinsung seines Anteils von 5% p. a. hat.

a) Der Jahresreingewinn beträgt vor Zuweisung der Eigenlöhne und Eigenzinsen Fr. 135 000.–. Der Gesellschaftsvertrag schweigt sich über die Gewinnverteilung aus. Die Kapitaleinlagen sind seit der Gründung unverändert.
Berechnen Sie die Geschäftseinkommen der Gesellschafter.

b) Der Jahresreingewinn beträgt vor Zuweisung der Eigenlöhne und Eigenzinsen Fr. 85 000.–. Der Gesellschaftsvertrag enthält keine Bestimmung über die Gewinn- oder Verlustverteilung. Die Kapitaleinlagen sind seit der Gründung nicht verändert worden.
Berechnen Sie die Geschäftseinkommen der Gesellschafter, und nennen Sie den Betrag, über den jeder frei verfügen kann.

c) Wie ist der Verlust bei b) zu verteilen, wenn der Gesellschaftsvertrag vorsieht, dass der Gewinn im Verhältnis der Kapitaleinlagen zu verteilen sei, sich aber über die Verlustverteilung ausschweigt?

**45.5** a) Setzen Sie die folgenden Grössen im Privat- und im Kapitalkonto des Gesellschafters X der Kollektivgesellschaft XYZ in die richtigen Felder ein.

- Kapitalerhöhung
- Anfangsbestand
- Salärgutschrift
- Barbezüge
- Eigenzins
- Kapitalrückzug
- Verlustanteil
- Zahlung von Privatrechnungen
- Schlussbestand
- Private Warenbezüge

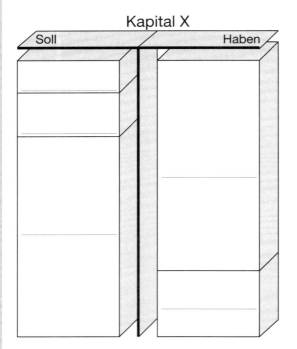
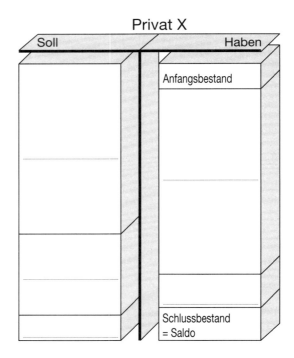

b) Wie erklären Sie die Tatsache, dass das Privatkonto mit einem Haben-Anfangsbestand eröffnet wird, aber mit einem Soll-Saldo (der zum Ausgleich im Haben steht) schliesst?

c) Welcher Unterschied besteht zwischen dem Privatkonto bei der Kollektivgesellschaft und dem bei der Einzelunternehmung?

**45.6** Die Buchhaltung der Kollektivgesellschaft Hauri & Co., Handel mit Farbprodukten, zeigt vor dem Jahresabschluss folgendes Bild:

**Provisorische Probebilanz vom 31. 12. 20_1**
(alle Zahlen in Fr. 1000.–)

|  | Soll | Haben |
|---|---|---|
| Liquide Mittel | 1 512 | 1 423 |
| Debitoren, Transitorische Aktiven | 1 637 | 1 386 |
| Delkredere |  | 13 |
| Warenvorrat | 200 |  |
| Mobilien, Fahrzeuge | 102 | 14 |
| Kreditoren, Bank, Transitorische Passiven | 925 | 1 088 |
| Kapital Hauri |  | 260 |
| Kapital Schluchter |  | 180 |
| Privat Hauri | 90 | 95 |
| Privat Schluchter | 95 | 1 |
| Warenaufwand | 1 019 | 39 |
| Lohnaufwand, Mietaufwand, Zinsen | 398 | 4 |
| Übriger Gemeinaufwand | 109 | 2 |
| Warenertrag | 23 | 1 605 |
|  | 6 110 | 6 110 |

**Nachtragsbuchungen**

1. Gesellschafter Schluchter sind noch gutzuschreiben:
   – das Jahresgehalt von 84
   – 5% Zins auf seiner Kapitaleinlage
2. Für Gesellschafter Hauri wurden die Staats- und Gemeindesteuern durch die Post überwiesen. Betrag 8.
3. Die endgültige Abrechnung auf den ausgeführten Autoreparaturen ist noch ausstehend. Es ist mit einem Betrag von 2 zu rechnen.
4. Die Wertberichtigung auf den Debitoren soll nach dem Abschluss 15 betragen.
5. Gemäss Inventar beträgt der Warenvorrat zu Einstandspreisen am Jahresende 170.
6. Vom Buchwert der Mobilien und Fahrzeuge gemäss provisorischer Probebilanz vom 31. 12. 20_1 sind 25% abzuschreiben.

**Aufgaben**

Zeichnen Sie Kontenkreuze, und tragen Sie die provisorische Probebilanz ein. Verbuchen Sie die Nachträge, und schliessen Sie die Buchhaltung ab.
Der Erfolg ist nach Köpfen zu verteilen. Gewinnanteile werden den Privatkonten gutgeschrieben, Verlustanteile den Kapitalkonten belastet.

**45.7** Aus der Probebilanz der Hauser & Frei sind die Privat- und Kapitalkonten von Ende Dezember 20_1 wiedergegeben.

| Kapital Hauser | | Kapital Frei | | Privat Hauser | | Privat Frei | |
|---|---|---|---|---|---|---|---|
| | 120 000 | | 80 000 | 50 000 | 57 000 | 62 000 | 55 000 |

a) Verbuchen Sie die im Journal genannten Nachträge in den oben stehenden Konten. (Buchungssätze im Journal eintragen.)

| Datum | Buchung | | Geschäftsfall |
|---|---|---|---|
| | Soll | Haben | |
| 24.12. | | | Gehaltsgutschrift für den Dezember je Fr. 5 000.–. |
| 24.12. | | | Barbezug Hauser Fr. 3 000.–. |
| 28.12. | | | Arztrechnung von Fr. 200.– für Frei durch Postgiro bezahlt. |
| 28.12. | | | Warenbezug zu Verkaufspreisen durch Frei für Fr. 100.–. |
| 29.12. | | | Barbezug Frei Fr. 2 600.–. |
| 30.12. | | | Begleichung der Steuerschulden der Gesellschafter durch Postgiro:<br>Hauser Fr. 7 000.–<br>Frei    Fr. 5 500.– |
| 31.12. | | | Gutschrift Eigenzins 8% auf den Kapitaleinlagen. |
| 31.12. | | | Gutschrift des Reingewinnes von Fr. 20 000.– im Verhältnis der Kapitaleinlage auf den Privatkonten. |

b) Schliessen Sie die Privat- und Kapitalkonten ab, und tragen Sie die Buchungssätze im folgenden Journal ein.

| Datum | Buchung | | Geschäftsfall | Betrag |
|---|---|---|---|---|
| | Soll | Haben | | |
| | | | Saldo Privat Hauser auf die Bilanz | |
| | | | Saldo Privat Frei auf die Bilanz | |
| | | | Saldo Kapital Hauser auf die Bilanz | |
| | | | Saldo Kapital Frei auf die Bilanz | |

c) Berechnen Sie die Geschäftseinkommen der Gesellschafter Hauser und Frei.

d) Wie gross ist die Rendite des investierten Eigenkapitals in diesem Jahr?

# 46 Abschluss bei der Aktiengesellschaft

**46.1** Bei der Gewinnverbuchung im Rahmen des Jahresabschlusses unterscheiden sich Einzelunternehmung und Aktiengesellschaft dadurch, dass die Aktiengesellschaft mit dem **Konto Gewinnvortrag** über ein gesondertes Eigenkapitalkonto verfügt, das eigens für die Gewinnverbuchung und -verwendung geschaffen wurde.

Die Schlussbilanz der Lumi AG per 31.12. 20_2 lautet vor Gewinnverbuchung:

**Schlussbilanz vor Gewinnverbuchung per 31.12. 20_2**

| Aktiven | | | | Passiven | | |
|---|---|---|---|---|---|---|
| **Umlaufvermögen** | | | | **Fremdkapital** | | |
| Flüssige Mittel | 40 000 | | | Kreditoren | 150 000 | |
| Debitoren | 60 000 | | | Hypothek | 250 000 | 400 000 |
| Vorräte | 80 000 | 180 000 | | | | |
| **Anlagevermögen** | | | | **Eigenkapital** | | |
| Mobilien | 40 000 | | | Aktienkapital | 300 000 | |
| Maschinen | 60 000 | | | Gesetzl. Gewinnreserve | 65 200 | |
| Immobilien | 500 000 | 600 000 | | Gewinnvortrag | 2 800 | |
| | | 780 000 | | | | |

a) Wie hoch ist der Gewinn, und wie lautet der Buchungssatz für die Gewinnverbuchung beim Jahresabschluss?

b) Wie setzt sich das Eigenkapital nach der Gewinnverbuchung zusammen?

Am 20. März 20_3 beschliesst die Generalversammlung der Aktionäre als oberstes Organ der AG folgende Gewinnverteilung:

– eine Zuweisung in die gesetzliche Gewinnreserve von 5% des Jahresgewinnes vorzunehmen und

– aus dem Rest so viele ganze Prozente Dividende wie möglich an die Aktionäre auszuschütten.

c) Vervollständigen Sie den Gewinnverwendungsplan gemäss GV-Beschluss.

**Gewinnverwendungsplan**

| | |
|---|---|
| Gewinnvortrag vor Gewinnverwendung | Fr. _____ |
| ./. Zuweisung an die gesetzliche Gewinnreserve | Fr. _____ |
| ./. Dividende _____ % | Fr. _____ |
| = Gewinnvortrag nach Gewinnverwendung | Fr. _____ |

Am 21. März 20_3 wird die Dividende ausgeschüttet. Die Aktiengesellschaft ist verpflichtet, eine Verrechnungssteuer von 35% abzuziehen und innert 30 Tagen an die eidg. Steuerverwaltung abliefern.

d) Vervollständigen Sie die Übersicht über die Dividendenauszahlung.

| | | |
|---|---|---|
| Bruttodividende | Fr. _____ | _____ % |
| ./. Verrechnungssteuer | Fr. _____ | _____ % |
| = Nettodividende | Fr. _____ | _____ % |

e) Verbuchen Sie die Gewinnverwendung sowie die Dividendenauszahlung über die Bank im folgenden Ausschnitt aus Journal und Hauptbuch. Die Überweisung der VSt an die eidg. Steuerverwaltung durch die Post ist ebenfalls zu buchen.

| Datum | Geschäftsfall | Buchungssatz | Kreditor VSt | | Dividenden | | Ges. Gewinnres. | | Gewinnvortrag | |
|---|---|---|---|---|---|---|---|---|---|---|
| | | | Soll | Haben | Soll | Haben | Soll | Haben | Soll | Haben |
| 01.01._3 | Eröffnungsbilanz | diverse Buchungssätze | | | | | | | | |
| 21.03._3 | Reserven-zuweisung | | | | | | | | | |
| 21.03._3 | Dividenden-zuweisung | | | | | | | | | |
| 24.03._3 | Auszahlung Nettodividende | | | | | | | | | |
| 24.03._3 | Gutschrift der VSt | | | | | | | | | |
| 15.04._3 | Überweisung der VSt | | | | | | | | | |
| 15.04._3 | Kontensalden nach Gewinn-verwendung | | | | | | | | | |

**46.2** In der Eröffnungsbilanz der Alinex AG vom 1. Januar 20_4 setzt sich das Eigenkapital wie folgt zusammen:

| | |
|---|---|
| Aktienkapital | Fr. 2 000 000.– |
| Gesetzliche Gewinnreserve | Fr. 350 000.– |
| Gewinnvortrag | Fr. 138 000.– |

Ausserdem sind folgende Tatsachen bekannt:
- Das Aktienkapital ist eingeteilt in 20 000 Aktien mit je einem Nominalwert von Fr. 100.–
- Im Jahr 20_3 wurde ein Gewinn von Fr. 120 000.– erzielt.
- Die Hirzel AG ist mit einem Anteil von 8 000 Aktien Hauptaktionärin der Alinex AG.

Der Verwaltungsrat schlägt der Generalversammlung vom 23. April 20_4 vor, der gesetzlichen Gewinnreserve Fr. 15 000.– zuzuweisen und so viele ganze Prozente Dividende wie möglich auszuschütten; der Gewinnrest soll auf das neue Jahr vorgetragen werden. Die Aktionäre nehmen diesen Vorschlag an.

a) Erstellen Sie den Gewinnverwendungsplan.

**Gewinnverwendungsplan**

| | |
|---|---|
| Gewinnvortrag vor Gewinnverwendung | Fr. _____ |
| ./. Zuweisung an die gesetzliche Gewinnreserve | Fr. _____ |
| ./. Dividende _____ % | Fr. _____ |
| = Gewinnvortrag nach Gewinnverwendung | Fr. _____ |

b) Führen Sie das Journal.

**Journal**

| Datum | Text | Buchung Soll | Buchung Haben | Betrag |
|---|---|---|---|---|
| 23. 04. 20_4 | Reservenzuweisung | | | |
| 23. 04. 20_4 | Dividendenzuweisung | | | |
| 23. 04. 20_4 | Auszahlung der Nettodividende durch Bankvergütung | | | |
| 23. 04. 20_4 | Gutschrift der Verrechnungssteuer | | | |
| 23. 04. 20_4 | Banküberweisung der VSt an die eidg. Steuerverwaltung | | | |

c) Wie verbucht die Hirzel AG die Dividendenauszahlung (Gutschriftsanzeige der Bank)?

| Soll | Haben | Betrag |
|---|---|---|
| | | |

**46.3** Die Generalversammlung hat eine Dividende von Fr. 10 000.– beschlossen, die von den Aktionären gegen Vorlage der entsprechenden Dividendencoupons sofort bezogen werden kann.

a) Nennen Sie die mit der Dividendenauszahlung zusammenhängenden Buchungen bei der Aktiengesellschaft, und nehmen Sie die entsprechenden Konteneintragungen vor.

| Geschäftsfall | Buchungssatz | Verbuchung im Hauptbuch (Auszug) Bank / Kreditor (VSt) / Dividenden |
|---|---|---|
| Dividendenbeschluss | | |
| Gutschrift von 35% Verrechnungssteuer | | |
| Auszahlung der Netto-Dividende von 65% durch die Bank | | |
| Überweisung der Verrechnungssteuer durch die Bank | | |

b) Unter welchen Voraussetzungen kann der Aktionär die von der Aktiengesellschaft abgezogene Verrechnungssteuer von den Steuerbehörden zurückfordern?

**46.4** Von einer Aktiengesellschaft sind Ende 20_1 folgende Kurzzahlen bekannt:

Post 14, Materialaufwand 900, Kasse 6, Bankschuld 10, Diverser Aufwand 180, Kreditoren 50, Debitoren 60, Materialvorrat 40, Fertige Erzeugnisse 80, Personalaufwand 800, Obligationenanleihe 50, Aktienkapital 300, Raumaufwand 60, Maschinen 70, Hypotheken 140, Mobilien 30, Gewinnvortrag 2, gesetzliche Gewinnreserve ?, Abschreibungen 20, Immobilien 300, Kapitalzinsen 20 (Aufwand), Verkaufserlös 2 000.

a) Erstellen Sie die Erfolgsrechnung 20_1 und die Schlussbilanz vor Gewinnverbuchung per 31. 12. 20_1.

b) An der Generalversammlung vom 15. 3. 20_2 wird eine Reservenzuweisung von 3 beschlossen und eine Dividende von 6% genehmigt.
Erstellen Sie einen übersichtlichen Gewinnverwendungsplan.

c) Wie lauten die Buchungssätze für die Reservenzuweisung und die Dividendenausschüttung (auf eine Dezimale rechnen)?

**46.5** Sie verfügen über die unten stehenden Angaben zu einer Aktiengesellschaft (in Kurzzahlen).

**Schlussbilanz vor Gewinnverbuchung per 31. 12. 20_1**

| Aktiven | | | Passiven | | |
|---|---|---|---|---|---|
| **Umlaufvermögen** | | | **Fremdkapital** | | |
| Flüssige Mittel | | 100 | Kreditoren | | 180 |
| Debitoren | | 240 | Hypotheken | | 240 |
| Vorräte | | 260 | | | |
| **Anlagevermögen** | | | **Eigenkapital** | | |
| Anlagevermögen | | 600 | Aktienkapital | | 500 |
| | | | Gesetzliche Gewinnreserve | | 198 |
| | | | Gewinnvortrag | | 2 |
| | | | Gewinn | | 80 |
| | | 1200 | | | 1200 |

a) Verbuchen Sie die Gewinnverwendung per 10. 4. 20_2 (Generalversammlung).

| Gewinnverwendungsplan | |
|---|---|
| Gewinnvortrag aus dem Vorjahr | ......... |
| Reingewinn des Geschäftsjahres | ......... |
| Gesamthaft zu verteilen | ......... |
| ./. Zuweisung an gesetzliche Gewinnreserve (5%) | ......... |
| ./. Dividende (15% von 500) | ......... |
| Gewinnvortrag auf neue Rechnung | ......... |

Verbuchung der Gewinnverwendung

Gewinnvortrag
Soll | Haben

b) Wie setzt sich das Eigenkapital nach Verbuchung der Gewinnverwendung zusammen?

**46.6** In der Schlussbilanz vor Verlustverbuchung per Ende 20_8 setzt sich das Eigenkapital wie folgt zusammen:

|   | Aktienkapital | 300 |
|---|---|---|
| + | Gesetzliche Gewinnreserve | 70 |
| + | Freiwillige Gewinnreserven | 20 |
| + | Gewinnvortrag | 10 |
| ./. | Jahresverlust | – 50 |
| = | **Eigenkapital** | **350** |

a) Wie lautet die Schlussbilanz nach Verlustbuchung per 31. 12. 20_8?

An der am 4. April 20_9 stattfindenden Generalversammlung muss der Verlustvortrag auf jeden Fall zuerst mit den freiwilligen Gewinnreserven verrechnet werden. Der übrig bleibende Verlustvortrag wird anschliessend entweder vorgetragen oder mit der gesetzlichen Gewinnreserve verrechnet.

b) Wie lauten die Buchungen nach den Varianten *Verlust ausbuchen* und *Verlust vortragen*?

c) Wie setzt sich das Eigenkapital nach der Generalversammlung aufgrund der beiden Varianten zusammen?

**46.7** Veranschaulichen Sie die wichtigsten Tatbestände, die über das Konto Gewinnvortrag verbucht werden, indem Sie folgende Begriffe richtig ins leere Kontenschema einsetzen:

- Anfangsbestand
- Reservenzuweisung
- Schlussbestand
- Dividendenzuweisung
- Übertrag des Gewinnes aus der Erfolgsrechnung

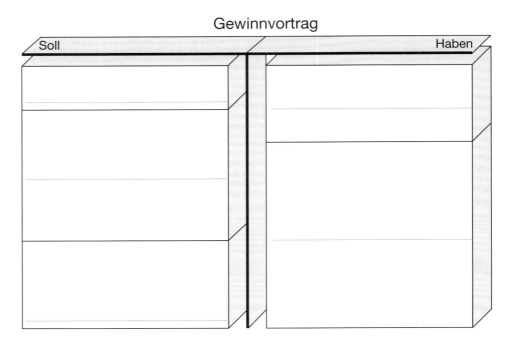

**46.8** Diese Aufgabe soll die Wirkungsweise der Reservenbildung veranschaulichen und aufzeigen, warum der Gesetzgeber im OR die Bildung von Reserven bei der Aktiengesellschaft zwingend vorgeschrieben hat.

Der Einfachheit halber wird in diesem Beispiel angenommen, dass die von der Generalversammlung vom 15. 5. 20_2 beschlossene Dividende sofort ausbezahlt wird. (Alle Beträge sind Kurzzahlen.)

a) Nennen Sie die Buchungssätze für die Gewinnverwendung per 15. 5. 20_2 ohne und mit Reservenbildung.

b) Erstellen Sie die Schlussbilanz nach Gewinnverwendung nach beiden Varianten.

c) Beurteilen Sie, nach welcher Variante der Gewinnverwendung die Gläubiger dieser Aktiengesellschaft besser geschützt sind.

d) Warum ist die Reservenbildung für Aktiengesellschaften zwingend vorgeschrieben, während für Einzelunternehmungen und Kollektivgesellschaften entsprechende Bestimmungen fehlen?

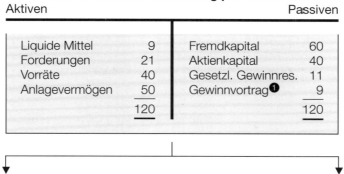

| Variante 1: Gewinnverwendung **ohne** Reservenbildung | Variante 2: Gewinnverwendung **mit** Reservenbildung |
|---|---|
| Bestünde keine gesetzliche Regelung, könnte der ganze Gewinnvortrag ausbezahlt werden. | Aus dem Gewinnvortrag wird eine Dividende von 5 ausbezahlt und eine Reserve von 4 gebildet. |
| Buchungssatz: | Buchungssätze: |

**Bilanz nach Gewinnverwendung**

| Aktiven | | Passiven | |
|---|---|---|---|
| Liquide Mittel | | Fremdkapital | |
| Forderungen | | Aktienkapital | |
| Vorräte | | Ges. Gewinnres. | |
| Anlageverm. | | Gewinnvortrag | |

**Bilanz nach Gewinnverwendung**

| Aktiven | | Passiven | |
|---|---|---|---|
| Liquide Mittel | | Fremdkapital | |
| Forderungen | | Aktienkapital | |
| Vorräte | | Ges. Gewinnres. | |
| Anlageverm. | | Gewinnvortrag | |

❶ Der Gewinn des Vorjahres von 8 wurde Ende 20_1 auf den Gewinnvortrag übertragen. Buchungssatz: Erfolgsrechnung / Gewinnvortrag 8.

## Aufgaben zur Vertiefung

**46.10** a) Erstellen Sie einen übersichtlichen Gewinnverwendungsplan, der den Bestimmungen von OR 672 des Entwurfs des neuen Aktienrechts[1] entspricht. Die Aktionäre verlangen, dass möglichst wenig Reserven gebildet und möglichst viele ganze Prozente Dividenden ausgeschüttet werden. Der Gewinn des Vorjahres betrug 60.

### Schlussbilanz nach Gewinnverbuchung
(in Fr. 1000.–)

| Aktiven | | Passiven | |
|---|---:|---|---:|
| **Umlaufvermögen** | | **Fremdkapital** | |
| Flüssige Mittel | 70 | Kreditoren | 170 |
| Debitoren | 120 | Hypotheken | 100 |
| Vorräte | 230 | | |
| **Anlagevermögen** | | **Eigenkapital** | |
| Mobilien | 80 | Aktienkapital | 300 |
| Immobilien | 200 | Gesetzliche Gewinnreserve | 66 |
| | | Gewinnvortrag | 64 |
| | 700 | | 700 |

b) Kritisieren Sie diese Gewinnverwendung aus betriebswirtschaftlicher Sicht.

---

[1] **OR 672**

¹ 5 Prozent des Jahresgewinns sind der gesetzlichen Reserve aus Gewinnen (gesetzliche Gewinnreserve) zuzuweisen. Liegt ein Verlustvortrag vor, so ist dieser vor der Zuweisung an die Reserve zu decken.
² Die gesetzliche Gewinnreserve ist zu äufnen, bis sie 50 Prozent des im Handelsregister eingetragenen Aktienkapitals erreicht. Bei Gesellschaften, deren Zweck hauptsächlich in der Beteiligung an anderen Unternehmen besteht (Holdinggesellschaften), ist die gesetzliche Gewinnreserve zu äufnen, bis sie 20 Prozent des eingetragenen Aktienkapitals erreicht.
³ Für die Verwendung der gesetzlichen Gewinnreserve gilt Artikel 671 Absatz 2.
⁴ Die Dividende darf erst festgesetzt werden, nachdem die Zuweisung an die gesetzliche Gewinnreserve erfolgt ist.

**46.11** Führen Sie die Gewinnverteilung gemäss Obligationenrecht durch. Aus dem Reingewinn ist zuerst der Verlustvortrag zu beseitigen. Der Prozentsatz für die erste Zuweisung an die gesetzliche Gewinnreserve bezieht sich auf den nach der Deckung des Verlustvortrages verbleibenden Teil des Reingewinnes. Im Übrigen sind so viele ganze Prozente Dividenden wie möglich zuzuweisen. Alle Ergebnisse sind auf ganze Kurzzahlen zu runden.

**Schlussbilanz vor Gewinnverbuchung**

| Aktiven | | Passiven | |
|---|---|---|---|
| Flüssige Mittel | 40 | Kreditoren | 100 |
| Debitoren | 120 | Hypotheken | 100 |
| Vorräte | 220 | Aktienkapital | 400 |
| Anlagevermögen | 300 | Gesetzliche Gewinnreserve | 40 |
| Verlustvortrag | 20 | Reingewinn | 60 |
| | 700 | | 700 |

a) Vervollständigen Sie den Gewinnverwendungsplan.

**Gewinnverwendungsplan**

|   | Verlustvortrag aus Vorjahren | – 20 |
|---|---|---|
| + | Reingewinn | |
| = | Gesamthaft zu verteilen | |
| ./. | Reservezuweisung 5% von | |
| ./. | | |
| = | Gewinnvortrag auf nächste Periode | |

b) Verbuchen Sie die Gewinnverwendung im Journal. Die Dividendenausschüttung und die Überweisung der Verrechnungssteuer über die Bank sind auch zu berücksichtigen.

**Journal**

| | Text | Buchung | | Betrag |
|---|---|---|---|---|
| | | Soll | Haben | |
| 1. | Reservenzuweisung | | | |
| 2. | Dividendenzuweisung | | | |
| 3. | Auszahlung der Nettodividende durch Bankvergütung 65% | | | |
| 4. | Gutschrift der Verrechnungssteuer 35% | | | |
| 5. | Banküberweisung der VSt an die eidg. Steuerverwaltung | | | |

**46.12**

a) Beantworten Sie folgende Fragen zur provisorischen Probebilanz (in Kurzzahlen):
   1. Welche Buchungen haben zum Betrag von 610 im Soll der liquiden Mittel geführt?
   2. Was bedeutet der Betrag von 50 im Soll des Warenvorrats?
   3. Welche Geschäftsfälle haben zum Betrag von 50 im Soll des Verkaufserlöses geführt?
   4. Welche Geschäftsfälle haben zum Betrag von 10 im Haben des Warenaufwandes geführt?
   5. Was bedeutet die Solleintragung von 10 beim langfristigen Fremdkapital?
   6. Welche Buchungen haben zu den Soll- und Habeneintragungen von je 1 bei den transitorischen Aktiven geführt?
   7. Warum gibt das Total im Soll gleich viel wie im Haben?

b) Nennen Sie die Buchungssätze für folgende Nachtragsbuchungen, und erstellen Sie die definitive Probebilanz.
   1. Das Delkredere ist auf 2 zu erhöhen.
   2. Das Mobiliar ist um 4 abzuschreiben.
   3. Der Warenvorrat beträgt Ende Jahr laut Inventar 55.
   4. Im Personalaufwand ist auch ein Lohnvorschuss für das nächste Geschäftsjahr von 2 enthalten.
   5. Die aufgelaufenen Schuldzinsen betragen 1.

c) Weisen Sie den Erfolg in Bilanz- und Erfolgsrechnung doppelt nach.

d) Nennen Sie die Buchungen für folgende Gewinnverwendung.
   1. Freiwillige Reservenbildung 10.
   2. So viele ganze Prozente Dividende wie möglich.
   3. Weshalb handelt es sich hier um eine freiwillige Reservebildung?

| Konten |
| --- |
| Liquide Mittel |
| Debitoren |
| Delkredere |
| Transitorische Aktiven |
| Warenvorrat |
| Mobiliar |
| Liegenschaften |
| Kurzfristiges Fremdkapital |
| Langfristiges Fremdkapital |
| Aktienkapital |
| Gesetzliche Gewinnreserve |
| Freiwillige Gewinnreserven |
| Gewinnvortrag |
| Warenaufwand |
| Personalaufwand |
| Übriger Aufwand |
| Verkaufserlös |
|  |
|  |
|  |
|  |
|  |
|  |
|  |
|  |
|  |

| Provisorische Probebilanz | | Definitive Probebilanz | |
|---|---|---|---|
| Soll | Haben | Soll | Haben |
| 610 | | 590 | |
| 540 | | 530 | |
| | | | 1 |
| | 1 | 1 | |
| 50 | | | |
| 20 | | | 2 |
| 60 | | | |
| 410 | | 440 | |
| 10 | | 30 | |
| | | 50 | |
| | | 25 | |
| | | 10 | |
| | | | 2 |
| 300 | | 10 | |
| 80 | | | |
| 30 | | | |
| 50 | | 470 | |
| 2161 | | 2161 | |

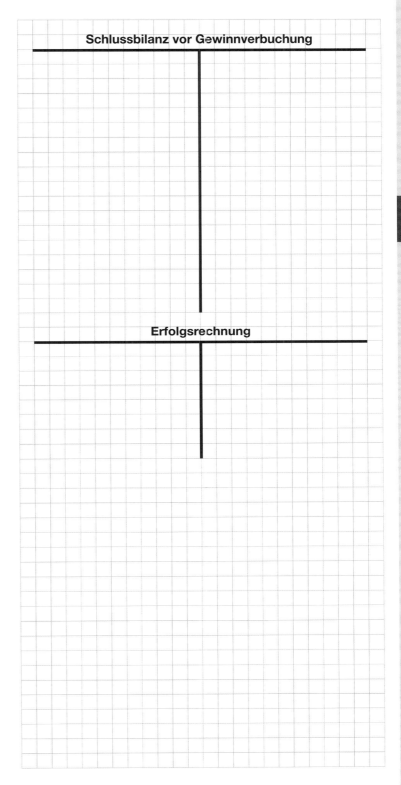

# 47 Abschluss bei der Gesellschaft mit beschränkter Haftung

**47.1** Von der Lirk GmbH liegt die Schlussbilanz per 31.12. 20_1 vor:

**Schlussbilanz vor Gewinnverbuchung per 31. 12. 20_1**

| Aktiven | | | Passiven | | |
|---|---|---|---|---|---|
| **Umlaufvermögen** | | | **Fremdkapital** | | |
| Flüssige Mittel | 30 | | Lieferantenkreditoren | 110 | |
| Debitoren | 60 | | Hypothek | 350 | 460 |
| Vorräte | 90 | 180 | | | |
| **Anlagevermögen** | | | **Eigenkapital** | | |
| Mobilien | 50 | | Stammkapital | 500 | |
| Maschinen | 110 | | Gesetzl. Gewinnreserve | 15 | |
| Immobilien | 660 | 820 | Gewinnvortrag | 5 | |
| | | | **Gewinn** | ? | 540 |
| | | 1 000 | | | 1 000 |

a) Bei welcher Bilanzposition unterscheidet sich die GmbH von der Aktiengesellschaft?

b) Nennen Sie den Buchungssatz für die Gewinnverbuchung Ende 20_1, und vervollständigen Sie die Schlussbilanz nach Gewinnverbuchung per 31. Dezember 20_1.

Buchungssatz _____

**Schlussbilanz nach Gewinnverbuchung per 31. 12. 20_1**

| Aktiven | | | Passiven | | |
|---|---|---|---|---|---|
| **Umlaufvermögen** | | | **Fremdkapital** | | |
| Flüssige Mittel | 30 | | Lieferantenkreditoren | 110 | |
| Debitoren | 60 | | Hypothek | 350 | 460 |
| Vorräte | 90 | 180 | | | |
| **Anlagevermögen** | | | **Eigenkapital** | | |
| Mobilien | 50 | | | | |
| Maschinen | 110 | | | | |
| Immobilien | 660 | 820 | | | |
| | | 1 000 | | | 1 000 |

Die Gesellschafterversammlung findet alljährlich innerhalb von sechs Monaten nach Abschluss des Geschäftsjahres statt. Zu den Befugnissen der Gesellschafterversammlung gehören gemäss OR die Genehmigung von Bilanz und Erfolgsrechnung sowie die Beschlussfassung über die **Verwendung des Gewinnes.**

Die Gesellschafterversammlung vom 10. April 20_2 beschliesst:

> die gesetzlich vorgeschriebene Reservenzuweisung vorzunehmen
> so viele ganze Prozente Dividende wie möglich auszuschütten
> den Rest als Gewinnvortrag auf die neue Rechnung vorzutragen

c) Erstellen Sie den Gewinnverwendungsplan.

**Gewinnverwendungsplan**

|   |   |
|---|---|
| Gewinnvortrag vor Gewinnverwendung | |
| ./. Zuweisung an die gesetzliche Gewinnreserve | |
| ./. Dividende | |
| = Gewinnvortrag nach Gewinnverwendung | |

d) Verbuchen Sie die Gewinnverwendung.

**Ausschnitt aus Journal und Hauptbuch**

| Datum | Geschäftsfall | Buchungssatz | Kreditor VSt Soll | Haben | Dividenden Soll | Haben | Ges. Gewinnres. Soll | Haben | Gewinnvortrag Soll | Haben |
|---|---|---|---|---|---|---|---|---|---|---|
| 01.01.20_2 | Eröffnungsbilanz | Diverse Buchungssätze | | | | | | | | |
| 10.04.20_2 | Reserven-zuweisung | | | | | | | | | |
| 10.04.20_2 | Dividenden-zuweisung | | | | | | | | | |
| 13.04.20_2 | Gutschrift der VSt | | | | | | | | | |
| 13.04.20_2 | Auszahlung der Nettodividende | | | | | | | | | |
| 12.05.20_2 | Überweisung der VSt an die eidg. Steuerverwaltung | | | | | | | | | |
| 12.05.20_2 | Kontensalden nach Gewinn-verwendung | Keine Buchungen, nur provisorische Saldenermittlung | | | | | | | | |

**47.2** An der Pilatus GmbH sind die beiden Gesellschafter K. Ott (Anteil am Stammkapital 60%) und H. Camenzind (Anteil am Stammkapital 40%) beteiligt.

### Eröffnungsbilanz per 01. 01. 20_2

Aktiven | | | | Passiven

| Umlaufvermögen | | | Fremdkapital | | |
|---|---|---|---|---|---|
| Flüssige Mittel | 20 | | Lieferantenkreditoren | 515 | |
| Debitoren | 165 | | Kontokorrent Ott | 35 | |
| Kontokorrent Camenzind | 15 | | Hypothek | 900 | 1 450 |
| Vorräte | 500 | 700 | | | |
| **Anlagevermögen** | | | **Eigenkapital** | | |
| Mobilien | 190 | | Stammkapital | 1 000 | |
| Maschinen | 460 | | Gesetzl. Gewinnreserve | 441 | |
| Immobilien | 1 650 | 2 300 | Gewinnvortrag ❶ | 109 | 1 550 |
| | | 3 000 | | | 3 000 |

a) Als Kurzzahl beträgt das Stammkapital in dieser Aufgabe 1000. Wie viel Franken könnte das Stammkapital in Wirklichkeit betragen?

An der Gesellschafterversammlung vom 20. März 20_2 beschliessen die beiden Gesellschafter, so wenig Reserven wie gesetzlich vorgeschrieben und so viele ganze Prozente Dividenden wie möglich auszuschütten. Auf ganze Kurzzahlen genau rechnen.

b) Erstellen Sie den Gewinnverwendungsplan. ❷

**Gewinnverwendungsplan**

Gewinnvortrag vor Gewinnverwendung   ........

./. Reservenzuweisung   ........

./. Dividende   ........

= Gewinnvortrag nach Gewinnverwendung   ........

❶ Der Gewinnvortrag enthält den Gewinn des Geschäftsjahres 20_1 von 108 sowie einen Gewinnrest aus früheren Jahren von 1.

❷ Gemäss OR 805 sind bei der GmbH bezüglich Reservenbildung die gleichen Bestimmungen wie bei Aktiengesellschaften anzuwenden. Die neuen aktienrechtlichen Vorschriften von OR 672 finden Sie weiter vorne im Buch unter Aufgabe 46.10.

c) Wie lauten die Buchungssätze für die Reservenzuweisung und die Dividendenausschüttung? Die Nettodividenden werden nicht ausbezahlt, sondern den beiden Gesellschaftern auf ihren Kontokorrenten gutgeschrieben.

**Journal**

| Datum | Text | Buchung | | Betrag |
| --- | --- | --- | --- | --- |
| | | Soll | Haben | |
| 20.03.20_2 | Reservenzuweisung | | | |
| 20.03.20_2 | Dividendenzuweisung | | | |
| 21.03.20_2 | Gutschrift der Verrechnungssteuer | | | |
| 21.03.20_2 | Gutschrift Nettodividende K. Ott | | | |
| 21.03.20_2 | Gutschrift Nettodividende H. Camenzind | | | |
| 15.04.20_2 | Überweisung der VSt an die eidg. Steuerverwaltung | | | |

d) Wie hoch ist der Saldo des Kontokorrentkontos H. Camenzind nach der Dividendengutschrift, und was stellt dieser Posten für die GmbH rechtlich dar? (Es ist davon auszugehen, dass seit der Eröffnung keine weiteren Buchungen auf dem Kontokorrentkonto erfolgten.)

e) Weshalb ist es in der Situation der Pilatus GmbH zweckmässig, die Dividenden nicht auszuzahlen, sondern den Kontokorrentkonten der Gesellschafter gutzuschreiben? (Bei dieser Beurteilung ist davon auszugehen, dass die Bilanz am 21. März 20_2 in den Grössenordnungen ähnlich aussieht wie am 1. Januar 20_2.)

f) Wie verbucht H. Camenzind die Dividendengutschrift vom 21. März 20_2?

| Soll | Haben | Betrag |
| --- | --- | --- |
| | | |

# 48 Bewertungsvorschriften

**48.1** Beim Jahresabschluss stellt sich die Frage, zu welchem Wert die Aktiven und die Schulden in die Bilanz einzusetzen sind. Diese Tätigkeit der Wertermittlung nennt man Bewerten oder Bewertung.

a) Bei welchen Bilanzpositionen steht der Bilanzwert eindeutig fest?

b) Weshalb steht der Bilanzwert der Maschinen nicht eindeutig fest?

c) Warum steht der Bilanzwert der Debitoren nicht eindeutig fest?

d) Bei welchen Positionen des Fremdkapitals steht der Wert nicht eindeutig fest?

e) Warum müssen nur die Aktiven und die Schulden, nicht aber das Eigenkapital, bewertet werden?

**48.2** Anhand dieser Aufgabe sollen die Auswirkungen unterschiedlicher Bewertung des Warenvorrats auf Vermögen und Erfolg einer Aktiengesellschaft aufgezeigt werden.

Ausgangslage bildet die folgende Bilanz, in der die Warenvorräte zu Einstandspreisen bewertet wurden, was als richtig zu betrachten ist. (Bevor die Vorräte verkauft sind, kann allerdings niemand genau sagen, wie viel sie wirklich wert sind!)

| Aktiven | Schlussbilanz (richtige Bewertung) | | Passiven | |
|---|---|---|---|---|
| **Umlaufvermögen** | | | **Fremdkapital** | |
| Liquide Mittel | 30 | | Kreditoren | 150 |
| Forderungen | 170 | | Hypotheken | 150 |
| Vorräte | 300 | 500 | Übrige Schulden | 100 | 400 |
| **Anlagevermögen** | | | **Eigenkapital** | |
| Mobilien | 50 | | Aktienkapital | 350 |
| Maschinen | 100 | | Reserven❶ | 100 |
| Immobilien | 250 | 400 | Gewinn | 50 | 500 |
| | | 900 | | | 900 |

❶ Gesetzliche und freiwillige Gewinnreserven.

a) Wie lautet die Schlussbilanz, wenn die Vorräte überbewertet werden, d. h. schon zum Verkaufspreis von 400 bilanziert werden, obwohl sie noch nicht verkauft worden sind?

**Schlussbilanz**
Aktiven (Überbewertung) Passiven

| Umlaufvermögen | | Fremdkapital | |
|---|---|---|---|
| Liquide Mittel | | Kreditoren | |
| Forderungen | | Hypotheken | |
| Vorräte | | Übrige Schulden | |
| **Anlagevermögen** | | **Eigenkapital** | |
| Mobilien | | Aktienkapital | |
| Maschinen | | Reserven | |
| Immobilien | | Gewinn | |

b) Wie lautet die Schlussbilanz, wenn die Vorräte unterbewertet werden, d. h. nur zu 90% des Einstandspreises bilanziert werden?

**Schlussbilanz**
Aktiven (Unterbewertung) Passiven

| Umlaufvermögen | | Fremdkapital | |
|---|---|---|---|
| Liquide Mittel | | Kreditoren | |
| Forderungen | | Hypotheken | |
| Vorräte | | Übrige Schulden | |
| **Anlagevermögen** | | **Eigenkapital** | |
| Mobilien | | Aktienkapital | |
| Maschinen | | Reserven | |
| Immobilien | | Gewinn | |

c) Beurteilen Sie die verschiedenen Bewertungen aus der Sicht
- der Unternehmung
- der Gläubiger
- der Aktionäre
- der Steuerbehörden

d) Welche der drei Bewertungsmöglichkeiten würden Sie als Gesetzgeber verbieten?

Lösen Sie die folgenden Aufgaben mithilfe dieser obligationenrechtlichen Bewertungsvorschriften.

## Obligationenrechtliche Bewertungsvorschriften

### Grundsätze

Aktiven und Verbindlichkeiten sind in der Regel einzeln zu bewerten.

Die Bewertung hat **vorsichtig** zu erfolgen, darf aber die zuverlässige Beurteilung der wirtschaftlichen Lage nicht verhindern.

Die **Aktiven** dürfen höchstens zu Anschaffungs- oder Herstellungskosten bewertet werden.
Nutzungs- und altersbedingte sowie anderweitige Wertverluste müssen durch Abschreibungen bzw. Wertberichtigungen berücksichtigt werden.

**Verbindlichkeiten** werden zum Nennwert bilanziert. Die Rückstellungen müssen mindestens so hoch sein wie der erwartete Mittelabfluss.

### Ausgewählte Aktiven

**Aktiven mit Börsenkurs** (zum Beispiel Wertschriften oder Edelmetalle) dürfen zum Kurs am Bilanzstichtag bewertet werden, auch wenn dieser über dem Anschaffungswert liegt.

**Vorräte** dürfen grundsätzlich höchstens zu Anschaffungs- oder Herstellungskosten bewertet werden. Wenn ihr Wert am Bilanzstichtag unter den Nettoveräusserungswert sinkt, so muss dieser tiefere Wert eingesetzt werden.

**Beteiligungen** (in der Regel ab 20% Kapitalanteil) gehören zum Anlagevermögen und dürfen höchstens zu Anschaffungskosten bilanziert werden, auch wenn sie börsenkotiert sind.

**48.3** Vor zehn Jahren kaufte die Montana AG ein Grundstück für Fr. 477 832.– (inkl. Abgaben). Der geschätzte Verkaufswert beträgt heute etwa Fr. 6 000 000.–.

Zu welchem Wert darf das Grundstück im diesjährigen Jahresabschluss der Montana AG höchstens bilanziert werden?

**48.4** Die Alder GmbH betreibt in Trogen einen Veloshop. Auf die Sommersaison kaufte sie zehn Elektro-Bikes «Speedy» zum Einstandspreis von Fr. 3 000.– je Stück ein und verkaufte bis Ende Jahr neun davon für Fr. 4 000.– je Stück; ein Bike ist noch an Lager.

Zu welchem Wert darf die Alder GmbH das an Lager befindliche Velo Ende Jahr höchstens bilanzieren, wenn

a) der Einstandspreis für das Elektro-Bike «Speedy» Ende Jahr Fr. 3 500.– beträgt und der Verkaufspreis im Veloshop auf Fr. 4 800.– angehoben wird?

b) der Einstandspreis für das Elektro-Bike «Speedy» Ende Jahr nur noch Fr. 2 000.– beträgt und der Nettoverkaufspreis realistischerweise auf Fr. 2 800.– zurückgenommen werden muss?

**48.5** Die Ferrum AG kaufte börsenkotierte Obligationen der Schweizerischen Eidgenossenschaft mit einem Nominalwert von Fr. 100 000.– zum Kurs von 98% (des Nominalwerts).

Zu welchem Wert dürfen die Obligationen in der Bilanz der Ferrum GmbH höchstens bilanziert werden, wenn der Börsenkurs Ende Jahr 101% beträgt?

**48.6** Anfang 20_1 kaufte die Hephaistos GmbH eine CNC-Fräsmaschine. Es liegen diese Informationen vor:

▷ Bruttoankaufspreis für die Maschine Fr. 230 000.–
▷ Rabatt des Lieferanten 10%
▷ Bezugskosten (Fracht, Transportversicherung, Verzollung) Fr. 4 000.–
▷ Montagekosten Fr. 9 000.–
▷ Erwartete Nutzungsdauer 5 Jahre
▷ Geschätzter Restwert am Ende der Nutzungsdauer Fr. 20 000.–
▷ Lineare, indirekte Abschreibung

Ende 20_2 stellen sich folgende Fragen:
a) Zu welchem Wert darf die Maschine höchstens bewertet werden?
b) Wie wird der Wert der Maschine in der Bilanz dargestellt?
c) Wie lautet der Buchungssatz für die Abschreibung?

**48.7** Die Lumen AG stellt seit einiger Zeit neuartige Fernseh-Bildschirme her, die ein wesentlich helleres Bild als die bisherigen aufweisen. Im November 20_3 klagt die Vision AG gegen Lumen AG, weil diese bei der Herstellung der Bildschirme ein Patent der Vision AG verletzt habe. Die Schadenersatzforderung lautet auf 20 Millionen Franken.

a) Wie ist dieser Sachverhalt im Jahresabschluss 20_3 der Lumen AG zu berücksichtigen, wenn ein juristisches und technisches Gutachten im Auftrage der Lumen AG die Klage als teilweise berechtigt beurteilt und realistischerweise mit einer Schadenersatzzahlung von einem Viertel der Klagesumme zu rechnen ist?

b) Dürfte der Betrag nach Obligationenrecht auch tiefer oder höher als der erwartete Mittelabfluss angesetzt werden?

**48.8** Die Augusta AG kaufte vor ein paar Jahren Aktien der börsenkotierten LogiScience AG im Umfang von 25% des Aktienkapitals. Der Kaufkurs betrug Fr. 400.–/Aktie.

Zu welchem Kurs dürfen die Aktien in der Bilanz der Augusta AG höchstens bewertet werden, wenn am Bilanzstichtag für die LogiScience AG folgende Schlusskurse vorliegen:

a) Fr. 500.–
b) Fr. 350.–

**48.9** Für den Abschluss der Nightingale SA per Ende 20_5 liegen diese Informationen vor; die Beträge sind Kurzzahlen:
- Die Verbindlichkeiten aus Lieferungen und Leistungen (Kreditoren) bestehen aus CHF 70 und EUR 200.
- Die Forderungen aus Lieferungen und Leistungen (Debitoren) setzen sich aus CHF 140 und EUR 100 zusammen.
- Die freiwilligen Gewinnreserven betragen CHF 90.
- Der Einstandswert des Warenvorrats beträgt CHF 210, der erwartete Nettoveräusserungswert CHF 290.
- Das Aktienkapital beträgt CHF 500.
- Der Kassabestand besteht aus CHF 21 und EUR 50. Die Euros wurden vor zwei Monaten von der Bank zum Kurs CHF 1.10/EUR gekauft.
- Die Sachanlagen wurden Anfang 20_1 in Betrieb genommen. Der Anschaffungswert betrug CHF 800. Die Abschreibung erfolgt indirekt linear über eine Nutzungsdauer von zehn Jahren auf einen geschätzten Restwert am Ende der Nutzungsdauer von CHF 60.
- Das Bank-Kontokorrent weist einen Saldo von CHF 180 zugunsten der Nightingale SA auf.
- Die gesetzliche Gewinnreserve ist CHF 110.
- Die Rückstellungen lassen sich einigermassen genau auf CHF 37 beziffern. Sofern nach Obligationenrecht möglich, sollen sie mit CHF 50 bilanziert werden.
- Aus dem Vorjahr besteht ein Gewinnvortrag von CHF 30.

**Noten- und Devisenkurse für den EURO per 31. 12. 20_5**

| Noten | | Devisen | |
|---|---|---|---|
| Kauf 1.18 | Verkauf 1.24 | Kauf 1.20 | Verkauf 1.22 |

Wie lautet die Schlussbilanz vor Gewinnverbuchung unter Berücksichtigung der obligationenrechtlichen Bewertungsgrenzen?

**Schlussbilanz vor Gewinnverbuchung per 31. 12. 20_5**

Aktiven — Passiven

**Umlaufvermögen**

# 49 Stille Reserven

**49.1** Die unterschiedlichen Informationsbedürfnisse von Geschäftsleitung und Öffentlichkeit haben dazu geführt, dass in der Praxis interne und externe Abschlussrechnungen geführt werden:

**Bilanzen und Erfolgsrechnungen**

**externe**

Externe Rechnungen sind zur Information von Dritten (z.B. Gläubigern, Aktionären, Öffentlichkeit) bestimmt und unterliegen den obligationenrechtlichen Bewertungsvorschriften. Sie zeigen daher in der Regel eine schlechtere Vermögens- und Ertragslage, als es der Wirklichkeit entspricht.

**interne**

Interne Rechnungen sind als Entscheidungsgrundlage sowie als Kontrollinstrument für die Unternehmungsleitung bestimmt. Sie sind deshalb möglichst genau und geben die wirklichen Werte wieder (soweit das überhaupt möglich ist).

a) Warum sind neben den externen Abschlussrechnungen noch eine interne Bilanz und eine interne Erfolgsrechnung nötig?

b) In der abgebildeten externen Schlussbilanz ist das Anlagevermögen infolge zu hoher Abschreibungen in der Vergangenheit um 20 zu tief bewertet.

Erstellen Sie die interne Schlussbilanz.

**Externe Schlussbilanz 31.12. 20_1**

| Aktiven | | Passiven | |
|---|---|---|---|
| Liquide Mittel | 10 | Fremdkapital | 40 |
| Forderungen | 30 | Aktienkapital | 60 |
| Vorräte | 40 | Offene Reserven | 30 |
| Anlagevermögen | 50 | | |
| | 130 | | 130 |

**Interne Schlussbilanz 31.12. 20_1**

| Aktiven | | Passiven | |
|---|---|---|---|
| Liquide Mittel | | Fremdkapital | |
| Forderungen | | Aktienkapital | |
| Vorräte | | Offene Reserven | |
| Anlagevermögen | | | |

c) Warum handelt es sich bei den stillen Reserven um Eigenkapital?

d) Welcher Hauptunterschied besteht zwischen offenen und stillen Reserven?

**49.2** Von einer Unternehmung sind folgende stille Reserven bekannt:

| | |
|---|---|
| Warenvorräte | 40 |
| Anlagevermögen | 50 |
| Fremdkapital | 10 |
| Total stille Reserven | 100 |

Bereinigen Sie die externe Schlussbilanz dieser Unternehmung. (Bereinigen heisst, eine externe Rechnung unter Berücksichtigung der stillen Reserven in eine interne verwandeln.)

### Aktiven

| Konto | externe Werte | Bereinigung | interne Werte |
|---|---|---|---|
| Flüssige Mittel | 20 | | |
| Forderungen | 40 | | |
| Warenvorräte | 80 | | |
| Anlagevermögen | 60 | | |
| | 200 | | |

### Passiven

| Konto | externe Werte | Bereinigung | interne Werte |
|---|---|---|---|
| Fremdkapital | 70 | | |
| Aktienkapital | 80 | | |
| Offene Reserven | 50 | | |
| Stille Reserven | – | | |
| | 200 | | |

**49.3** *Externe Schlussbilanz:* Post 20, Vorräte 50, Kreditoren 50, Mobilien 20, Immobilien 200, übriges Fremdkapital 200, Kasse 10, Aktienkapital 100, Wertschriften 20, offene Reserven 50, Debitoren 40, Maschinen 40

*Bestände an stillen Reserven:* Wertschriften 10, Kreditoren 5, Debitoren 5, Vorräte 25, Mobilien 10, übriges Fremdkapital 10, Maschinen 20, Immobilien 100

Erstellen Sie eine gut gegliederte interne Schlussbilanz.

**49.4** Von einem neu gegründeten Handelsbetrieb liegen am Jahresende folgende internen (effektiven) Zahlen vor:

Kreditoren 40, Abschreibungen 30, Warenvorrat 60, Aktienkapital 150, (Passiv-)Darlehen 35, Personalaufwand 120, Debitoren 50, Anlagevermögen 170, Liquide Mittel 10, Warenaufwand 350, Warenertrag 600, Übriger Aufwand 35, Reingewinn ?

a) Wie lautet die interne (effektive) Schlussbilanz *vor* Gewinnverbuchung?

Aufgrund der internen Schlussbilanz vor Gewinnverbuchung beschliesst die Geschäftsleitung folgende Korrekturen.
– Auf dem Anlagevermögen ist eine zusätzliche Abschreibung von 10 vorzunehmen.
– Der Warenvorrat wird auf 45 herabgesetzt.

b) Wie lauten die Buchungssätze für die beiden Nachträge?

c) Warum hat die Geschäftsleitung diese Massnahmen ergriffen?

d) Erstellen Sie die externe Schlussbilanz vor Gewinnverbuchung nach Berücksichtigung der beiden Nachträge.

e) Wie lautet die externe Schlussbilanz nach Gewinnverbuchung?

**49.5** Von einem Handelsbetrieb liegen per Ende 20_5 diese Informationen zur internen Schlussbilanz nach Gewinnverbuchung vor:

Flüssige Mittel 30, Anlagevermögen 235, Kreditoren 70, Debitoren 110, Hypotheken 90, Aktienkapital 100, Gesetzliche Gewinnreserve 20, Wertberichtigung Anlagevermögen 60, Gewinnvortrag 25, Freiwillige Gewinnreserven 15, Rückstellungen 10, Stille Reserven 60, Warenvorrat 75.

Der Geschäftsleitung sind diese Bestände an stillen Reserven bekannt: Anlagevermögen 30, Warenvorrat 25, Rückstellungen 5

Erstellen Sie die externe Schlussbilanz nach Gewinnverbuchung.

**49.6** Stille Reserven entstehen durch Unterbewertung von Aktiven oder Überbewertung von Schulden in der externen Bilanz.

a) Erklären Sie allgemein, wie bei den aufgeführten Aktiven und Schulden stille Reserven gebildet werden können, und geben Sie jeweils den Buchungssatz für die Bildung von stillen Reserven an.

**Aktiven**

| Konto | Allgemeine Erklärung | Buchungssatz |
|---|---|---|
| Mobiliar, Maschinen, Fahrzeuge | | |
| Warenvorräte | | |
| Debitoren in Schweizer Franken | | |
| Guthaben in fremder Währung | | |

**Fremdkapital**

| | | |
|---|---|---|
| Kreditoren und andere Schulden in fremder Währung | | |
| Rückstellungen für Garantiearbeiten | | |

b) Welche Regeln für die Verbuchung von stillen Reserven lassen sich aus diesen Fällen ableiten?

c) Welchen Einfluss hat die Bildung von stillen Reserven auf den extern ausgewiesenen Gewinn?

**49.7** Eine Maschine kostet beim Hersteller Fr. 220 000.–. Der Transport zum Käufer kommt auf Fr. 5 000.– zu stehen, und für die Montage sind noch Fr. 15 000.– auszulegen.

a) Wie hoch ist der Anschaffungswert der Maschine?

b) Wie hoch ist der jährliche Abschreibungsbetrag, wenn die Maschine in den externen Rechnungen in sechs Jahren linear auf null abgeschrieben wird?

c) Tragen Sie in den drei Konten die Zahlen ein, wie sie sich **im vierten Jahr** ergeben, und ergänzen Sie die Angaben mit einem Text.

| Datum | Text | Maschine | | Wertberichtigung Maschine | | Abschreibung | |
|---|---|---|---|---|---|---|---|
| | | Soll | Haben | Soll | Haben | Soll | Haben |
| 1. 1. 20_4 | | | | | | | |
| 31. 12. 20_4 | | | | | | | |
| 31. 12. 20_4 | | | | | | | |

d) Wie gross ist Ende des vierten Jahres die stille Reserve, wenn intern mit einer Nutzungsdauer von zehn Jahren gerechnet wird?

e) Wie hoch ist der interne Gewinn im neunten Jahr, wenn der externe Fr. 100 000.– beträgt?

**49.8** Von einer im Jahre 20_1 neu gegründeten Unternehmung liegen Ende Jahr folgende externen Abschlusszahlen vor (Kurzzahlen):

**Externe Schlussbilanz vom 31. 12. 20_1**

| Aktiven | | Passiven | |
|---|---|---|---|
| Liquide Mittel | 10 | Kurzfristiges Fremdkapital | 50 |
| Forderungen | 40 | Langfristiges Fremdkapital | 40 |
| Warenvorräte | 50 | Aktienkapital | 80 |
| Anlagevermögen | 90 | Gewinn | 20 |
| | 190 | | 190 |

**Externe Erfolgsrechnung 20_1**

| Aufwand | | Ertrag | |
|---|---|---|---|
| Warenaufwand | 300 | Warenertrag | 500 |
| Personalaufwand | 100 | | |
| Abschreibungen | 20 | | |
| Übriger Aufwand | 60 | | |
| Gewinn | 20 | | |
| | 500 | | 500 |

Im ersten Geschäftsjahr wurde auf dem Anlagevermögen eine stille Reserve von 10 gebildet.

a) Nennen Sie den Buchungssatz für die Bildung dieser stillen Reserve.

b) Erstellen Sie auf dem nebenstehenden Lösungsblatt die internen Abschlussrechnungen.

**Lösungsblatt zu Aufgabe 49.8 b)**

### Interne Schlussbilanz vom 31. 12. 20_1

| Aktiven | | Passiven | |
|---|---|---|---|
| Liquide Mittel | _____ | Kurzfristiges Fremdkapital | _____ |
| Forderungen | _____ | Langfristiges Fremdkapital | _____ |
| Warenvorräte | _____ | Aktienkapital | _____ |
| Anlagevermögen | _____ | Gewinn | _____ |

### Interne Erfolgsrechnung 20_1

| Aufwand | | Ertrag | |
|---|---|---|---|
| Warenaufwand | _____ | Warenertrag | _____ |
| Personalaufwand | _____ | | |
| Abschreibungen | _____ | | |
| Übriger Aufwand | _____ | | |
| Gewinn | _____ | | |

**49.9** Von der dieses Jahr gegründeten Kollektivgesellschaft Meier und Müller sind folgende Zahlen bekannt:

*Interne Schlussbilanz und Erfolgsrechnung:* Liquide Mittel 20, Warenertrag 1000, kurzfristiges Fremdkapital 35, Forderungen 30, Warenaufwand 600, Reingewinn 35, Kapital Müller 50, Kapital Meier 30, Maschinen 60, Personalaufwand 200, Vorräte 40, langfristiges Fremdkapital 25, Übriger Aufwand 140, Mobilien 25, Abschreibungen 25.

*Stille Reserven:* Zur Stärkung der Eigenkapitalbasis sowie zur Verminderung der Steuerabgaben beschliessen die Teilhaber, das Mobiliar um 5 und die Maschinen um 10 zusätzlich abzuschreiben.

Erstellen Sie eine gut gegliederte externe Schlussbilanz sowie die externe Erfolgsrechnung.

**49.10** Von einer im Jahre 20_4 neu gegründeten Unternehmung liegen Ende Jahr folgende internen Abschlusszahlen vor (Kurzzahlen):

**Interne Schlussbilanz vom 31. 12. 20_4**

| Aktiven | | Passiven | |
|---|---|---|---|
| Liquide Mittel | 30 | Kurzfristiges Fremdkapital | 100 |
| Forderungen | 130 | Langfristiges Fremdkapital | 145 |
| Warenvorräte | 175 | Aktienkapital | 250 |
| Anlagevermögen | 250 | Gewinn | 90 |
| | 585 | | 585 |

**Interne Erfolgsrechnung 20_4**

| Aufwand | | Ertrag | |
|---|---|---|---|
| Warenaufwand | 875 | Warenertrag | 1500 |
| Personalaufwand | 370 | | |
| Abschreibungen | 20 | | |
| Übriger Aufwand | 145 | | |
| Gewinn | 90 | | |
| | 1500 | | 1500 |

Die Geschäftsleitung beschliesst, im ersten Geschäftsjahr folgende stille Reserven zu bilden:

- Anlagevermögen 10
- Warenvorrat 25
- Langfristige Rückstellungen 5*
- 40

a) Nennen Sie die Buchungssätze für die Bildung dieser stillen Reserven.

b) Erstellen Sie auf dem nebenstehenden Lösungsblatt die externen Abschlussrechnungen.

---

* Die Bildung der Rückstellungen erfolgt über den übrigen Aufwand.

**Lösungsblatt zu Aufgabe 49.10**

### Externe Schlussbilanz vom 31. 12. 20_4

| Aktiven | | Passiven | |
|---|---|---|---|
| Liquide Mittel | | Kurzfristiges Fremdkapital | |
| Forderungen | | Langfristiges Fremdkapital | |
| Warenvorräte | | Aktienkapital | |
| Anlagevermögen | | Gewinn | |

### Externe Erfolgsrechnung 20_4

| Aufwand | | Ertrag | |
|---|---|---|---|
| Warenaufwand | | Warenertrag | |
| Personalaufwand | | | |
| Abschreibungen | | | |
| Übriger Aufwand | | | |
| Gewinn | | | |

**49.11** Eine Unternehmung weist in der externen Erfolgsrechnung für das Jahr 20_8 einen Bruttogewinn von Fr. 100 000.– aus.

Berechnen Sie den tatsächlichen Bruttogewinn für die drei Varianten a) bis c).

a) Bei der Bewertung des Warenvorrates wurden Fr. 20 000.– an stillen Reserven aus der Vorperiode übernommen.

b) Bei der Bewertung des Warenvorrates wurden Fr. 20 000.– stille Reserven gebildet.

c) Bei der Bewertung des Warenvorrates wurden Fr. 20 000.– stille Reserven aufgelöst.

**49.12** Vervollständigen Sie die Tabelle über das Eigenkapital und den Gewinn einer Einzelunternehmung. Die Aufgaben a), b), c) usw. stellen aufeinander folgende Jahre dar.

| | Eigenkapital gemäss Eröffnungsbilanz | | | Reinerfolg gemäss Erfolgsrechnung* | | | Eigenkapital gemäss Schlussbilanz | | |
|---|---|---|---|---|---|---|---|---|---|
| | Externer Wert | Anfangsbestand an stillen Reserven | Interner Wert | Externer Gewinn | Veränderung an stillen Reserven | Interner Gewinn | Externer Wert | Schlussbestand an stillen Reserven | Interner Wert |
| a) | 200 | 0 | | 40 | +10 | | | | |
| b) | 240 | 10 | 250 | 40 | 0 | | | | |
| c) | | | | | +20 | 70 | | | |
| d) | | | | 50 | | 80 | | | |
| e) | | | | 30 | | | | 70 | |
| f) | | | | +5 | | | | | 500 |
| g) | | | | | | | | | |
| h) | 450 | | 540 | 20 | −10 | | | | |
| i) | | | | 10 | | | | 60 | |

\* Der Reinerfolg wird Ende Jahr über das Eigenkapital verbucht. Andere Eigenkapitalveränderungen finden nicht statt.

## Aufgaben zur Vertiefung

**49.20** Diese Aufgabe ist die Fortsetzung von Aufgabe 49.8. (Die Schlussbilanz vom 31. 12. 20_1 entspricht der Eröffnungsbilanz vom 1. 1. 20_2.)

**Externe Eröffnungsbilanz vom 1. 1. 20_2**

| Aktiven | | Passiven | |
|---|---:|---|---:|
| Liquide Mittel | 10 | Kurzfristiges Fremdkapital | 50 |
| Forderungen | 40 | Langfristiges Fremdkapital | 40 |
| Warenvorräte | 50 | Aktienkapital | 80 |
| Anlagevermögen | 90 | Gewinnvortrag | 20 |
| | 190 | | 190 |

**Externe Erfolgsrechnung 20_2**

| Aufwand | | Ertrag | |
|---|---:|---|---:|
| Warenaufwand | 380 | Warenertrag | 600 |
| Personalaufwand | 110 | | |
| Abschreibungen | 20 | | |
| Übriger Aufwand | 60 | | |
| Gewinn | 30 | | |
| | 600 | | 600 |

**Externe Schlussbilanz vom 31. 12. 20_2**

| Aktiven | | Passiven | |
|---|---:|---|---:|
| Liquide Mittel | 12 | Kurzfristiges Fremdkapital | 49 |
| Forderungen | 58 | Langfristiges Fremdkapital | 40 |
| Warenvorräte | 60 | Aktienkapital | 80 |
| Anlagevermögen | 70 | Gesetzliche Gewinnreserve | 1 |
| | | Gewinnvortrag | 30 |
| | 200 | | 200 |

Im Geschäftsjahr 20_2 wurde auf dem Anlagevermögen wie im Jahr 20_1 eine stille Reserve von 10 gebildet.

| | |
|---|---:|
| Anfangsbestand an stillen Reserven (im Vorjahr gebildet) | 10 |
| Zuwachs an stillen Reserven (in diesem Jahr gebildet) | 10 |
| Endbestand an stillen Reserven | 20 |

Erstellen Sie auf dem nebenstehenden Lösungsblatt die internen Abschlussrechnungen.

**Lösungsblatt zu Aufgabe 49.20**

### Interne Eröffnungsbilanz vom 1. 1. 20_2

| Aktiven | | Passiven | |
|---|---|---|---|
| Liquide Mittel | | Kurzfristiges Fremdkapital | |
| Forderungen | | Langfristiges Fremdkapital | |
| Warenvorräte | | Aktienkapital | |
| Anlagevermögen | | Gewinnvortrag | 20 |
| | | Stille Reserven | |

### Interne Erfolgsrechnung 20_2

| Aufwand | | Ertrag | |
|---|---|---|---|
| Warenaufwand | | Warenertrag | |
| Personalaufwand | | | |
| Abschreibungen | | | |
| Übriger Aufwand | | | |
| Gewinn | | | |

### Interne Schlussbilanz vom 31. 12. 20_2

| Aktiven | | Passiven | |
|---|---|---|---|
| Liquide Mittel | | Kurzfristiges Fremdkapital | |
| Forderungen | | Langfristiges Fremdkapital | |
| Warenvorräte | | Aktienkapital | |
| Anlagevermögen | | Gesetzliche Gewinnreserve | |
| | | Gewinnvortrag | |
| | | Stille Reserven | |

**49.21** Diese Aufgabe ist die Fortsetzung von Aufgabe 49.20. (Die Schlussbilanz vom 31. 12. 20_2 entspricht der Eröffnungsbilanz vom 1. 1. 20_3.)

**Externe Eröffnungsbilanz vom 1. 1. 20_3**

| Aktiven | | Passiven | |
|---|---|---|---|
| Liquide Mittel | 12 | Kurzfristiges Fremdkapital | 49 |
| Forderungen | 58 | Langfristiges Fremdkapital | 40 |
| Warenvorräte | 60 | Aktienkapital | 80 |
| Anlagevermögen | 70 | Gesetzliche Gewinnreserve | 1 |
| | | Gewinnvortrag | 30 |
| | 200 | | 200 |

**Externe Erfolgsrechnung 20_3**

| Aufwand | | Ertrag | |
|---|---|---|---|
| Warenaufwand | 350 | Warenertrag | 550 |
| Personalaufwand | 115 | | |
| Abschreibungen | 5 | | |
| Übriger Aufwand | 60 | | |
| Gewinn | 20 | | |
| | 550 | | 550 |

**Externe Schlussbilanz vom 31. 12. 20_3**

| Aktiven | | Passiven | |
|---|---|---|---|
| Liquide Mittel | 7 | Kurzfristiges Fremdkapital | 45 |
| Forderungen | 60 | Langfristiges Fremdkapital | 54 |
| Warenvorräte | 70 | Aktienkapital | 80 |
| Anlagevermögen | 65 | Gesetzliche Gewinnreserve | 3 |
| | | Gewinnvortrag | 20 |
| | 202 | | 202 |

Im Geschäftsjahr 20_3 wurden auf dem Anlagevermögen stille Reserven von 5 aufgelöst, d. h., früher gebildete stille Reserven wurden rückgängig gemacht.

| | |
|---|---|
| Anfangsbestand an stillen Reserven (in den Vorjahren gebildet) | 20 |
| Verminderung von stillen Reserven (in diesem Jahr aufgelöst) | 5 |
| Endbestand an stillen Reserven | 15 |

Erstellen Sie auf dem nebenstehenden Lösungsblatt die internen Abschlussrechnungen.

**Lösungsblatt zu Aufgabe 49.21**

### Interne Eröffnungsbilanz vom 1. 1. 20_3

| Aktiven | | Passiven | |
|---|---|---|---|
| Liquide Mittel | ........ | Kurzfristiges Fremdkapital | ........ |
| Forderungen | ........ | Langfristiges Fremdkapital | ........ |
| Warenvorräte | ........ | Aktienkapital | ........ |
| Anlagevermögen | ........ | Gesetzliche Gewinnreserve | ........ |
| | | Gewinnvortrag | ........ |
| | | Stille Reserven | ........ |
| | ____ | | ____ |

### Interne Erfolgsrechnung 20_3

| Aufwand | | Ertrag | |
|---|---|---|---|
| Warenaufwand | ........ | Warenertrag | ........ |
| Personalaufwand | ........ | | |
| Abschreibungen | ........ | | |
| Übriger Aufwand | ........ | | |
| Gewinn | ........ | | |
| | ____ | | ____ |

### Interne Schlussbilanz vom 31. 12. 20_3

| Aktiven | | Passiven | |
|---|---|---|---|
| Liquide Mittel | ........ | Kurzfristiges Fremdkapital | ........ |
| Forderungen | ........ | Langfristiges Fremdkapital | ........ |
| Warenvorräte | ........ | Aktienkapital | ........ |
| Anlagevermögen | ........ | Gesetzliche Gewinnreserve | ........ |
| | | Gewinnvortrag | ........ |
| | | Stille Reserven | ........ |
| | ____ | | ____ |

**49.22** Bereinigen Sie aufgrund der Angaben über die stillen Reserven die auf der nächsten Seite gegebenen externen Rechnungen (Beträge in Fr. 1000.–)

**Angaben über die stillen Reserven**

|  | Anfangsbestand an stillen Reserven | Endbestand an stillen Reserven | Veränderung an stillen Reserven |
|---|---|---|---|
| Warenvorrat | 100 | 120 | +20 |
| Anlagevermögen | 300 | 330 | +30 |
| Fremdkapital (Rückstellungen) | 40 | 50 | +10 * |
|  | 440 | 500 | +60 |

* Die Bildung der Rückstellungen erfolgt über den übrigen Aufwand.

**49.23** Von einer Handelsgesellschaft sind folgende Zahlen bekannt:

|  | gemäss externer Bilanz | gemäss interner Bilanz |
|---|---|---|
| – Warenvorrat | | |
| am Jahresanfang | 60 000.– | 90 000.– |
| am Jahresende | 40 000.– | 60 000.– |

– Einstandswert der eingekauften Waren 400 000.–
– Verkaufswert der verkauften Waren 600 000.–

a) Wie hoch ist der Warenaufwand gemäss externer Erfolgsrechnung?

b) Wie viel stille Reserven wurden gebildet bzw. aufgelöst?

c) Wie hoch ist der Warenaufwand gemäss interner Erfolgsrechnung?

d) Wie hoch ist der Bruttogewinn gemäss externer Erfolgsrechnung?

e) Wie hoch ist der Bruttogewinn gemäss interner Erfolgsrechnung?

**Lösungsblatt zu Aufgabe 49.22**

## Eröffnungsbilanz

| Aktiven | extern (unbereinigt) | Bereinigung | intern (bereinigt) | Passiven | extern (unbereinigt) | Bereinigung | intern (bereinigt) |
|---|---|---|---|---|---|---|---|
| Flüssige Mittel | 50 | | | Fremdkapital | 400 | | |
| Forderungen | 150 | | | Aktienkapital | 200 | | |
| Warenvorrat | 200 | | | Offene Reserven* | 200 | | |
| Anlagevermögen | 400 | | | Stille Reserven | – | | |
| | 800 | | | | 800 | | |

## Erfolgsrechnung

| Aufwand | extern (unbereinigt) | Bereinigung | intern (bereinigt) | Ertrag | extern (unbereinigt) | Bereinigung | intern (bereinigt) |
|---|---|---|---|---|---|---|---|
| Warenaufwand | 1 000 | | | Warenertrag | 2 000 | | |
| Personalaufwand | 500 | | | | | | |
| Abschreibungen | 100 | | | | | | |
| Übriger Aufwand | 350 | | | | | | |
| Reingewinn | 50 | | | | | | |
| | 2 000 | | | | | | |

## Schlussbilanz (nach Gewinnverbuchung)

| Aktiven | extern (unbereinigt) | Bereinigung | intern (bereinigt) | Passiven | extern (unbereinigt) | Bereinigung | intern (bereinigt) |
|---|---|---|---|---|---|---|---|
| Flüssige Mittel | 40 | | | Fremdkapital | 480 | | |
| Forderungen | 160 | | | Aktienkapital | 200 | | |
| Warenvorrat | 240 | | | Offene Reserven* | 220 | | |
| Anlagevermögen | 460 | | | Stille Reserven | – | | |
| | 900 | | | | 900 | | |

* inkl. Gewinnvortrag

**49.24** Der Buchhaltung können über eine Maschine folgende Angaben entnommen werden (Beträge in Fr. 1000.–):

- Anschaffung Ende 20_0 zu 40
- Nutzungsdauer 4 Jahre (von 20_1 bis 20_4)
- In den externen Rechnungen wird degressiv abgeschrieben (Abschreibungssatz: 50% vom Buchwert).
- In den internen Rechnungen wird linear abgeschrieben (Abschreibungssatz: 25% vom Anschaffungswert).

Vervollständigen Sie die Tabelle.

| Jahre | Schlussbilanz | | | Erfolgsrechnung | | | Gewinn | |
|---|---|---|---|---|---|---|---|---|
| | Wert extern | Wert intern | Bestand stille Reserven | Abschr. extern | Abschr. intern | Veränderung stille Reserven | extern | intern |
| 20_0 | 40 | 40 | 0 | – | – | – | – | – |
| 20_1 | | | | | | | | 60 |
| 20_2 | | | | | | | | 60 |
| 20_3 | | | | | | | | 60 |
| 20_4 | 0 | 0 | 0 | | | | | 60 |

**49.25** Von einer Unternehmung sind folgende Angaben zu den stillen Reserven sowie den externen Abschlussrechnungen bekannt (Beträge in Fr. 1000.–):

| **Stille Reserven** | Anfangsbestand an stillen Reserven | Endbestand an stillen Reserven | Veränderung an stillen Reserven |
|---|---|---|---|
| Warenvorrat | 50 | 60 | +10 |
| Mobiliar | 20 | 16 | – 4 |
| Total | 70 | 76 | + 6 |

**Externe Zahlen von Erfolgsrechnung und Schlussbilanz nach Gewinnverbuchung**

Flüssige Mittel 40, Warenertrag 1000, Fremdkapital (inkl. Dividendenschuld) 100, Übriger Betriebsaufwand 170, Debitoren 80, Warenvorrat 100, Personalaufwand 200, Aktienkapital 100, Mobiliar 30, Warenaufwand 600, offene Reserven inkl. Gewinnvortrag 50, Abschreibungen 10, kein Gewinnvortrag.

Erstellen Sie

a) die externe Erfolgsrechnung;

b) die externe Schlussbilanz nach Gewinnverbuchung;

c) die interne Erfolgsrechnung;

d) die interne Schlussbilanz nach Gewinnverbuchung.

**49.26** Im Theorieteil dieses Lehrbuchs steht, die Bildung von stillen Reserven sei gemäss Obligationenrecht erlaubt.

a) Auf welche obligationenrechtlichen Bestimmungen stützt sich diese Aussage ab?
b) Beurteilen Sie die Zweckmässigkeit dieser obligationenrechtlichen Bestimmungen aus der Sicht der Unternehmungsleitung.
c) Welche Gefahr ist mit der Auflösung stiller Reserven zum Beispiel für Kreditgeber und Arbeitnehmer der betreffenden Unternehmung verbunden?

**49.27** Kreuzen Sie die richtigen Aussagen an:

a) ❑ Still nennt man die stillen Reserven deshalb, weil sie in der internen Bilanz nicht sichtbar sind.
b) ❑ In früheren Jahren gebildete, im Anfangsbestand enthaltene stille Reserven wirken sich auf den Erfolg der laufenden Periode nicht aus.
c) ❑ Durch die Bildung von stillen Reserven auf dem Anlagevermögen wird der externe Gewinn der laufenden und der kommenden Periode zu tief ausgewiesen.
d) ❑ Durch die Auflösung von stillen Reserven wird der Erfolg der laufenden Periode in der externen Erfolgsrechnung zu hoch ausgewiesen.
e) ❑ Stille Reserven auf Kundenguthaben können mit dem Buchungssatz «Delkredere an Debitoren» gebildet werden.
f) ❑ Beim Konto Kasse können keine stillen Reserven gebildet werden.
g) ❑ Stille Reserven entstehen durch Überbewertung von Aktiven und/oder durch Unterbewertung von Passiven.
h) ❑ Viele Unternehmungen bewerten die Warenvorräte in externen Bilanzen dauernd um einen Drittel unter dem Einstandswert. Dadurch werden bei Vorratszunahmen automatisch stille Reserven gebildet und bei Vorratsabnahmen stille Reserven aufgelöst.
i) ❑ Da Aktiengesellschaften ihre Liegenschaften höchstens zum Anschaffungswert bilanzieren dürfen, entstehen infolge steigender Bodenpreise stille Reserven, ohne dass dies zu einer Buchung führt.
k) ❑ Der Anhang muss den Gesamtbetrag der aufgelösten stillen Reserven enthalten, sofern dadurch das wirtschaftliche Ergebnis wesentlich günstiger dargestellt wird.

### 49.28 Externe Erfolgsrechnung

| Aufwand | | Ertrag | |
|---|---:|---|---:|
| Materialaufwand | 1 000 | Warenertrag | 2 000 |
| Personalaufwand | 600 | Zunahme Halb- und Fertigfabrikate | 20 |
| Abschreibungen | ? | Beteiligungserfolg | 30 |
| Debitorenverluste | 15 | | |
| Übriger Betriebsaufwand | 285 | | |
| Gewinn | ? | | |
| | 2 050 | | 2 050 |

1. Ermitteln Sie die Höhe der gebildeten oder aufgelösten stillen Reserven der Berichtsperiode.

   a) Das Debitorenkonto weist einen Anfangsbestand von 600 und einen Schlussbestand von 700 auf. Extern werden 10% und intern 5% Delkredere gebildet.

   b) Der Materialvorrat weist einen externen Anfangsbestand von 900 und einen externen Schlussbestand von 600 auf. Der Materialvorrat wird extern generell um einen Drittel unterbewertet.

   c) Die stillen Reserven auf den Halb- und Fertigfabrikaten betrugen am Anfang 40 und am Ende der Periode 50.

   d) Vor den Abschreibungen der Berichtsperiode weist das Konto Maschinen einen Saldo von 500 auf und das Konto Wertberichtigung Maschinen einen solchen von 200. Extern werden 40% vom Buchwert abgeschrieben, intern 20% vom Anschaffungswert.

   e) Auf den Beteiligungen wurde eine Abschreibung von 20 vorgenommen, die betriebswirtschaftlich nicht gerechtfertigt ist.

   f) Auf den Materialkreditoren wurden 10 stille Reserven aufgelöst, da zurzeit keine Fremdwährungsschulden mehr bestehen.

   g) Die Bildung von Rückstellungen von 10 (über den übrigen Betriebsaufwand) ist um 5 zu hoch.

   **Veränderung an stillen Reserven**

2. Erstellen Sie die interne Erfolgsrechnung.

# 5. Teil  Zusätzliche Konten und Kontenplan

## 51  Lohnabrechnung

**51.1** S. Dürr, kaufmännischer Angestellter, verdient im Monat Fr. 6000.– brutto.

a) Verbuchen Sie in der folgenden Darstellung die Arbeitnehmer- und Arbeitgeberbeiträge an die Sozialversicherungen (die Prozentsätze beziehen sich immer auf den Bruttolohn, Beträge auf ganze Fr. runden).

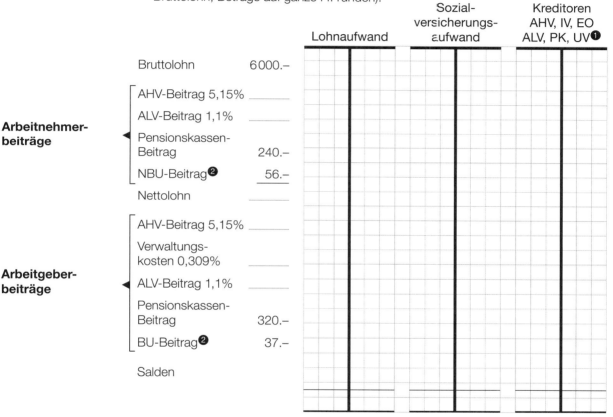

b) Wie gross sind die gesamten Arbeitnehmerbeiträge in Franken und in Prozenten des Bruttolohns?

c) Wie gross sind die gesamten Arbeitgeberbeiträge in Franken und in Prozenten des Bruttolohns?

d) Wie gross sind die gesamten monatlichen Sozialversicherungsbeiträge in Franken und in Prozenten des Bruttolohns?

e) Wie gross ist der monatliche Personalaufwand des Unternehmens für S. Dürr?

❶ AHV = Alters- und Hinterlassenenversicherung  ALV = Arbeitslosenversicherung
   PK  = Pensionskasse                            IV  = Invalidenversicherung
   UV  = Unfallversicherung                       EO  = Erwerbsersatzordnung

❷ NBU = Nichtberufsunfall, BU = Berufsunfall

**51.2** a) Vervollständigen Sie die nachstehende Aufstellung zur Lohnabrechnung der L. Sibau AG für das erste Quartal 20_1.

| Dat. | Text | Buchungssatz | | Betrag | Lohnaufwand | | Sozialversicherungsaufwand | | Kreditoren Sozialvers. | |
|---|---|---|---|---|---|---|---|---|---|---|
| | | Soll | Haben | | Soll | Haben | Soll | Haben | Soll | Haben |
| 28.1. | Gehaltsauszahlung netto durch die Bank | | | 5 400 | | | | | | |
| 28.1. | Arbeitnehmerbeiträge | | | 800 | | | | | | |
| 24.2. | Gehaltsauszahlung netto durch die Bank | | | 7 400 | | | | | | |
| 24.2. | Arbeitnehmerbeiträge | | | 1 100 | | | | | | |
| 25.3. | Gehaltsauszahlung netto durch die Bank | | | 7 400 | | | | | | |
| 25.3. | Arbeitnehmerbeiträge | | | 1 100 | | | | | | |
| 25.3. | Arbeitgeberbeiträge | | | 3 250 | | | | | | |
| 31.3. | Bankzahlung der geschuldeten Sozialversicherungsbeiträge | | | | | | | | | |
| 31.3. | Salden | | | | | | | | | |

b) Welche Versicherungsbeiträge sind in den Arbeitnehmerbeiträgen enthalten?

c) Welche Versicherungsbeiträge sind in den Arbeitgeberbeiträgen enthalten?

**51.3** Wie lauten die Buchungssätze und die Beträge zu den nachstehenden Geschäftsfällen?

| Nr. | Geschäftsfall | Buchungssatz Soll | Buchungssatz Haben | Betrag |
|---|---|---|---|---|
| 1. | Die Nettolöhne werden durch die Bank überwiesen, Fr. 48 562.–. | | | |
| 2. | Die Arbeitnehmerbeiträge für AHV, IV, EO und ALV belaufen sich auf Fr. 3 438.–. | | | |
| 3. | Für die NBU-Prämien werden die Arbeitnehmer mit Fr. 500.– belastet. | | | |
| 4. | Der Pensionskassenbeitrag der Arbeitnehmer beträgt Fr. 2 500.–. | | | |
| 5. | Der Arbeitgeberbeitrag für AHV, IV, EO und ALV, inklusive Verwaltungskostenanteil, wird der Ausgleichskasse gutgeschrieben, Fr. 3 607.–. | | | |
| 6. | Für die berufliche Vorsorge leistet der Arbeitgeber einen Beitrag von Fr. 3 700.–. | | | |
| 7. | Die Prämien für die Berufsunfallversicherung von Fr. 280.– werden der Versicherungsgesellschaft gutgeschrieben. | | | |
| 8. | An die AHV-Ausgleichskasse werden durch die Post Fr. 21 135.– überwiesen. | | | |
| 9. | Die Unfallversicherung schreibt uns zu viel überwiesene Prämien von Fr. 175.– für Berufsunfall gut. | | | |

**51.4** Beim nachstehenden Kontenschema sind die fehlenden Begriffe einzusetzen und die Fälle ② bis ④ zu den Sozialversicherungsbeiträgen in den Konten zu verbuchen.

① Nettolohn-Auszahlung (Als Muster bereits eingetragen.)
② Gutschrift der Sozialversicherungsbeiträge der Arbeitnehmer
③ Gutschrift der Sozialversicherungsbeiträge des Arbeitgebers
④ Überweisung der Sozialversicherungsbeiträge an die Versicherungsanstalt

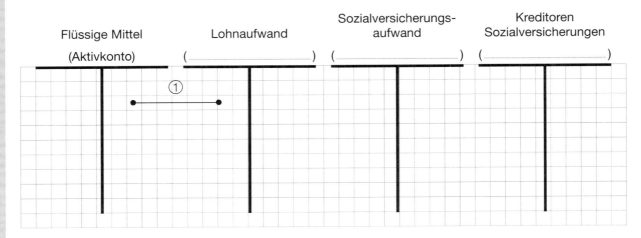

**51.5** Aus der Meissner AG sind für den Juli 20_1 folgende Zahlen bekannt.

| | | | |
|---|---|---|---|
| 23. 7. | Bruttolohn | | Fr. 10 000.– |
| 23. 7. | **Arbeitnehmerbeiträge** | | |
| | AHV, IV, EO | Fr. 515.– | |
| | ALV | Fr. 110.– | |
| | Pensionskassenbeiträge | Fr. 600.– | |
| | NBU-Prämie | Fr. 95.– | Fr. 1 320.– |
| 23. 7. | Nettolohn, Bankauszahlung | | Fr. 8 680.– |
| 23. 7. | **Arbeitgeberbeiträge** | | |
| | AHV, IV, EO | Fr. 515.– | |
| | ALV | Fr. 110.– | |
| | Pensionskassenbeiträge | Fr. 700.– | |
| | BU-Prämien | Fr. 45.– | Fr. 1 370.– |

Die Überweisungen an den Kreditor AHV, IV, EO und ALV erfolgen jeweils quartalsweise. Die Versicherungsprämien für Berufs- und Nichtberufsunfall werden jährlich bezahlt.

a) Zeichnen Sie ein Journal, und tragen Sie alle Buchungen des Monats Juli ein.

b) Der Verwaltungskostenbeitrag an die AHV beträgt 3% der AHV/IV/EO-Beiträge. Wie gross ist er für den Monat Juli?

## Aufgabe zur Vertiefung

**51.10** In der Koch-AG wurden die Saläre für die Monate Januar und Februar gemäss den folgenden Konten bereits verbucht.

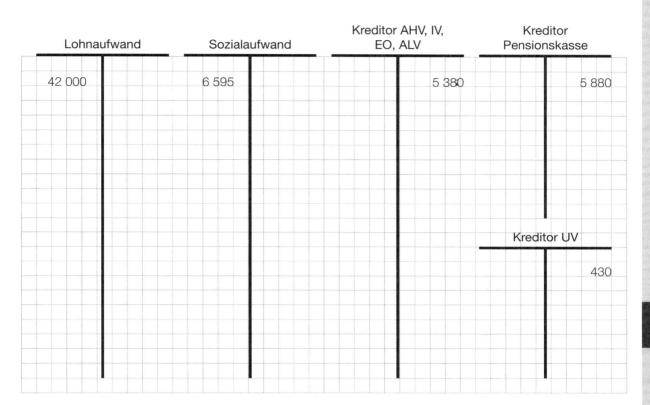

a) Verbuchen Sie die März-Saläre unter Berücksichtigung folgender zusätzlicher Angaben (Beträge auf ganze Fr. runden):
   – Die Bruttolohnsumme ist gegenüber den Vormonaten um Fr. 4 000.– gestiegen.
   – Im März leisten der Arbeitgeber Fr. 2 000.– und der Arbeitnehmer Fr. 1 500.– an die berufliche Vorsorge.
   – Die Unfallversicherungsprämien von Fr. 240.– für den März gehen ganz zulasten des Arbeitgebers.
   – Der Verwaltungskostenbeitrag an die AHV-Ausgleichskasse beträgt im Quartal Fr. 207.–.
   – Ende Quartal werden die Schulden bei den Sozialversicherungs-Instituten durch die Post beglichen.

b) Wie viel Prozente der Bruttosaläre machen die von der Unternehmung aufgebrachten Sozialversicherungsbeiträge in diesem Quartal aus?

c) Wie viel Prozente der Bruttogehälter machen die gesamten Sozialversicherungsbeiträge in diesem Quartal aus?

# 52 Wertschriften (Effekten)

## a) Kauf- und Verkaufsabrechnungen

**52.1** W. Lätsch erteilt der CRÉDIT BANQUE den Auftrag, für ihn an der Schweizer Börse 20 Air Lines Ltd. Namenaktien zu kaufen.

Nachdem die CRÉDIT BANQUE den Auftrag ausgeführt hat, schickt sie dem Auftraggeber die Effekten-Abrechnung:

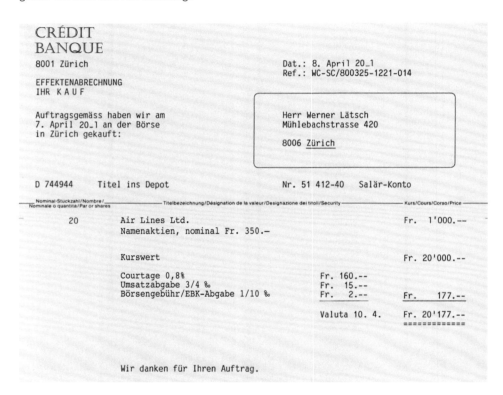

Gleichzeitig erhält die CRÉDIT BANQUE vom selben Kunden den Auftrag, für ihn an der Schweizer Börse 20 Inhaberaktien der Intershop, die sich in seinem Depot befinden, zu verkaufen.

Die CRÉDIT BANQUE führt diesen Auftrag zum Kurs 500.– aus. Erstellen Sie die Effekten-Abrechnung auf der nebenstehenden Seite. Verwenden Sie dieselben Spesensätze wie in der Kaufabrechnung.

## CRÉDIT BANQUE

8001 Zürich

EFFEKTENABRECHNUNG
IHR V E R K A U F

Dat.: 8. April 20_1
Ref.: WC-SC/800300-1221-028

Auftragsgemäss haben wir am
7. April 20_1 an der Börse
in Zürich verkauft:

Herr Werner Lätsch
Mühlebachstrasse 420

8006 Zürich

D 744944       Titel ex Depot              Nr. 51 412-40         Salär-Konto

Nominal-Stückzahl/Nombre/ — Titelbezeichnung/Désignation de la valeur/Designazione dei titoli/Security — Kurs/Cours/Corso/Price
Nominale o quantità/Par or shares

**Spesen (vom Kurswert)**

- Courtage          (Kommission für die beauftragte Bank. Die Sätze werden laufend der Marktsituation angepasst.)
- Umsatzabgabe      (eidgenössischer Stempel; das ist eine indirekte Bundessteuer)
- Börsengebühr/EBK-Abgabe    Abgabe an die Schweizer Börse und die eidg. Bankenkommission.

**52.2** Erstellen Sie die Bankabrechnungen für folgende Käufe und Verkäufe, und geben Sie die Buchungen beim Bankkunden an.

a) Kauf von 30 Namenaktien zum Kurs 1000.–. Spesen Fr. 267.–.

b) Verkauf von 10 Inhaberaktien zum Kurs 4000.–. Spesen Fr. 356.–.

**52.3**

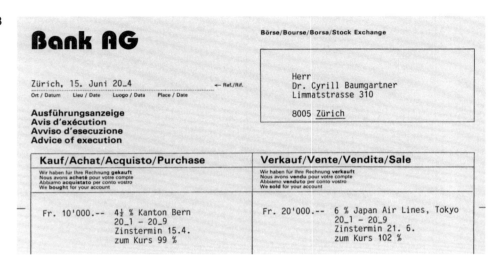

Erstellen Sie im Namen der Bank AG (Abschlussdatum 15. Juni 20_4):

a) die Kaufabrechnung für die Obligationen des Kantons Bern. (Die Spesen betragen Fr. 68.85.)

b) die Verkaufsabrechnung für die Obligationen der Japan Air Lines. (Die Spesen betragen Fr. 149.–.)

**52.4** Erstellen Sie die Kaufabrechnung für den Bankkunden (Abschlussdatum 1. September 20_7). Die Spesen betragen Fr. 589.40.

    Fr. 100 000.–   4½% Kanton Thurgau 20_1–20_9
                         Zinstermin 1. April
                         Kurs 98%

**52.5** Wie lautet die Verkaufsabrechnung der Bank vom 25. Oktober 20_6, wenn die Spesen Fr. 941.30 betragen?

    Fr. 180 000.–   5% Pfandbriefzentrale der schweizerischen Kantonalbanken
                         Serie 214, 20_1–20_9
                         Zinstermin 25. November
                         Kurs 101%

**52.6** Auf welchen Endbetrag lauten die Börsenabrechnungen, und wie verbucht der Bankkunde den Kauf bzw. Verkauf?

    a) Kauf von Fr. 200 000.– 6% Graubündner Kantonalbank 20_1–20_9 zum Kurs 110%, Marchzins Fr. 2 000.–, Spesen Fr. 1 065.80.

    b) Verkauf von Fr. 40 000.– 5% Nordostschweizerische Kraftwerke AG 20_1–20_9 zum Kurs 101%, Marchzins Fr. 600.–, Spesen Fr. 282.90.

**52.7** F. Lang kauft am 31. März 20_3 Fr. 24 000.– 5% Aargauisches Elektrizitätswerk, Aarau, 20_1–20_9, zum Kurs 102%. Zinstermin 31. Oktober.

    a) Wie viel beträgt der Jahreszins?

    b) Wem wird der Jahreszins am 31. Oktober 20_3 auf Vorlage des Zinscoupons ausbezahlt?

    c) Auf welche Marchzinsen haben Käufer und Verkäufer Anspruch?

    d) Warum wird bei Vertragsabschluss der Marchzins vom 31. 10. 20_2 bis 31. 3. 20_3 berücksichtigt?

    e) Warum werden die Marchzinsen sowohl beim Kauf wie beim Verkauf immer zum Kurswert addiert?

    f) Warum gibt es beim Kauf und Verkauf von Aktien keine Marchdividenden?

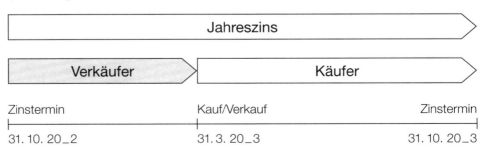

## Aufgaben zur Vertiefung

**52.10** E. Caduff lässt seine 10 Inhaberaktien der Industrie-AG zum Kurs 3000.– verkaufen und möchte mit dem Verkaufserlös möglichst viele PS der Lift-AG zum Kurs Fr. 1500.– erwerben. Die Kauf- und Verkaufsspesen betragen jeweils 0,89% des Kurswertes.

a) Wie viele PS kann E. Caduff erwerben?

b) Wie gross ist das Herausgeld?

**52.11** An welchem Datum kaufte H. P. Egger die Fr. 10000.– 5% Albula-Landwasser Kraftwerke AG, Filisur, 20_1–20_9, Zinstermin 20. September, wenn der Marchzins Fr. 100.– betrug?

**52.12** Am 14. April 20_6 verkaufte H. J. Steiger Fr. 20000.– 5% UBS AG, 20_1–20_9, zum Kurs 102%. Die Spesen betragen Fr. 142.55. Endbetrag der Bankabrechnung Fr. 20507.45.

Wann ist der Zinstermin dieser Anleihe?

### b) Renditeberechnungen

**52.20** K. Müller hat für die Anlage seiner gesparten Fr. 20000.– zwei Möglichkeiten ins Auge gefasst:

- Auf einem Sparheft der UBS würden die Fr. 20000.– zu 3½% verzinst.
- Beim Kauf einer Namenaktie der Chocolatfabriken Lindt & Sprüngli AG mit einem Nominalwert von Fr. 500.– zum aktuellen Börsenkurs von 20000.– wäre eine Dividende von 40% zu erwarten.

a) Welche Anlageform rentiert besser?

b) Welche anderen Überlegungen sind für den Kaufentscheid wichtig?

**52.21** Eine Namenaktie mit einem Nominalwert von Fr. 100.– kann zum Kurs von Fr. 1250.– gekauft werden.

Wie hoch ist die voraussichtliche Rendite, wenn eine Dividende von 25% erwartet wird und das Papier nach einem Jahr für

a) Fr. 1250.– verkauft werden kann?

b) Fr. 1500.– verkauft werden kann?

c) Fr. 1230.– verkauft werden kann?

d) Fr. 1000.– verkauft werden kann?

**52.22** Berechnen Sie die Renditen auf 2 Dezimalen

| Aufgabe | Titel | Nominalwert | Ausgeschüttete Dividenden | Kaufkurs | Verkaufskurs | Besitzdauer |
|---|---|---|---|---|---|---|
| a) | B. Holding (Namen-Aktien) | 100.– | 26% 30% | 2 600.– | 2 690.– | 2 Jahre |
| b) | Versicherungs-AG (Namen-Aktien) | 50.– | 32.– 35.– 35.– | 1 500.– | 1 430.– | 2 Jahre 8 Monate |
| c) | Finanz-AG (Inhaber-Aktien) | 125.– | 0% 20% | 600.– | 505.– | 1 Jahr 2 Monate |
| d) | Chemie-AG (Namen-Aktien) | 20.– | 60% 65% 70% | 600.– | 1 000.– | 3 Jahre 127 Tage |
| e) | Hotel-AG (Inhaber-Aktien) | 50.– | 20% | 350.– | 400.– | 288 Tage |
| f) | Industrie-AG (Partizipationsscheine) | 100.– | 8.– 15.– 15.– | 800.– | 780.– | 2 Jahre 63 Tage |

**52.23** W. Gurtner verkaufte die 20 zum Kurs von Fr. 1400.– erworbenen Aktien nach 2½ Jahren für Fr. 1810.–. An Dividenden wurden während der Besitzdauer Fr. 28.–, Fr. 30.– und Fr. 32.– je Aktie ausgeschüttet.

a) Berechnen Sie die Rendite für die 20 Aktien.

b) Berechnen Sie die Rendite für 1 Aktie.

**52.24** P. Halter kaufte Fr. 100 000.– 4% Schweizerische Eidgenossenschaft 20_1–20_9 zum Kurs 95% und verkaufte diese 2 Jahre später zum Kurs 97%.

Berechnen Sie die Jahresrendite.

**52.25** N. Widmer kaufte bei der Emission (das ist die Ausgabe) Fr. 20 000.– 4½% Seldwyla-Stadt 20_1–20_9 zum Kurs 98%.

Berechnen Sie die Rendite auf Verfall,

a) wenn die Anleihe am Ende der Laufzeit zu pari zurückbezahlt wird;

b) wenn die Anleihe zwei Jahre vor Ende der Laufzeit vorzeitig zum Kurs 102% zurückbezahlt wird.

**52.26** Berechnen Sie die Renditen:

| Aufgabe | Titel | Zinsfuss | Kaufkurs | Verkaufskurs | Besitzdauer |
|---|---|---|---|---|---|
| a) | Kanton Freiburg 20_1–20_8 | 4¼% | 95% | 98% | 3 Jahre |
| b) | Kanton Luzern 20_2–20_9 | 5¼% | 104% | 103% | 2 Jahre |
| c) | Pfandbriefzentrale, Serie 193, 20_1–20_9 | 6¼% | 108% | 105% | 4 Jahre 65 Tage |
| d) | Pfandbriefbank, Serie 198, 19_7–20_7 | 3¾% | 91% | zu pari | 6 Jahre 3 Monate |

## Aufgaben zur Vertiefung

**52.30** Berechnen Sie die fehlenden Grössen:

| Aufgabe | Nominalwert | Ausgeschüttete Dividenden | Kaufkurs | Verkaufskurs | Besitzdauer | Rendite |
|---|---|---|---|---|---|---|
| a) | 500.– | | 4 000.– | 4 000.– | 1 Jahr | 2% |
| b) | 100.– | | 500.– | 600.– | 1 Jahr | 22% |
| c) | 350.– | | 1 000.– | 1 200.– | 3 Monate | 30% |
| d) | 500.– | 18%/? | 1 440.– | 1 740.– | 1 Jahr 1 Monat | 25% |
| e) | 250.– | 12% | | wie Kauf | 1 Jahr | 3% |
| f) | 100.– | 10%/10% | 300.– | | 2 Jahre 6 Monate | 4% |
| g) | 200.– | 20% | 800.– | 805.– | | 6,25% |

**52.31** Berechnen Sie die fehlenden Grössen:

| Aufgabe | Titel | Zinsfuss | Kaufkurs | Verkaufskurs | Besitzdauer | Rendite |
|---|---|---|---|---|---|---|
| a) | Air Canada 20_1–20_9 | 8% | 100% | | 3 Jahre 21 Tage | 8% |
| b) | Stadt Oslo 20_1–20_9 | 5¾% | 100% | | 3 Jahre | 6% |
| c) | Zürcher Kantonalbank 20_1–20_9 | 5% | 100% | 103% | | 5½% |
| d) | SAirGroup 20_1–20_9 | 4% | 80% | 86% | | 7½% |
| e) | Kanton Neuenburg 20_1–20_9 | | 110% | 107% | 6 Jahre | 5% |

**52.32** Ein Schweizer kaufte in Zürich Coca-Cola-Aktien zum Kurs von USD 110.– (Wechselkurs 1.30), bezog im 1. Jahr eine Dividende von USD 2.68 (Wechselkurs 1.35), im 2. Jahr eine Dividende von USD 2.76 (Wechselkurs 1.50) und verkaufte die Papiere nach 2 Jahren und 11 Tagen zum Kurs von USD 180.– (Wechselkurs 1.45).
Wie rentierte diese Kapitalanlage?

**52.33**

| Titel | Stückzahl bzw. Nominalwert | Kaufkurs | Verkaufskurs | Zinsfuss bzw. Dividenden | Besitzdauer |
|---|---|---|---|---|---|
| Kanton Schwyz | Fr. 50 000 | 106% | 101% | 5% | 2 Jahre |
| Chemie-AG | 5 Stück | 4 400.– | 8 000.– | 65.–/65.– | 2 Jahre |

a) Wie rentierten die Obligationen?

b) Wie rentierten die Aktien?

c) Wie hoch war die Durchschnittsrendite für alle Titel?

**52.34** Aus einer Anlage von nominal Fr. 50 000.– in Obligationen entsteht jährlich ein Verrechnungssteuer-Anspruch von Fr. 700.–.

Wie hoch ist der Zinsfuss dieser Obligationen?

**52.35** Beantworten Sie aufgrund des unten stehenden Emissionsprospektes folgende anspruchsvollen Fragen, und besprechen Sie die Lösungen mit Ihrem Lehrer.

a) C. Weiss erwarb bei der Emission Fr. 10 000.– dieser Anleihe und verkaufte die Obligationen samt Optionsscheinen zwei Jahre später zum Kurs 150%.

Wie hoch war die Jahresrendite?

b) Ch. Affolter erwarb bei der Emission Fr. 25 000.– dieser Anleihe und verkaufte ein Jahr nach der Liberierung die Optionsscheine zum Kurs 70.– und die Obligationen (ex Opt., ohne Optionsscheine) zum Kurs 85%.

Wie hoch war die Jahresrendite?

---

## Schweizerische Bank

**3%** nachrangige Optionsanleihe 2005–2015 von Fr. 150 000 000

Der Erlös der Anleihe dient zur Finanzierung des Aktivgeschäfts

| | |
|---|---|
| **Titel:** | Inhaberobligationen von Fr. 2500, Fr. 10 000 und Fr. 100 000 Nennwert. |
| **Coupons:** | Jahrescoupons per 15. November. |
| **Laufzeit:** | längstens 10 Jahre; mit vorzeitiger Rückzahlungsmöglichkeit der Bank am 15. November 2013 und 2014 zu 100%. |
| **Liberierung:** | auf den 15. November 2005. |
| **Kotierung:** | an den Börsen von Zürich, Basel, Bern, Genf, Lausanne, Neuenburg und St. Gallen. |
| **Ausgabepreis:** | 100% |
| **Option:** | Je Fr. 2500 nom. Obligationen sind mit zwölf Optionsscheinen versehen. Ein Optionsschein berechtigt vom 3. Februar 2006 bis zum 27. November 2010 zum Erwerb von 1 Partizipationsschein zum Preis von Fr. 182.–. |
| **Zeichnungsfrist:** | bis 31. Oktober 2005, mittags |
| **Valorennummern:** | inkl. Optionsschein 90.440<br>exkl. Optionsschein 90.441<br>Optionsschein 136.009 |
| | Zeichnungsscheine stehen bei sämtlichen schweizerischen Geschäftsstellen unserer Bank zur Verfügung. |

RZ966

**52.36** Beantworten Sie folgende anspruchsvollen Fragen zur unten stehenden Kursliste, die eine Bank im März 2009 an ihre Kunden versandt hat, und besprechen Sie die Lösungen mit Ihrem Lehrer.

a) Warum wurde die 3¼%-Anleihe der Berner Kantonalbank am 21. März 2009 unter pari und die 6%-Anleihe des gleichen Schuldners über pari gehandelt?

b) Warum wurde die zu 6% verzinsliche Anleihe der Santos Finance Ltd., Sydney, zu einem tieferen Kurs gehandelt als die Anleihe der Berner Kantonalbank mit dem gleichen Zinsfuss?

c) Warum wurde die 6% Kanton Graubünden zu einem tieferen Kurs gehandelt als die 6% Berner Kantonalbank?

d) Warum entspricht die Rendite der 5¼% Kraftwerke Mattmark AG genau der Höhe des Zinsfusses?

e) Zu welchem Zinsfuss könnte der Kanton Graubünden eine Neuemission auflegen?

f) Ergäbe sich ein Emissions-Agio oder ein -Disagio❶, wenn der Kanton Graubünden bei einer Neuemission am 21. März 2009 einen Zinsfuss von 5% offerieren würde?

**Kursliste** (Auszug)

| Zinsfuss | Titel | Laufzeit | Börsenkurs am 21. März 2009 | Bruttorendite auf Verfall bei Kauf am 21. März 2009 |
|---|---|---|---|---|
| 3¼% | Berner Kantonalbank | 2002–2017 | 92% | 4,95% |
| 6% | Berner Kantonalbank | 2006–2018 | 105% | 5,11% |
| 6% | Kanton Graubünden | 1995–2010 | 101½% | 4,82% |
| 6% | Santos Finance Ltd. Sydney | 2008–2018 | 100¼% | 5,96% |
| 5¼% | Kraftwerke Mattmark AG | 2000–2015 | 100% | 5,25% |

❶ Agio = Aufpreis (Differenz zwischen dem Nominalwert und dem Mehrpreis)
Disagio = Abschlag (Differenz zwischen dem Nominalwert und dem Minderpreis; Gegenteil von Agio)

### c) Wertschriftenbestand und Wertschriftenerfolg

**52.40** a) Führen Sie die Konten Wertschriftenbestand, Wertschriftenaufwand und Wertschriftenertrag, und nennen Sie die Buchungssätze für folgende Geschäftsfälle:

| Datum | Geschäftsfall | Buchungssatz | Wertschriften-bestand | Wertschriften-aufwand | Wertschriften-ertrag |
|---|---|---|---|---|---|
| 11.03. | Bankabrechnung für den Kauf von 200 Aktien ALESA zum Kurs 150.–  30 000.–<br>+ Courtage  240.–<br>+ Übrige Spesen  27.–<br>= Endbetrag  30 267.– | | | | |
| 22.05. | Bankgutschrift für einkassierte Dividenden auf obigen Aktien:<br>Bruttodividende  1 800.–<br>./. 35% VSt  630.–<br>= Nettodividende  1 170.– | | | | |
| 13.09. | Bankbelastung für Depotspesen Fr. 45.– | | | | |
| 31.12. | Korrekturbuchung | | | | |
| 31.12. | Am Jahresende werden die Aktien zum Schlusskurs des Dezembers von Fr. 140.– bewertet | | | | |
| 31.12. | Saldo Wertschriftenaufwand | | | | |
| 31.12. | Saldo Wertschriftenertrag | | | | |

b) Wie setzt sich der Betrag der Korrekturbuchung zusammen?

c) Wie gross ist der mit diesen Wertschriften erzielte Erfolg in diesem Jahr?

**52.41** In kleineren Unternehmungen werden die beiden Erfolgskonten Wertschriftenaufwand und Wertschriftenerfolg häufig in einem gemischt geführten Konto **Wertschriftenerfolg** zusammengefasst.

Lösen Sie aufgrund des nebenstehenden Auszugs aus einem amerikanischen Journal die folgende Aufgabe mit dem gemischt geführten Konto Wertschriftenerfolg.

a) Vervollständigen Sie die leeren Verbuchungsschemen mit Text und Betrag.

b) Erklären Sie, wie man den Betrag der Korrekturbuchung am einfachsten ermittelt.

c) Ermitteln Sie die Zusammensetzung der Korrekturbuchung.

## Wertschriftenbestand

## Wertschriftenerfolg

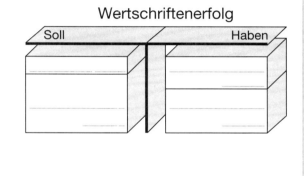

| Journal | | | | | Hauptbuch (Auszug) | | | |
|---|---|---|---|---|---|---|---|---|
| Datum | Text | Buchungssatz | | | Wertschriften-bestand | | Wertschriften-erfolg | |
| | | Soll | Haben | Betrag | Soll | Haben | Soll | Haben |
| 1. 1. | Eröffnung: 10 WAADT-Ver-sicherungen z. K. 2 400.– | Wertschriften-bestand | Bilanz | 24 000 | 24 000 | | | |
| 19. 4. | Dividenden-Inkasso durch unsere Bank: Brutto-Dividende (10 x 100.–) 1 000.– Verrechnungssteuer 350.– | Debitor (VSt) | Wertschriften-erfolg | 350 | | | | 350 |
| | Netto-Dividende 650.– | Bank | Wertschriften-erfolg | 650 | | | | 650 |
| 20. 8. | Verkauf von 4 WAADT z. K. 2 500.–: Kurswert 10 000.– ./. Spesen 89.– Endbetrag der Bankabrechnung 9 911.– | Bank | Wertschriften-bestand | 9 911 | | 9 911 | | |
| 4. 9. | Bankbelastung für Depotspesen | Wertschriften-erfolg | Bank | 40 | | | 40 | |
| 31. 12. | Korrekturbuchung | Wertschriften-bestand | Wertschriften-erfolg | 1 511 | 1 511 | | | 1 511 |
| 31. 12. | Abschluss: • Endbestand laut Inventar: 6 WAADT z. K. 2 600.– | Bilanz | Wertschriften-bestand | 15 600 | | 15 600 | | |
| | • Saldo Wertschriftenerfolg | Wertschriften-erfolg | Erfolgs-rechnung | 2 471 | | | 2 471 | |
| | | | | | 25 511 | 25 511 | 2 511 | 2 511 |

**52.42** Die drei Konten Wertschriftenbestand, Wertschriftenaufwand und Wertschriftenertrag weisen vor dem Abschluss folgende Zahlen auf:

| Wertschriftenbestand | | Wertschriftenaufwand | | Wertschriftenertrag | |
|---|---|---|---|---|---|
| Soll | Haben | Soll | Haben | Soll | Haben |
| 350 410 | 120 370 | 480 | | | 12 200 |

a) Zählen Sie alle Geschäftsfälle auf, die zu diesen Eintragungen geführt haben könnten.

b) Schliessen Sie die Konten aufgrund des folgenden Wertschrifteninventars ab.

| | |
|---|---:|
| 800 Bank-AG zum Kurs 120.– | 96 000.– |
| 150 000.– 5% Kanton Bern 20_1–20_9 zum Kurs 104% | 156 000.– |
| Marchzins auf den Obligationen | 2 500.– |
| | 254 500.– |

c) Die Marchzinsen werden in der Praxis entweder wie hier im Inventarwert berücksichtigt oder dann transitorisch gebucht.

Erklären Sie, warum beide Verbuchungsarten zum selben Erfolg führen.

**52.43** Skizzieren Sie die drei Konten Wertschriftenbestand, Wertschriftenaufwand und Wertschriftenertrag, und tragen Sie den Geschäftsverkehr des Jahres ein. Für den Abschluss ist ein Wertschrifteninventar zu erstellen. Die Buchhaltung ist wieder zu eröffnen.

Die Probebilanz weist vor der Abschlussbuchung folgende Beträge auf: Wertschriftenbestand 140 000.– (Soll) und 20 000.– (Haben), Wertschriftenaufwand 100 (Soll) und Wertschriftenertrag 6 000 (Haben).

Das Wertschriftendepot enthält am Jahresende Fr. 100 000.– 6% Schweden 20_1–20_9, Zinstermin 30.10., Bilanzkurs 105%. (Der Marchzins ist auch zu berücksichtigen.)

**52.44** Geben Sie für die nachfolgenden Geschäftsfälle die Buchungssätze an, führen Sie die Konten Wertschriftenbestand, Wertschriftenaufwand und Wertschriftenertrag, und schliessen Sie diese ab.

1. Kauf von 20 Aktien Chemie-AG, Basel, zum Kurs 1500.–. Endbetrag der Bankabrechnung Fr. 30267.–.
2. Verkauf von Fr. 20000.– 4½% Basel Stadt. Endbetrag der Bankabrechnung Fr. 20132.–.
3. Die Chemie-AG schüttet eine Dividende von Fr. 25.– je Aktie aus. Das Inkasso besorgt die Bank.
4. Die Bank schreibt Kontokorrentzinsen von Fr. 130.– gut.
5. Bankbelastungsanzeige für Depotgebühren Fr. 70.–.
6. Die Aktien der Chemie-AG sollen zum Kurs von 1450.– bilanziert werden. Andere Wertschriften sind nicht vorhanden.

| Nr. | Buchungssatz | | | Wertschriften-bestand | | Wertschriften-aufwand | | Wertschriften-ertrag | |
|---|---|---|---|---|---|---|---|---|---|
| | Soll | Haben | Betrag | Soll | Haben | Soll | Haben | Soll | Haben |
| Probe-bilanz | | | | 60 538 | 42 391 | | | | |

**52.45** In welche Kontengruppe der X-AG gehören folgende Einzelkonten? Kreuzen Sie die jeweils richtige Kontengruppe an.

| | Umlaufvermögen | | Anlage-vermögen | Fremdkapital | | Eigenkapital |
| --- | --- | --- | --- | --- | --- | --- |
| | liquide Mittel | Forderungen | | kurzfristig | langfristig | |
| Aktienkapital | | | | | | |
| Partizipationskapital | | | | | | |
| Beteiligungen | | | | | | |
| Wertschriften (Kassaeffekten) | | | | | | |
| Obligationenanleihe | | | | | | |
| Aktiv-Hypotheken | | | | | | |
| Passiv-Hypotheken | | | | | | |

**52.46** Welche Geschäftsfälle werden in den Konten Wertschriftenbestand, Wertschriftenaufwand und Wertschriftenertrag verbucht?

| **Wertschriftenbestand** | | **Wertschriftenaufwand** | | **Wertschriftenertrag** | |
| --- | --- | --- | --- | --- | --- |
| Soll | Haben | Soll | Haben | Soll | Haben |
| | | | | | |

## Aufgaben zur Vertiefung

**52.50** Lösen Sie die Aufgaben zum abgebildeten Beleg, den die Weiner-AG in Winterthur am 29. Januar 20_3 von ihrer Bank erhielt:

```
                                    BOERSENPLATZ: FRANKFURT
┌──────────────────┬─────────────────────────────────────┬──────────────────┐
│ NOMINAL          │ VALOR 291.199.000 V                 │ KURS             │
├──────────────────┼─────────────────────────────────────┼──────────────────┤
│ EUR    40 000.00 │ 6 3/8% ARGENTINIEN 20_1 - 20.1.20_8 │           98.45% │
│                  │                                     │                  │
│                  │                    CPS. 20.01.      │                  │
├──────────────────┼─────────────────────────────────────┼──────────────────┤
│                  │ KURSWERT                            │ EUR    39 380.00 │
│                  │ 6.375 % ZINS AB ...?... BIS ...?... │                  │
│                  │ (= ? TAGE)                          │ EUR        63.75 │
│                  │ AUSLAENDISCHE COURTAGE              │             NETTO│
│                  │ AUSLAENDISCHE SPESEN                │ EUR        10.00 │
│                  │                                     │ EUR    39 453.75 │
│                  │             EUR ZU ...?...          │                  │
│                  │                                     │ CHF    63 126.00 │
│                  │ UNSERE COURTAGE                     │ CHF       473.45 │
│                  │                                     │                  │
│                  │ EIDGENOESSISCHE STEMPELABGABE       │ CHF        94.70 │
│                  │ BOERSENGEBUEHR/EBK-ABGABE           │ CHF         6.40 │
│                  │                                     │                  │
│                  │            VALUTA 29.01.20_3        │ CHF    63 700.55 │
└──────────────────┴─────────────────────────────────────┴──────────────────┘
```

a) Wie erkennen Sie hier, ob es sich um einen Wertpapier*kauf* oder einen Wertpapier*verkauf* handelte?

b) Zu welchem Kurs rechnete die Bank die EUR um?

c) Wie buchte die Weiner-AG diese Belastung?

d) Auf diesem leicht manipulierten Beleg fehlen im Zusammenhang mit der Marchzinsberechnung die *Anzahl Tage* sowie die *Zeitspanne*. Ermitteln Sie diese Grössen.

e) Berechnen Sie die Rendite dieser Obligationen unter folgenden Voraussetzungen:
  – Die Weiner-AG behält die Obligationen bis zur Rückzahlung.
  – Die Rückzahlung erfolg zu pari.
  – Mögliche Wechselkursänderungen bis Ende Laufzeit sind zu vernachlässigen.
  – Die Spesen sind nicht zu berücksichtigen.

**52.51** Auf dem Bankkonto von C. Haltenberger sind 20_7 folgende Geschäftsfälle verbucht worden:

| Valuta | Text | Betrag |
|---|---|---|
| 31. 12. 20_6 | Anfangsbestand | 100 000 |
| 10. 1. 20_7 | Bankabrechnung des Kaufs von 100 Aktien ROS AG mit einem Nominalwert 100 zum Kurs 800.– | 80 960 |
| 20. 4. 20_7 | Coupons-Inkasso bei den ROS-Aktien: Gutschrift nach Abzug von 35% Verrechnungssteuer | 1 300 |
| 30. 12. 20_7 | Bankabrechnung des Verkaufs von 100 Aktien ROS AG zum Kurs von 900.–, Bankspesen Fr. 1 080.– | ? |
| 31. 12. 20_7 | 2% Zins auf dem Konto, 35% Verrechnungssteuer | ? |
| 31. 12. 20_7 | Spesen | 30 |

a) Erstellen Sie die Verkaufsabrechnung für die ROS-Aktien vom 30. 12. 20_7.

b) Wie viel Prozent Dividende wurde auf den ROS-Aktien am 20. 4. 20_7 ausgeschüttet?

c) Wie ist die Dividendenausschüttung in der Buchhaltung von C. Haltenberger zu verbuchen?

d) Der gutgeschriebene Nettozins beträgt Fr. 162.10. Wie hoch ist der Zins brutto?

e) Wie hoch ist der gesamte Verrechnungssteueranspruch von C. Haltenberger für 20_7?

f) Führen Sie das Konto aus der Sicht von C. Haltenberger für 20_7.

g) Welche Rendite erzielte C. Haltenberger 20_7 mit dem Anfangsvermögen von Fr. 100 000.–? (Die Kaufs- und Verkaufsspesen bei den Aktien sind als Ertragsminderungen zu betrachten.)

**52.52** T. Henzi verkauft seine vor 3½ Jahren zum Kurs von Fr. 3 500.– gekauften 10 Inhaberaktien zum Kurs 4 000.– (Nominalwert Fr. 100.–). Die Spesen betragen Fr. 356.–. Während der gesamten Besitzdauer wurden Fr. 31.–, Fr. 35.– und Fr. 38.– an Dividenden je Aktie ausgeschüttet.

a) Erstellen Sie die Verkaufsabrechnung der Bank.

b) Verbuchen Sie diesen Verkauf. (Buchungssatz und Betrag nennen.)

c) Verbuchen Sie die Bankgutschrift sowie den Verrechnungssteueranspruch für die letzte Dividendenausschüttung. (Buchungssätze und Beträge nennen.)

d) Wie viele Prozente betrug die letzte Dividende?

e) Wie rentieren die Aktien? (Die Spesen brauchen Sie nicht zu berücksichtigen; das Ergebnis ist auf zwei Dezimalstellen genau zu berechnen.)

**52.53** L. Meier kaufte Fr. 30 000.– 5% Obligationen 20_1–20_9 zum Kurs 103%. Zinstermin 23. April.

a) Wie lautet die Kaufabrechnung der Bank vom 23. August 20_7? (Alle Spesen zusammen betragen Fr. 216.75.)

b) Am 23. April 20_9 wurde der letzte Jahreszins ausbezahlt und die Anleihe zum Nominalwert zurückbezahlt.
Wie buchte L. Meier? (Nennen Sie die Buchungssätze und die Beträge.)

c) Welche durchschnittliche Jahresrendite erzielte L. Meier? (Die Spesen sind nicht zu berücksichtigen; nennen Sie das Ergebnis auf zwei Kommastellen genau.)

# 53 Liegenschaften

**53.1** H. Neck hat ein Mehrfamilienhaus für Fr. 1 500 000.– gekauft. Fr. 500 000.– hat er selber aufbringen können und dem Verkäufer durch die Bank überwiesen. Den Rest finanziert er durch Hypothekardarlehen.

Verbuchen Sie alle mit dem Kauf und der Verwaltung zusammenhängenden Geschäftsfälle (alle Beträge in Fr. 1000.–). Die Zahlungen werden über die Bank abgewickelt.

| Buchungssatz | |
|---|---|
| Soll | Haben |

**Kauf**

| | |
|---|---|
| Anzahlung mit eigenen Mitteln | 500 |
| Restfinanzierung durch Hypothekardarlehen | 1000 |
| Einmalige Ausgaben im Zusammenhang mit dem Kauf (Handänderung, Grundbuch) | 10 |

**Verwaltung**

| | |
|---|---|
| Unterhalt und Reparaturen | 8 |
| Gebühren und Abgaben (Wasser, Kehricht), Versicherungen | 5 |
| Heizung, Beleuchtung Treppenhaus | 6 |
| Reinigung, Hauswartdienste | 4 |
| Abschreibung | 10 |
| Hypothekarzinsen | 55 |
| Mietzinseinnahmen | 70 |
| Mietwert private Wohnung | 15 |
| Salden | |

**Bestandeskonten**

| Immobilien | | Hypotheken | | Immobilienaufwand | | Immobilienertrag | |
|---|---|---|---|---|---|---|---|
| Soll | Haben | Soll | Haben | Soll | Haben | Soll | Haben |

**Erfolgskonten**

| **Bilanz** | | **Erfolgsrechnung** | |
|---|---|---|---|
| a ... p | | A ... E | |
| Immobilien | Hypotheken | Immobilien-aufwand | Immobilienertrag |
| | Eigenkapital | | |

**53.2** a) Es sind die Konten Immobilien, Hypotheken, Immobilienerfolg und das Journal für den Monat Dezember zu führen.

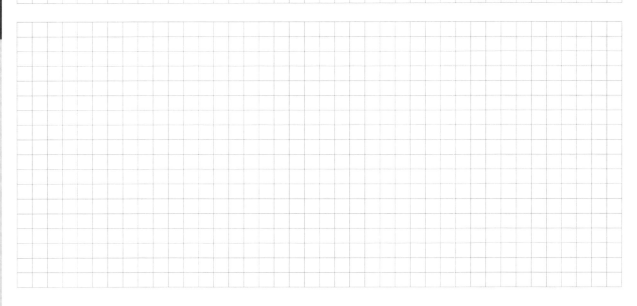

**Journal**

| Datum | Geschäftsfall | Buchungssatz | | Betrag |
|---|---|---|---|---|
| | | Soll | Haben | |
| 1. 12. | Die Bank belastet die Hypothekarzinsen von 5% vom 31. 5. bis 30. 11. | | | |
| 3. 12. | Für ausgeführte Malerarbeiten erhalten wir von Hartmann & Co. eine Rechnung für Fr. 3760.–. | | | |
| 5. 12. | Bankgutschrift für den Monatsmietzins aus der vermieteten Wohnung. Fr. 1950.– | | | |
| 7. 12. | Die Rechnung für das Heizöl ist eingetroffen. Fr. 2850.–. | | | |
| 15. 12. | Für benutzte Büroräume in der eigenen Liegenschaft werden dem Geschäft Fr. 24000.– belastet. | | | |
| 23. 12. | Wir erhalten die Faktura von Fr. 300.– für Hauswartdienste. | | | |
| 31. 12. | Auf dem Buchwert der Liegenschaft schreiben wir 1% ab. | | | |
| 31. 12. | Die vom 30. 11. bis 31. 12. geschuldeten Hypothekarzinsen werden berücksichtigt. | | | |
| 31. 12. | Die Entschädigung für einen kleinen Wasserschaden ist von der Versicherung zugesichert, aber noch nicht eingetroffen Fr. 2375.–. | | | |
| 31. 12. | Banküberweisung von Fr. 20000.– zur Amortisation der Hypothek. | | | |
| 31. 12. | Am Jahresende befindet sich noch für Fr. 2000.– Heizöl im Tank. | | | |

**53**

b) Die Konten sind abzuschliessen und der Erfolg aus dieser Liegenschaft zu bestimmen.

c) Berechnen Sie nach der folgenden Formel die Rendite des investierten Eigenkapitals:

$$\text{EK-Rendite} = \frac{\text{Immobilienerfolg} \cdot 100\%}{\text{Eigenkapital}}$$

d) Wie lauten die Eröffnungsbuchungen und die transitorischen Rückbuchungen?

**53.3** Das Ferienhaus von N. Bachofner wird an S. Fischer verkauft. Zur Vereinfachung werden die Immobilienaufwände und die Immobilienerträge im gemischt geführten Konto Immobilienerfolg zusammengefasst.

- Verkaufswert der Liegenschaft — Fr. 360 000.–
- Die Hypothek bei der UBS wird vom Käufer übernommen. — Fr. 200 000.–
- Die Handänderungskosten und die übrigen Verkaufskosten werden je zur Hälfte vom Käufer und Verkäufer getragen und über die Bank bezahlt. Sie belaufen sich auf total — Fr. 7 900.–
- Der Heizölvorrat bei der Übernahme beträgt — Fr. 1 100.–
- N. Bachofner gewährt S. Fischer eine zweite Hypothek von — Fr. 80 000.–
- Der Restbetrag wird mit Bankcheck beglichen.

a) Wie bucht der **Käufer** S. Fischer?

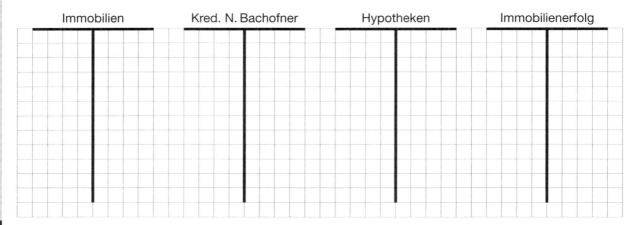

b) Wie bucht der **Verkäufer** N. Bachofner?

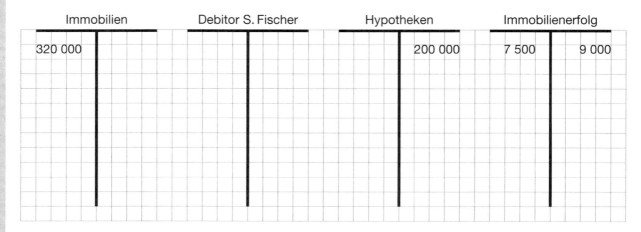

**53.4** Nennen Sie die Buchungssätze mit den Beträgen für die Drogerie V. Hoffmann.

a) Kauf einer neuen Liegenschaft:
1. Kaufpreis — Fr. 900 000.–
2. Übernahme der 1. Hypothek vom Verkäufer — Fr. 500 000.–
3. Gewährung einer 2. Hypothek durch den Verkäufer — Fr. 100 000.–
4. Übergabe von Aktien aus dem Depot des Käufers zum Kurswert — Fr. 50 000.–
5. Die Restschuld wird durch Bankcheck beglichen

b) Nach dem Kauf der Liegenschaft wird eine Zentralheizung eingebaut. Diese Wertsteigerung ist zu aktivieren.
Die Rechnung des Heizungsfachmannes lautet auf — Fr. 100 000.–

c) Für Ausbesserungsarbeiten, die nach der Liegenschaftenübernahme durch den Maler vorgenommen wurden, trifft eine Rechnung ein.
Dieser Betrag ist nicht zu aktivieren. — Fr. 8 000.–

d) Die Stromrechnungen treffen ein:
1. Für die Drogerie — Fr. 100.–
2. Für die Privatwohnung von V. Hoffmann — Fr. 120.–
3. Für das Treppenhaus, den Vorplatz und die Kellerräumlichkeiten — Fr. 30.–
4. Für C. Meyer, einen Mieter — Fr. 70.–

e) Verbuchung der Mietzinserträge:
1. Mietzinszahlungen von Mietern auf das Postkonto der Drogerie — Fr. 36 000.–
2. Mietwert des Geschäftslokals — Fr. 12 000.–
3. Mietwert der Privatwohnung des Drogisten — Fr. 10 000.–
4. Ausstehende (von Mietern noch nicht bezahlte) Mietzinsen* — Fr. 2 000.–
5. Von den Mietern vorausbezahlte Mietzinsen* — Fr. 1 000.–

f) Abschreibungen Ende Jahr:
1. Geschäftsmobiliar (direkte Abschreibung) — Fr. 1 000.–
2. Liegenschaft (indirekte Abschreibung) — Fr. 5 000.–

g) Hypothekarzinsen Ende Jahr:
1. Bankzahlung des Halbjahreszinses für die zu 5% verzinsliche 1. Hypothek (Zinstermine 30. 6. und 31. 12.)
2. Aufgelaufener Hypothekarzins für die zu 5½% verzinsliche 2. Hypothek (Zinstermine 30. 4. und 31. 10.)

h) Verbuchen Sie den Geschäftsfall a) aus der Sicht des Verkäufers.

\* Abgrenzungsbuchung Ende Jahr

**53.5** Welche Geschäftsfälle könnten folgende Buchungen bewirkt haben?

| Nr. | Buchungssatz Soll | Haben | Geschäftsfall |
|---|---|---|---|
| 1. | Immobilienaufwand | Immobilien | |
| 2. | Immobilienaufwand | Bank | |
| 3. | Raumaufwand | Immobilienertrag | |
| 4. | Transitorische Aktiven | Immobilienaufwand | |
| 5. | Immobilien | Hypotheken | |
| 6. | Immobilienertrag | Transitorische Aktiven | |
| 7. | Hypotheken | Bank | |
| 8. | Immobilien<br>Kreditoren<br>Immobilienaufwand<br>Kreditoren | Kreditoren<br>Hypotheken<br>Kreditoren<br>Bank | |
| 9. | Bilanz | Immobilien | |
| 10. | Immobilienertrag | Erfolgsrechnung | |
| 11. | Privat | Immobilienertrag | |
| 12. | Immobilienaufwand<br>Immobilien | Kreditoren<br>Kreditoren | |

**53.6** Welche Geschäftsfälle werden in den folgenden Konten zum Immobilienverkehr verbucht?

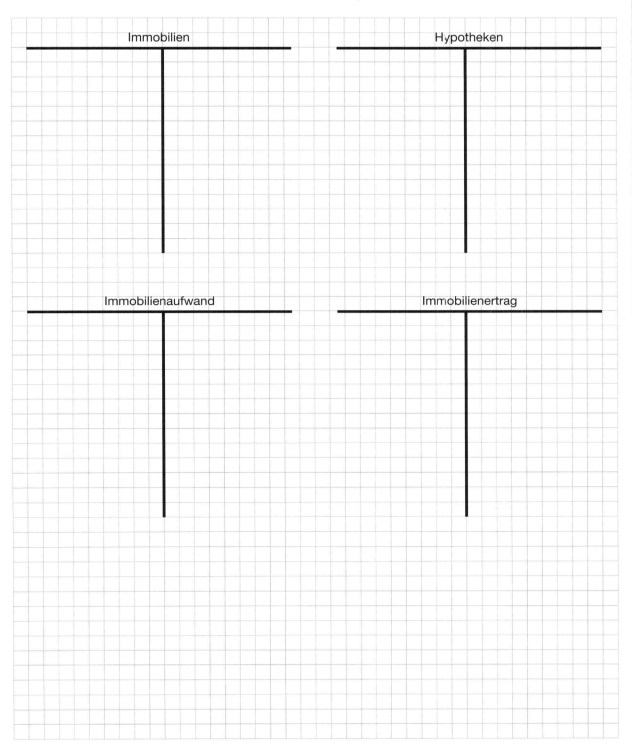

**53.7** Führen Sie das amerikanische Journal, und erstellen Sie die Abschlussrechnungen für die Immobilia-AG (alle Beträge in Fr. 1000.–). Der Gewinn ist den Reserven zuzuweisen.

**Eröffnungsbilanz**

Liquide Mittel 300, Liegenschaften 3000, Wertberichtigungen Liegenschaften 300, Kreditoren 100, Hypotheken 2000. Aktienkapital und Reserven?

| Nr. | Buchungssatz | | Text | Betrag | Liquide Mittel |
|---|---|---|---|---|---|
| | Soll | Haben | | | |
| 1. | | | Eröffnung | | |
| 2. | | | Kauf einer Liegenschaft | 800 | |
| | | | Anzahlung durch die Bank | 200 | |
| | | | Übernahme Hypothek | 600 | |
| | | | Bankzahlung für Handänderungskosten, Grundbuchgebühren usw. | 25 | |
| | | | Bankzahlung für Heizölvorrat | 3 | |
| 3. | | | Mietzinseinnahmen | 279 | |
| 4. | | | Zahlung für Reparaturen und Unterhalt | 32 | |
| 5. | | | Zahlung für Hypothekarzinsen | 143 | |
| 6. | | | Zahlung für Gebühren und Abgaben | 29 | |
| 7. | | | Rechnung für Heizöllieferung | 7 | |
| 8. | | | Bankzahlungen für Verwaltung und Hauswartdienste | 15 | |
| 9. | | | Endabrechnung für Anbau an eine bestehende Liegenschaft. Finanzierung durch Erhöhung der Hypotheken | 400 | |
| 10. | | | Abschreibung auf dem Anschaffungswert der Liegenschaften 1% (inklusive Buchung Nr. 9) | | |
| | | | Probebilanz | | |

| Liegenschaften | Wertberichtigungen Liegenschaften | Kreditoren | Hypotheken | Aktienkapital und Reserven | Liegenschaften-Aufwand | Liegenschaften-Ertrag |
|---|---|---|---|---|---|---|
| | | | | | | |

# 54 Mehrwertsteuer

**54.1** Die Mehrwertsteuer (MWST) ist eine indirekte Bundessteuer. Sie heisst so, weil der von einer Unternehmung geschaffene Mehrwert besteuert wird. Normalerweise beträgt der Steuersatz 8,0%.

a) Berechnen Sie für die folgenden Unternehmungen die der Eidgenössischen Steuerverwaltung abzuliefernde Mehrwertsteuer.

| **Holzsägerei** | **Schreinerei** | **Möbelhändler** |
|---|---|---|
| Verkauft Holz aus dem eigenen Wald an eine Schreinerei: | Verarbeitet das Holz zu Möbeln und verkauft diese an einen Möbelhändler: | Verkauft die Möbel an die Kunden: |
| Verkaufswert des Holzes 30 000.– <br> + MWST 8,0% 2 400.– <br> Faktura 32 400.– | Verkaufswert der Möbel 90 000.– <br> + MWST 8,0% 7 200.– <br> Faktura 97 200.– | Verkaufswert der Möbel 160 000.– <br> + MWST 8,0% 12 800.– <br> Faktura 172 800.– |
| **MWST-Abrechnung** <br><br> Umsatzsteuer❶ 2 400.– <br><br> – Vorsteuer❷ –.– <br><br> Abzuliefernde MWST 2 400.– | **MWST-Abrechnung** <br><br> Umsatzsteuer <br><br> – Vorsteuer <br><br> Abzuliefernde MWST | **MWST-Abrechnung** <br><br> Umsatzsteuer <br><br> – Vorsteuer <br><br> Abzuliefernde MWST |

b) Überprüfen Sie die in Teilaufgabe a) ausgewiesenen Mehrwertsteuern, indem Sie zuerst die von den Unternehmungen geschaffenen Mehrwerte ermitteln und anschliessend die MWST von 8,0% berechnen.

|  | Mehrwert | Mehrwertsteuer |
|---|---|---|
| Holzhändler |  |  |
| Schreinerei |  |  |
| Möbelhändler |  |  |
| Total |  |  |

❶ Unter Umsatzsteuer versteht man auf dem Verkaufsumsatz geschuldete Mehrwertsteuer.

❷ Unter Vorsteuer versteht man die auf Lieferungen und Leistungen bezahlte Mehrwertsteuer. Diese kann von der geschuldeten Umsatzsteuer abgezogen werden. Den abzugsfähigen Betrag nennt man auch Vorsteuerabzug.

Die Vorsteuer beträgt bei der Sägerei Fr. 0.–, weil das Holz aus dem eigenen Wald stammt und die Forstwirtschaft steuerbefreit ist. Der Einfachheit halber werden Vorsteuern auf gekauften Produktionsmitteln wie Sägemaschinen oder Traktoren vernachlässigt.

**54.2** Es gibt zwei Möglichkeiten, die Mehrwertsteuer zu verbuchen: Die **Netto-Methode** wird von der Eidgenössischen Steuerverwaltung empfohlen und in der Praxis mehrheitlich angewandt. Für kleinere Unternehmungen eignet sich die auf der nächsten Seite dargestellte **Brutto-Methode** besser, weil die MWST nicht bei jedem steuerpflichtigen Einkauf und Verkauf einzeln gebucht werden muss und somit weniger Buchungen anfallen.

| Datum | Geschäftsverkehr | Buchungssatz | | | Konten für MWST | |
|---|---|---|---|---|---|---|
| | | Soll | Haben | Betrag | Debitor Vorst. | Kred. Umsatzst. |
| 15.1. | **Kauf Fräsmaschine** Kaufpreis 2 000.– + MWST 8,0% 160.– Faktura 2 160.– | | | | | |
| 2.2. | **Holzeinkauf** Kaufpreis 30 000.– + MWST 8,0% 2 400.– Faktura 32 400.– | | | | | |
| 20.2. | **Möbelverkauf** Verkaufswert 90 000.– + MWST 8,0% 7 200.– Faktura 97 200.– | | | | | |
| 21.2. | **Kauf Hobelmaschine** Kaufpreis 6 000.– + MWST 8,0% 480.– Faktura 6 480.– | | | | | |
| 5.3. | **Holzeinkauf** Kaufpreis 40 000.– + MWST 8,0% 3 200.– Faktura 43 200.– | | | | | |
| 27.3. | **Möbelverkauf** Verkaufswert 70 000.– + MWST 8,0% 5 600.– Faktura 75 600.– | | | | | |
| 23.4. | **Postüberweisung der geschuldeten MWST** Umsatzst.-Schuld – Vorsteuer-Guth. Überweisung netto | | | | | |

b) Verbuchen Sie diese Geschäftsfälle einer Schreinere nach der **Brutto**-Methode.

| Datum | Geschäftsverkehr | Buchungssatz | | | Konten für MWST | |
|---|---|---|---|---|---|---|
| | | Soll | Haben | Betrag | Debitor Vorst. | Kred. Umsatzst. |
| 15.1. | **Kauf Fräsmaschine**<br>Kaufpreis 2 000.–<br>+ MWST 8,0% 160.–<br>Faktura 2 160.– | | | | | |
| 2.2. | **Holzeinkauf**<br>Kaufpreis 30 000.–<br>+ MWST 8,0% 2 400.–<br>Faktura 32 400.– | | | | | |
| 20.2. | **Möbelverkauf**<br>Verkaufswert 90 000.–<br>+ MWST 8,0% 7 200.–<br>Faktura 97 200.– | | | | | |
| 21.2. | **Kauf Hobelmaschine**<br>Kaufpreis 6 000.–<br>+ MWST 8,0% 480.–<br>Faktura 6 480.– | | | | | |
| 5.3. | **Holzeinkauf**<br>Kaufpreis 40 000.–<br>+ MWST 8,0% 3 200.–<br>Faktura 43 200.– | | | | | |
| 27.3. | **Möbelverkauf**<br>Verkaufswert 70 000.–<br>+ MWST 8,0% 5 600.–<br>Faktura 75 600.– | | | | | |
| 31.3. | **Umsatzsteuer 1. Quartal** | | | | | |
| 31.3. | **Vorsteuer 1. Quartal**<br>Vorsteuer auf Maschinen<br><br>Vorsteuer auf Holzeinkäufen | | | | | |
| 31.3. | **Verrechnung Vorst.-Guth. mit der Umsatzst.-Schuld** | | | | | |
| 23.4. | **Postüberweisung der geschuldeten MWST** | | | | | |

**54.3** Im Schaufenster eines Radio- und Fernsehfachgeschäftes ist eine Hi-Fi-Anlage für Fr. 1000.– angeschrieben.

Wie viel MWST wird dem Kunden verdeckt (im Verkaufspreis unsichtbar eingeschlossen) verrechnet? Entscheiden Sie, welches der folgenden Resultate richtig ist, und begründen Sie Ihre Meinung.

Resultat 1: Fr.   0.–
Resultat 2: Fr.  25.–
Resultat 3: Fr.  80.–
Resultat 4: Fr.  74.05

**54.4** Von der Unternehmung Scheuermeier & Co., Segelartikelbedarf, liegen folgende Zahlen aus dem 1. Quartal 20_1 vor:

Barverkäufe         Fr. 129 600.– inklusive Fr. 9 600.– MWST
Krediteinkäufe      Fr.  62 640.– inklusive Fr. 4 640.– MWST
Mobiliarkauf bar    Fr.   5 400.– inklusive Fr.   400.– MWST

a) Die Geschäftsfälle sind nach der Brutto-Methode zu verbuchen. Es sind die Konten Debitor Vorsteuer und Kreditor Umsatzsteuer zu führen.

b) Die MWST ist abzurechnen und mit Postgiro zu überweisen.

**54.5** Aus der Buchhaltung eines kleinen Warenhauses sind Ende Quartal folgende Zahlen bekannt:

| Warenaufwand (inkl. 8,0% MWST) | Warenaufwand (inkl. 2,5% MWST) | Warenertrag (inkl. 8,0% MWST) | Warenertrag (inkl. 2,5% MWST) |
|---|---|---|---|
| 1 944.00 | 410.00 | 3 456.00 | 615.00 |

a) Führen Sie für dieses Quartal nebst den obigen Konten die Konten Debitor Vorsteuer sowie Kreditor Umsatzsteuer, und verbuchen Sie

– die Umsatzsteuern
– die Vorsteuern
– die geschuldete MWST
– die Postüberweisung der MWST

b) Nennen Sie Beispiele von Umsätzen (Waren, Dienstleistungen), die auf dem Konto Warenertrag 2,5% verbucht worden sein könnten.

**54.6** In der Schicker AG, Handel mit Haushaltgeräten, wiesen die Konten Anfang März die folgenden Umsätze auf:

| Warenertrag (inkl. 8,0% MWST) | | Warenaufwand (inkl. 8,0% MWST) | | Mobilien (inkl. 8,0% MWST) | |
|---|---|---|---|---|---|
| 9 720 | 124 200 | 75 600 | 4 320 | AB 40 000 | |
| | | | | 8 640 | |

a) Welche Buchungen könnten zu den Fr. 9 720.– im Soll beim Warenertrag geführt haben?

b) Welche Buchungen könnten zu den Fr. 4 320.– im Haben beim Warenaufwand geführt haben?

c) Skizzieren Sie die obigen Konten, und berücksichtigen Sie noch folgende Geschäftsfälle:
– Einem Kunden wird ein Rabatt von Fr. 2 160.– gewährt.
– Einem Lieferanten werden mangelhafte Waren im Wert von Fr. 1 080.– retourniert.

d) Führen Sie zusätzlich zu obigen Konten die Konten Debitor Vorsteuer sowie Kreditor Umsatzsteuer, und verbuchen Sie für das 1. Quartal
– die Umsatzsteuern
– die Vorsteuern (auch auf Mobiliarkäufen)
– die geschuldete MWST
– die Postüberweisung der MWST

**54.7 Provisorische Erfolgsrechnung (1. Quartal 20_1)**
Aufwand                                                                                           Ertrag

| Warenaufwand | 302 400 | Warenertrag | 540 000 |
|---|---|---|---|
| Personalaufwand | 102 300 | | |
| Mietzins | 45 600 | | |
| Zinsen | 21 200 | | |
| Abschreibungen | 30 000 | | |
| Energie | 2 592 | | |
| Versicherungsprämien | 2 130 | | |
| Büromaterialaufwand | 432 | | |
| Werbung | 5 400 | | |
| Übriger Aufwand 8,0% | 6 480 | | |
| Übriger Aufwand 2,5% | 615 | | |
| Übriger Aufwand 0% | 2 700 | | |
| **Provisorischer Reingewinn** | **18 151** | | |
| | 540 000 | | 540 000 |

Sämtliche Aufwände und Erträge dieser Kleiderboutique wurden nach der Brutto-Methode verbucht. Lagerveränderungen haben nicht stattgefunden.

a) Rechnen Sie die Mehrwertsteuer für das 1. Quartal ab.

b) Wie hoch ist der tatsächliche Reingewinn nach Abrechnung der MWST?

**54.8** Welche Mehrwertsteuer-Sätze gelangen bei folgenden Gütern und Dienstleistungen zur Anwendung? Der richtige Satz ist anzukreuzen.

|  | 0% | 2,5% | 8,0% |
|---|---|---|---|
| a) Zeitungen |  |  |  |
| b) Versicherungen |  |  |  |
| c) Mobiliar |  |  |  |
| d) Rechtsberatung durch Anwalt |  |  |  |
| e) Benzin |  |  |  |
| f) Nahrungsmittel |  |  |  |
| g) Radio- und Fernsehabonnement |  |  |  |
| h) Konzertbillette |  |  |  |
| i) Elektrizität |  |  |  |
| k) Wohnungsmiete |  |  |  |
| l) Schmerztabletten |  |  |  |
| m) Uhrenexport |  |  |  |
| n) Arztkonsultation |  |  |  |

**54.9** Beantworten Sie die folgenden Fragen:

a) In wessen Kasse fliesst die Mehrwertsteuer?

b) Warum bezeichnet man die Mehrwertsteuer als Mehrphasensteuer?

c) Wem wird die Mehrwertsteuer in der Regel verdeckt verrechnet?

d) Warum werden vor allem die Waren des täglichen Bedarfs wie Nahrungsmittel, alkoholfreie Getränke, Bücher, Zeitungen und Medikamente mit einem reduzierten Steuersatz belastet?

e) Weshalb werden exportierte Waren nicht besteuert?

f) Weshalb spricht man bei der Mehrwertsteuer von einer indirekten Steuer?

g) Worin besteht der Unterschied zwischen der Steuerabrechnung nach vereinbartem und nach vereinnahmtem Entgelt?

h) Welche Abrechnungsart wird vom Bund normalerweise verlangt und weshalb?

# 55 Mehrstufige Erfolgsrechnung

**55.1** Durch den Ausweis des Erfolges auf mehreren Stufen können in der Erfolgsrechnung zusätzliche Informationen darüber gewonnen werden, welchen Anteil die einzelnen Bereiche der Unternehmung am Gesamterfolg erzielt haben.

a) Die Aufwände und Erträge der einstufigen Erfolgsrechnung sind im nachstehenden Schema einer mehrstufigen Erfolgsrechnung richtig einzusetzen.

| Aufwand | **Einstufige Erfolgsrechnung** | | Ertrag |
|---|---|---|---|
| Warenaufwand | 400 | Warenertrag | 800 |
| Personalaufwand | 250 | Betrieblicher Zinsertrag | 40 |
| Abschreibungen | 40 | Wertschriftenertrag | 15 |
| Wertschriftenaufwand | 8 | | |
| Übriger Betriebsaufwand | 90 | | |
| Reingewinn | 67 | | |
| | 855 | | 855 |

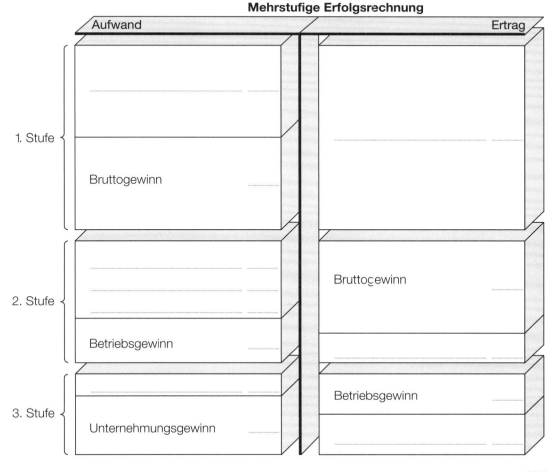

b) Wozu dient die Kenntnis des Bruttogewinns im Warenhandel?

c) Wozu dient die Kenntnis des Betriebsgewinnes?

d) Welche Erfolgselemente zählt man zum neutralen Bereich?

e) Erstellen Sie die unter a) in Kontoform dargestellte Erfolgsrechnung in Berichtsform.

f) Welchen Vorteil weist die Darstellung in Berichtsform gegenüber der Darstellung in Kontoform auf?

**55.2** Aufgrund der folgenden Angaben ist eine dreistufige Erfolgsrechnung in Berichtsform mit Ausweis des Bruttogewinns, des Betriebserfolges und des Unternehmungserfolges zu erstellen.

Warenaufwand 414, Warenertrag netto 594, Personalaufwand 130, Immobilienaufwand 8, Immobilienertrag 20, Zinsertrag (betrieblich) 10, Abschreibungen 20, Mietaufwand 30, Übriger Betriebsaufwand 14, Beteiligungsaufwand 4, Beteiligungsertrag 9, ausserordentlicher Aufwand (Brand im Lager) 4.

**55.3** Zeigen Sie, wie sich die in der Tabelle aufgeführten Geschäftsfälle auf Brutto-, Betriebs- und Unternehmungsgewinn auswirken.

+ = Zunahme
− = Abnahme
0 = Keine Auswirkung

| Nr. | Geschäftsfall | Bruttogewinn | Betriebsgewinn | Unternehmungsgewinn |
|---|---|---|---|---|
| 1. | Die Bank belastet uns Kontokorrentzinsen. | | | |
| 2. | Die Zunahme des Warenlagers wird berücksichtigt. | | | |
| 3. | Der Konkurs von Debitor X führt zu einer ausserordentlichen Abschreibung. | | | |
| 4. | Durch den Verkauf von Wertschriften werden Kursgewinne realisiert. | | | |
| 5. | Unsern guten Kunden gewähren wir auf den verkauften Waren einen Umsatzbonus. | | | |
| 6. | Die Bank belastet uns Hypothekarzinsen. | | | |
| 7. | Dem Geschäftsinhaber wird die Privatwohnung in der Geschäftsliegenschaft belastet. | | | |
| 8. | Mietzinseinnahmen von Dritten. | | | |
| 9. | Verrechnung der Mietzinsen für die Geschäftsräume. | | | |

**55.4** Erstellen Sie aufgrund der folgenden ungeordneten Angaben eines Fabrikationsbetriebes eine zweistufige Erfolgsrechnung in Kontoform mit Ausweis des Betriebserfolges in der ersten Stufe und des Unternehmungserfolges in der zweiten Stufe.

**Angaben** (alle Beträge in Fr. 1000.–)

| | |
|---|---:|
| – Rohmaterialaufwand | 2 350 |
| – Verkaufserlös Produkt A | 4 270 |
| – Hilfs- und Betriebsmaterialaufwand | 580 |
| – Lohnaufwand | 1 550 |
| – Übriger Betriebsaufwand | 1 020 |
| – Raumaufwand | 490 |
| – Abschreibungen | 280 |
| – Verkaufserlös Produkt B | 2 075 |
| – Beteiligungsertrag | 128 |
| – Zinsaufwand | 150 |
| – Liegenschaftenertrag | 95 |
| – Liegenschaftenaufwand | 120 |

**55.5** M. Arnold führt als Einzelunternehmer einen kleinen Elektrohandel. Er besitzt eine eigene Liegenschaft, wovon das Keller- und das Parterregeschoss durch das Geschäft belegt sind. Zwei Wohnungen sind an Dritte vermietet; die Attikawohnung bewohnt M. Arnold selber mit seiner Familie. Wertschriftenerfolg und Immobilienerfolg sind gemischt geführte Konten.

Aus der provisorischen Saldenbilanz sind folgende Zahlen bekannt:

| | |
|---|---:|
| – Warenaufwand | Fr. 435 000.– |
| – Lohnaufwand | Fr. 165 000.– |
| – Abschreibungen | Fr. 52 000.– |
| – Raumaufwand | Fr. 27 000.– |
| – Übriger Betriebsaufwand | Fr. 119 000.– |
| – Warenertrag | Fr. 887 000.– |
| – Betrieblicher Zinsertrag | Fr. 3 000.– |
| – Wertschriftenerfolg (Sollüberschuss) | Fr. 18 000.– |
| – Immobilienerfolg (Sollüberschuss) | Fr. 7 000.– |

a) Wie lauten die Buchungen für die beiden Nachträge, die in der provisorischen Saldenbilanz noch nicht berücksichtigt sind?

   1. Für die Geschäftsräume ist die Miete für das 2. Halbjahr
  noch zu berücksichtigen     Fr. 21 000.–

   2. M. Arnold sind für die Benutzung der Attikawohnung
  für die 2. Jahreshälfte zu belasten     Fr. 15 000.–

b) Erstellen Sie eine dreistufige Erfolgsrechnung in Kontoform, in welcher der Bruttogewinn, der Betriebsgewinn und der Unternehmungsgewinn nachgewiesen werden.

(Fortsetzung nächste Seite)

c) Mit welchem Bruttogewinnzuschlag (Bruttogewinn in Prozenten des Warenaufwandes) rechnet M. Arnold?

d) Zu welchem Preis bietet er einen Artikel X, den er für Fr. 20.– einkauft, an, wenn er in seine Verkaufspreise noch 5% Rabatt einrechnet?

**55.6** Stimmen die nachstehenden Aussagen zur mehrstufigen Erfolgsrechnung? Kreuzen Sie die richtigen Antworten an.

a) Der Bruttogewinn errechnet sich als Differenz zwischen Warenaufwand und Nettoerlös. ❏

b) Der Bruttogewinn ist die Summe aus Betriebs- und Gesamtgewinn. ❏

c) Ist der Bruttogewinn grösser als der Gemeinaufwand, resultiert ein Betriebsgewinn. ❏

d) In Fabrikationsbetrieben werden in der Regel nur Bruttogewinn und Unternehmungsgewinn ausgewiesen. ❏

e) Der Bruttogewinnzuschlag berechnet sich als Prozentsatz des Bruttogewinnes zum Einstandswert der verkauften Waren. ❏

f) Der neutrale Bereich beinhaltet Erfolgselemente, die sich weder positiv noch negativ auf den Unternehmungserfolg auswirken. ❏

g) Zum neutralen Bereich zählen alle ausserbetrieblichen und ausserordentlichen Aufwände und Erträge. ❏

h) Der Betriebsgewinn wird auch als Reingewinn oder Gesamtgewinn bezeichnet. ❏

i) Ein Immobilienertrag führt zu einer Verbesserung des Unternehmungserfolges. ❏

## Aufgaben zur Vertiefung

**55.10** Die Pirelli & Co. betreibt in der eigenen Liegenschaft einen Pneuhandel mit dazugehöriger Montagewerkstatt. Zwei Wohnungen sind an Dritte vermietet, eine Wohnung wird durch den Gesellschafter Pirelli bewohnt.

Die provisorische Erfolgsrechnung zeigt am Jahresende folgendes Bild:

|  | Aufwand in Fr. | Ertrag in Fr. |
|---|---:|---:|
| Nettoerlös aus Verkauf und Montage |  | 1 100 000.– |
| Mietzinsertrag |  | 26 600.– |
| Warenaufwand | 666 000.– |  |
| Lohnaufwand | 271 000.– |  |
| Raumaufwand | 0.– |  |
| Zinsen | 70 900.– |  |
| Büro und Verwaltungsaufwand | 34 600.– |  |
| Energieaufwand | 12 450.– |  |
| Unterhalt und Reparaturen | 5 500.– |  |
| Übriger Aufwand | 6 400.– |  |
| Abschreibungen | 19 400.– |  |
| Wertschriftenerfolg | 7 800.– |  |
| Reingewinn | 32 550.– |  |
|  | 1 126 600.– | 1 126 600.– |

Folgende Nachträge sind noch zu berücksichtigen:
1. Verrechnung der Jahresmiete für die Wohnung von Gesellschafter Pirelli Fr. 18 000.–.
2. Verrechnung der Jahresmiete für die Geschäftsräume Fr. 40 000.–.

a) Wie lauten die Buchungen für die beiden Nachträge?

b) Erstellen Sie ein gemischt geführtes Immobilienerfolgskonto mit Text, und ermitteln Sie den Immobilienerfolg. Die Anteile für die Liegenschaft wurden in den Aufwandsarten der Erfolgsrechnung nicht separat ausgewiesen; sie betragen:
   – Gehälter: Fr. 3 600.– für Hauswartsdienste
   – Zinsen: 5½% auf der Hypothek von Fr. 500 000.–
   – Energie: Fr. 8 750.– für Heizkosten
   – Unterhalt und Reparaturen: Fr. 4 200.– für die Liegenschaft
   – Übriger Aufwand: Fr. 3 900.– für Versicherungen, Gebühren u. Ä.
   – Abschreibungen: Fr. 15 000.– für die Liegenschaft

c) Erstellen Sie eine mehrstufige Erfolgsrechnung in Kontoform mit Ausweis des Betriebs- und Unternehmungserfolges.

**55.11** Die nachstehend in Berichtsform dargestellte Erfolgsrechnung eines Industriebetriebes ist ein schlechtes Beispiel aus der Praxis.

Stellen Sie diese mangelhafte Erfolgsrechnung richtig als zweistufige Erfolgsrechnung in Kontoform dar. Auf der ersten Stufe ist der Betriebsgewinn, auf der zweiten Stufe der Unternehmungsgewinn nachzuweisen.

|  |  | (in Fr. 1000.–) |
|---|---|---|
| **Fakturierter Verkaufsertrag** |  | **108 153** |
| Ausgangsfrachten und andere Erlösminderungen |  | 22 991 |
| **Nettoverkaufsertrag** |  | **85 162** |
| Produktionsaufwand der verkauften Produkte und Leistungen |  | 50 784 |
| **Bruttoergebnis** |  | **34 378** |
| Beteiligungserträge |  | 5 411 |
| Verschiedene Erträge (betrieblich) |  | 4 487 |
|  |  | 44 276 |
| Übriger Betriebsaufwand |  |  |
| – Verkaufs- und Verwaltungsaufwand, übrige Generalkosten | 19 234 |  |
| – Zinsaufwand | 1 749 | 20 983 |
|  |  | 23 293 |
| Ausserordentliche Erträge |  |  |
| Gewinn aus Grundstückverkäufen | 125 |  |
| Andere ausserordentliche Erträge | 673 | 798 |
|  |  | 24 091 |
| Abschreibungen und Rückstellungen |  | 17 205 |
| **Reingewinn** |  | **6 886** |

**55.12** In einer Wirtschaftszeitung wurde das Geschäftsjahr der Grieshaber Medizinaltechnik wie folgt kommentiert:

«Der Umsatz stieg im vergangenen Jahr um 20% auf Fr. 1 800 000.–, wobei ein Bruttogewinn von $33\frac{1}{3}$% (vom Warenaufwand) und ein Reingewinn von 4% des Verkaufsumsatzes erzielt werden konnte. 70% des Gemeinaufwandes wurden durch Lohnaufwand verursacht, 2% durch Werbung und nur $\frac{1}{9}$ durch den Raumaufwand. Der übrige Gemeinaufwand konnte praktisch auf dem Niveau des Vorjahres gehalten werden.»

Erstellen Sie aufgrund dieser Angaben eine zweistufige Erfolgsrechnung.

# 56 Kontenpläne und Kontenrahmen

**56.1** Kontenpläne sind übersichtliche Verzeichnisse aller Konten einer Unternehmung. Musterkontenpläne, die für eine ganze Branche gelten, nennt man Kontenrahmen.

Beantworten Sie folgende Fragen zum Kontenrahmen KMU, der zuhinterst im Buch abgebildet ist.

a) Welche Kontenklassen werden einander in der Bilanz gegenübergestellt?

b) Welche Kontennummer hat das Konto Schlussbilanz?

c) In welchen Kontenklassen werden betriebliche Aufwände verbucht?

d) In welcher Kontenklasse werden die betriebsfremden Aufwände verbucht?

e) Welche Nummern tragen die Wertberichtigungskonten zu den Aktiven?

f) Warum unterscheiden sich die Nummern der beiden Bankkonten?

g) Warum trägt das Konto Obligationenanleihen die Kontennummer 2430?

h) Welche Nummern würden Sie für das Eigenkapital- sowie das Privatkonto bei einer Einzelunternehmung verwenden?

i) Welche Nummern würden Sie für die Kapitalkonten sowie die Privatkonten einer Kollektivgesellschaft mit den Gesellschaftern A und B verwenden?

**56.2** Nennen Sie die Nummern sowie die Bezeichnungen der Kontenklassen, die einander für die Errichtung einer Schlussbilanz vor Gewinnverbuchung sowie einer dreistufigen Erfolgsrechnung gegenübergestellt werden, und tragen Sie diese in die leeren Felder ein.

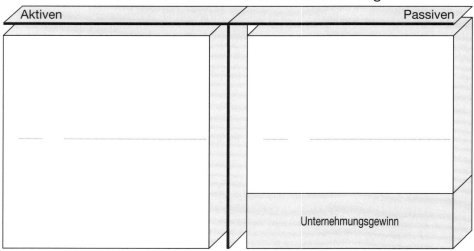

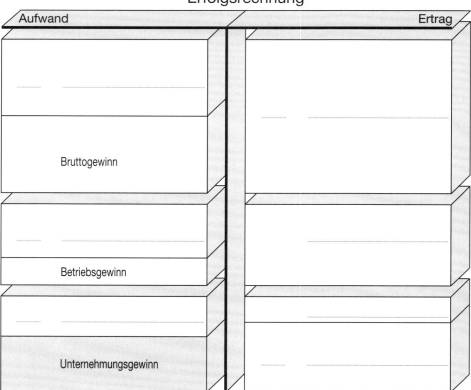

**56.3** In welche Kontenklassen des Kontenrahmens KMU gehören folgende Konten (ankreuzen)?

| Nr. | Konto | Klassen | | | | | | | | |
|---|---|---|---|---|---|---|---|---|---|---|
| | | 1 | 2 | 3 | 4 | 5 | 6 | 7 | 8 | 9 |
| 1. | Wertschriften | | | | | | | | | |
| 2. | Dividenden | | | | | | | | | |
| 3. | Warenaufwand | | | | | | | | | |
| 4. | Immobilienerfolg | | | | | | | | | |
| 5. | Zinsaufwand | | | | | | | | | |
| 6. | Warenertrag | | | | | | | | | |
| 7. | Erfolgsrechnung | | | | | | | | | |
| 8. | Wertschriftenerfolg | | | | | | | | | |
| 9. | Aktienkapital | | | | | | | | | |
| 10. | Beteiligungen | | | | | | | | | |
| 11. | Lohnaufwand | | | | | | | | | |
| 12. | Ausserordentlicher Aufwand | | | | | | | | | |
| 13. | Offene Reserven | | | | | | | | | |
| 14. | Bilanz | | | | | | | | | |
| 15. | Rohmaterialaufwand | | | | | | | | | |
| 16. | Stille Reserven (in interner Bilanz) | | | | | | | | | |
| 17. | Immobilien | | | | | | | | | |
| 18. | Abschreibungen | | | | | | | | | |
| 19. | Zinsertrag | | | | | | | | | |
| 20. | Übriger Betriebsaufwand | | | | | | | | | |

**56.4** Jeder Geschäftsfall wird durch einen **Beleg** (Quittung, Rechnung, Bankgutschriftsanzeige, Postgirozettel u. a.) dokumentiert. Die Belege bilden die Grundlage für die Verbuchung der Geschäftsfälle.

Damit man weiss, wie die Belege zu verbuchen sind, müssen diese **kontiert** werden, d. h., man muss auf den Belegen vermerken, auf welche Konten welche Beträge gebucht werden müssen. Als technisches Hilfsmittel wird dazu in vielen Unternehmungen ein sogenannter Kontierungsstempel auf den Beleg gedrückt.

Werden beispielsweise mit einem Zahlungsauftrag an die Post Fr. 3000.– für Kreditorenzahlungen sowie Fr. 1500.– für die Miete des Ladenlokals überwiesen, weist der Kontierungsstempel nebenstehende Eintragungen auf. ❶

| Konto-nummer | Betrag Soll | Haben |
|---|---|---|
| 1010 | | 4 500.– |
| 2000 | 3 000.– | |
| 6000 | 1 500.– | |
| | 4 500.– | 4 500.– |

Kontieren Sie auf der Grundlage des Kontenrahmens KMU zuhinterst im Buch folgende Belege:

a) Mit Zahlungsauftrag Nr. 23 an die Post wurden folgende Beträge überwiesen:

– Lieferantenkreditoren     Fr. 30 000.–
– Zahlung an die
 AHV-Ausgleichskasse    Fr. 12 000.–
                                            Fr. 42 000.–

a)

| Konto-nummer | Betrag Soll | Haben |
|---|---|---|
| | | |
| | | |
| | | |
| | | |

b) Die Gutschriftsanzeige der Bank für die Zinsen auf Kassaobligationen beträgt Fr. 650.–.

b)

| Konto-nummer | Betrag Soll | Haben |
|---|---|---|
| | | |
| | | |
| | | |
| | | |

c) Das Betreibungsverfahren gegen Debitor Lüscher ist abgeschlossen.
Die Postgutschrift für die Konkursdividende von 40% beträgt Fr. 4000.–. Die restliche Forderung ist abzuschreiben. Die MWST ist zu vernachlässigen.

c)

| Konto-nummer | Betrag Soll | Haben |
|---|---|---|
| | | |
| | | |
| | | |
| | | |

❶ Ausser der Kontierung enthält ein Kontierungsstempel in der Praxis auch noch Felder für den Eintrag des Buchungsdatums sowie der Visa des Buchhalters und des für den Geschäftsfall Verantwortlichen.

**56.5** Nennen Sie die Buchungssätze für folgende Geschäftsfälle der **Einzelunternehmung** S. Köpfli. Verlangt wird die Angabe der Kontennummern sowie der Beträge. Grundlage für die Kontierung bildet der Kontenrahmen KMU zuhinterst im Buch.

| Nr. | Geschäftsfall | Buchungssatz | | |
|---|---|---|---|---|
| | | Soll | Haben | Betrag |
| 1. | Die Geschäftsinhaberin erhöht ihr Eigenkapital durch eine Bareinlage von Fr. 30 000.–. | | | |
| 2. | Den Warenertrag bucht S. Köpfli jeweils einschliesslich MWST (Umsatzsteuer). Im vierten Quartal beträgt dieser Fr. 226 800.–. Die MWST (Umsatzsteuer) von 8,0% ist abzurechnen. | | | |
| 3. | Debitor X wird betrieben. Der durch Post ans Betreibungsamt überwiesene Kostenvorschuss von Fr. 100.– ist zu verbuchen. | | | |
| 4. | a) Mieter zahlen Fr. 4 000.– auf das Postkonto der Unternehmung ein. | | | |
| | b) Die Miete für die Geschäftsräumlichkeiten in der eigenen Liegenschaft beträgt Fr. 24 000.–. | | | |
| | c) Die Miete für die Wohnung von S. Köpfli in der eigenen Liegenschaft von Fr. 6 000.– wird verrechnet. | | | |
| 5. | a) Die Bank schreibt Kontokorrentzinsen von netto Fr. 650.– gut. Der Verrechnungssteueranspruch ist auch zu buchen. | | | |
| | b) Die Bank schreibt Zinsen auf Obligationen von Fr. 1 950.– gut. Der Verrechnungssteueranspruch ist auch zu buchen. | | | |
| 6. | Die Wertberichtigung für mutmassliche Debitorenverluste ist am Jahresende von Fr. 6 000.– (Bestand am Jahresanfang) auf Fr. 5 000.– (Bestand am Jahresende) zu vermindern. | | | |
| 7. | S. Köpfli hat am 31. Oktober 20_1 ein Darlehen von Fr. 100 000.– aufgenommen, das jeweils am 31. Oktober zu 6% p. a. verzinst werden muss. | | | |
| | a) Wie bucht S. Köpfli beim Jahresabschluss, wenn der Zins jeweils nachschüssig über das Postkonto bezahlt wird (was allgemein üblich ist)? | | | |
| | b) Wie bucht S. Köpfli beim Jahresabschluss, wenn der Zins jeweils im Voraus über das Postkonto bezahlt wird? | | | |
| 8. | Der Warenvorrat hat um Fr. 2 000.– zugenommen. | | | |

**56.6** Nennen Sie die Buchungssätze für folgende Geschäftsfälle der **Kollektivgesellschaft** Derksen und Meier (Beträge in Kurzzahlen). Verlangt wird die Angabe der Kontennummern sowie der Beträge. Grundlage bildet der Kontenrahmen KMU zuhinterst im Buch. Zusätzliche Konten: 2800 Kapital Derksen, 2801 Kapital Meier, 2850 Privat Derksen, 2851 Privat Meier.

| Nr. | Geschäftsfall | Buchungssatz | | |
|---|---|---|---|---|
| | | Soll | Haben | Betrag |
| 1. | Es sind noch folgende Zinsen abzugrenzen: | | | |
| | a) Von den Mietern zum Voraus einbezahlte Mietzinsen 2 | | | |
| | b) Aufgelaufene Hypothekarzinsen 18 | | | |
| 2. | Die Stromrechnungen des Elektrizitätswerkes treffen ein: | | | |
| | a) Stromverbrauch des Geschäftes 12 | | | |
| | b) Stromverbrauch von Teilhaber Derksen in seiner Privatwohnung 4 (Teilhaber Derksen zahlt seine Privatrechnungen über das Geschäft) | | | |
| | c) Stromverbrauch für die Beleuchtung von Treppenhaus und Vorplatz 1 | | | |
| | d) Stromverbrauch von Frau Müller (einer Mieterin) 10 | | | |
| 3. | Das Konto Wertschriften weist vor der Korrekturbuchung einen Sollumsatz von 120 sowie einen Habenumsatz von 80 auf. Der Wertschriftenbestand gemäss Inventar beträgt 30. | | | |
| | a) Wie lautet die Korrekturbuchung? | | | |
| | b) Mit welcher Buchung wird der Saldo des Wertschriftenkontos auf die Schlussbilanz übertragen? | | | |
| 4. | Teilhaber Derksen bezieht Waren im Verkaufswert von 1. | | | |
| 5. | Teilhaberin Meier ist der Eigenlohn für den Dezember von 6 gutzuschreiben. | | | |
| 6. | Teilhaber Derksen bringt sein Privatauto im Wert von 16 als Kapitaleinlage ins Geschäft ein. | | | |
| 7. | Vom Gewinn ist Teilhaber Derksen 11 auf dem Privatkonto gutzuschreiben. | | | |

**56.7** Nennen Sie die Buchungssätze für folgende Geschäftsfälle der **Aktiengesellschaft** R. Kisseleff AG (Beträge in Kurzzahlen). Verlangt wird die Angabe der Kontennummern sowie der Beträge. Grundlage für die Kontierung bildet der Kontenrahmen KMU zuhinterst im Buch.

| Nr. | Geschäftsfall | Buchungssatz | | |
|---|---|---|---|---|
| | | Soll | Haben | Betrag |
| 1. | Am Jahresende sind folgende Abschreibungen vorzunehmen: | | | |
| | a) Mobiliar (direkt) 8 | | | |
| | b) Maschinen (indirekt) 10 | | | |
| | c) Immobilien (direkt) 5 | | | |
| | d) Debitoren (direkt) 4 | | | |
| | e) Debitoren (indirekt) 2 | | | |
| 2. | Aufgrund der Lohn- und Gehaltsabrechnung sind noch folgende Buchungen vorzunehmen: | | | |
| | a) Lohnzahlungen von 150 durch Bankgiro | | | |
| | b) Arbeitnehmerbeiträge für AHV/IV/EO/ALV und PK 18 | | | |
| | c) Arbeitgeberbeiträge für AHV/IV/EO/ALV und PK 20 | | | |
| 3. | a) Die Frachtrechnung von 3 für den Transport gekaufter Waren trifft ein. | | | |
| | b) Die Frachtrechnung von 8 für den Transport einer gekauften Maschine trifft ein. | | | |
| | c) Der Verkaufserlös inkl. 8,0% MWST beträgt 3240. Die Umsatzsteuer ist abzurechnen. | | | |
| | d) Wir erwarten einen Umsatzbonus von 10 auf den beim Hauptlieferanten getätigten Wareneinkäufen. Wie lautet die Abgrenzung am Jahresende? | | | |
| | e) Der Warenvorrat hat um 20 abgenommen. Wie lautet die Korrekturbuchung am Jahresende? | | | |
| 4. | Im Rahmen der Gewinnverbuchung Ende Jahr und der Gewinnverwendung nach der GV sind noch folgende Geschäftsfälle zu verbuchen: | | | |
| | a) Übertrag des Reingewinnes auf den Gewinnvortrag 40 | | | |
| | b) Reservenbildung 2 | | | |
| | c) Dividendenzuweisung 40 | | | |
| | d) Dividendenauszahlung 26 (Bank) | | | |
| | e) Gutschrift Verrechnungssteuer für die Dividendenauszahlung 14 (vgl. d) | | | |

**56.8**

Beschreiben Sie die Geschäftsfälle, die zu den Eintragungen im Kontierungsstempel geführt haben, indem Sie für jede Kontierungszeile einen Kurztext angeben.

a)

| Konto | Soll | Haben |
|---|---|---|
| 1020 | 5 880 | |
| 1100 | | 6 000 |
| 3200 | 120 | |
| Total | 6 000 | 6 000 |

b)

| Konto | Soll | Haben |
|---|---|---|
| 7400 | | 10 000 |
| 2100 | 6 500 | |
| 1176 | 3 500 | |
| Total | 10 000 | 10 000 |

c)

| Konto | Soll | Haben |
|---|---|---|
| 2000 | 1 000 | |
| 1020 | | 1 030 |
| 4200 | 30 | |
| Total | 1 030 | 1 030 |

d)

| Konto | Soll | Haben |
|---|---|---|
| 1600 | 800 000 | |
| 2451 | | 500 000 |
| 1060 | | 300 000 |
| Total | 800 000 | 800 000 |

e)

| Konto | Soll | Haben |
|---|---|---|
| 6000 | 20 000 | |
| 2850 | 10 000 | |
| 7500 | | 30 000 |
| Total | 30 000 | 30 000 |

f)

| Konto | Soll | Haben |
|---|---|---|
| 5000 | 50 000 | |
| 1010 | | 44 000 |
| 2270 | | 6 000 |
| Total | 50 000 | 50 000 |

**56.9** Auf Seite 305/307 hinten im Buch finden Sie zu diesem Thema ein Spiel. Trennen Sie die Domino-Steine entlang der Perforation aus dem Buch, und fügen Sie diese so zusammen, dass sich die richtigen Buchungssätze ergeben. Wenn Sie diese Steine richtig zusammenfügen, ergibt sich eine geschlossene Kette von Steinen. Viel Spass.

**56.10** Die Probebilanz der Kollektivgesellschaft Haller und Lirk vom 31. Dezember 20_1 zeigt folgendes Bild (Kurzzahlen):

|  | Soll | Haben |
|---|---:|---:|
| Kasse | 20 | 12 |
| Post | 490 | 430 |
| Debitoren | 550 | 440 |
| Delkredere |  | 10 |
| Transitorische Aktiven | 20 | 12 |
| Warenbestand | 140 |  |
| Mobilien | 30 |  |
| Kreditoren | 251 | 360 |
| Transitorische Passiven | 6 | 11 |
| Privat Haller | 50 | 55 |
| Privat Lirk | 62 | 55 |
| Kapital Haller |  | 100 |
| Kapital Lirk |  | 60 |
| Warenaufwand | 380 | 10 |
| Lohnaufwand | 164 |  |
| Abschreibungen |  |  |
| Zinsaufwand |  |  |
| Debitorenverluste | 4 |  |
| Übriger Betriebsaufwand | 62 |  |
| Warenertrag | 6 | 680 |
|  | 2 235 | 2 235 |

Verbuchen Sie folgende Nachträge, und erstellen Sie die Abschlussrechnungen.

1. Warenvorrat laut Inventar 120.
2. Den Teilhabern werden 10% Eigenzins auf der Kapitaleinlage gutgeschrieben.
3. Den Teilhabern werden jeden Monat 5 Eigenlohn gutgeschrieben. Der Monat Dezember ist noch zu buchen.
4. Voraussichtlich werden von den ausstehenden Kundenguthaben 7 nicht mehr eingehen.
5. Der erwartete Umsatzbonus auf den Wareneinkäufen beträgt 5. Die Gutschrift ist noch nicht eingetroffen.
6. Da der Wert des Schweizer Frankens gegenüber den ausländischen Währungen zugenommen hat, sind vor dem Abschluss auf den unbezahlten Rechnungen in Fremdwährung noch folgende Korrekturen vorzunehmen: Wareneinkäufe 2, Warenverkäufe 4.
7. Abschreibungen auf Mobilien 8.
8. Die Rechnung für eine kürzlich durchgeführte Werbekampagne ist noch nicht eingetroffen. Die seinerzeitige Offerte betrug 10.
9. Der Erfolg ist im Verhältnis der Kapitaleinlagen auf die Privatkonten zu verteilen. Haller lässt den ganzen Betrag auf dem Privatkonto stehen, Lirk bezieht die Hälfte sofort bar.

**56.11** Verbuchen Sie folgende Geschäftsfälle der Einzelunternehmung A. Weiner, EDV-Beratung, auf der Grundlage des Kontenrahmens KMU. Der Kontenrahmen KMU ist zuhinterst im Buch abgebildet.

| Nr. | Geschäftsfall | Buchungssatz | | |
|---|---|---|---|---|
| | | Soll | Haben | Betrag |
| 1. | Bankzahlung der Monatsmiete für das Geschäftslokal von Fr. 2 000.– (Bankkontokorrentkonto zugunsten A. Weiner) | | | |
| 2. | A. Weiner stellt Rechnung für geleistete Beratungen für Fr. 10 800.– (inkl. MWST). Die MWST ist nach der Netto-Methode ebenfalls zu buchen. | | | |
| 3. | Kauf eines PCs auf Kredit für Fr. 6 480.– (inkl. MWST). Die MWST ist nach der Netto-Methode ebenfalls zu buchen. | | | |
| 4. | Abschreibung (indirekt) der EDV-Anlagen Fr. 7 000.– | | | |
| 5. | Gutschrift Eigenlohn A. Weiner Fr. 8 000.– | | | |
| 6. | Bankgutschrift für Kontokorrentzinsen von netto Fr. 65.–. Die Verrechnungssteuer ist auch zu buchen. | | | |
| 7. | Eine Debitorenforderung von Fr. 2 800.– muss definitiv abgeschrieben werden. | | | |
| 8. | Die Rechnung für eine Reparatur am Geschäftsauto ist noch nicht eingetroffen. Der geschätzte Betrag von Fr. 1 700.– ist transitorisch abzugrenzen. | | | |

# 6. Teil    Kalkulation

## 61    Kalkulation im Handelsbetrieb

**61.1** Aus der Optik-AG liegt die Erfolgsrechnung für das Jahr 20_0 vor.

| Aufwand | | Erfolgsrechnung | Ertrag |
|---|---|---|---|
| Warenaufwand | 150 000 | Nettoerlös | 330 000 |
| Bruttogewinn | 180 000 | | |
| | 330 000 | | 330 000 |
| Personalaufwand | 108 000 | Bruttogewinn | 180 000 |
| Raumaufwand | 18 000 | | |
| Übriger Aufwand | 24 000 | | |
| Reingewinn | 30 000 | | |
| | 180 000 | | 180 000 |

a) Setzen Sie im folgenden Kalkulationsschema die fehlenden Werte gemäss obiger Erfolgsrechnung ein.

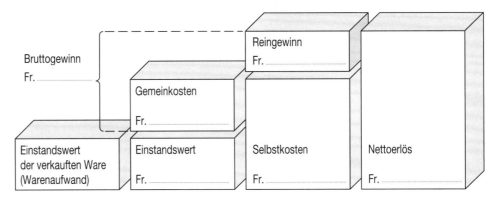

b) Für die Einzelkalkulation sind die Gemeinkosten, der Reingewinn und der Bruttogewinn als prozentuale Zuschlagssätze zu errechnen.

$$\text{Gemeinkostenzuschlag} = \frac{\text{Gemeinkosten} \cdot 100\%}{\text{Einstandswert}} = \underline{\qquad} = \underline{\qquad} \%$$

$$\text{Reingewinnzuschlag} = \frac{\text{Reingewinn} \cdot 100\%}{\text{Selbstkosten}} = \underline{\qquad} = \underline{\qquad} \%$$

$$\text{Bruttogewinnzuschlag} = \frac{\text{Bruttogewinn} \cdot 100\%}{\text{Einstandswert}} = \underline{\qquad} = \underline{\qquad} \%$$

c) Vervollständigen Sie das folgende Schema zur Gesamt- und zur Einzelkalkulation. Für die Gesamtkalkulation gelten die Zahlen aus der Erfolgsrechnung der Optik-AG. Bei der Einzelkalkulation soll der Nettoerlös für ein Gerät mit einem Einstandswert von Fr. 200.– berechnet werden.

|  | Gesamt-kalkulation | Zuschlags-sätze | Einzel-kalkulation |
|---|---|---|---|
| Einstandswert |  | ///// | 200.– |
| + Gemeinkosten |  |  |  |
| = Selbstkosten |  | ///// |  |
| + Reingewinn |  |  |  |
| = Nettoerlös |  | ///// |  |

d) Warum entspricht der Bruttogewinnzuschlag nicht der Summe aus Gemeinkostenzuschlag und Reingewinnzuschlag?

e) Bei welchen Kosten spricht man von direkten Kosten, bei welchen von indirekten Kosten? Begründen Sie Ihre Antwort.

**61.2** Setzen Sie die zu den nachstehenden Rechnungen die richtigen Lösungen ein.

| Nr. | Rechnung | Lösung |
|---|---|---|
| 1. | Nettoerlös – Selbstkosten |  |
| 2. | Warenaufwand + Gemeinkosten |  |
| 3. | Selbstkosten – Gemeinkosten |  |
| 4. | Nettoerlös – Warenaufwand |  |
| 5. | Selbstkosten – Warenaufwand |  |
| 6. | Gemeinkosten + Reingewinn |  |
| 7. | Selbstkosten + Reingewinn |  |
| 8. | Bruttogewinn – Gemeinkosten |  |

**61.3** Wie lauten die fehlenden Begriffe?

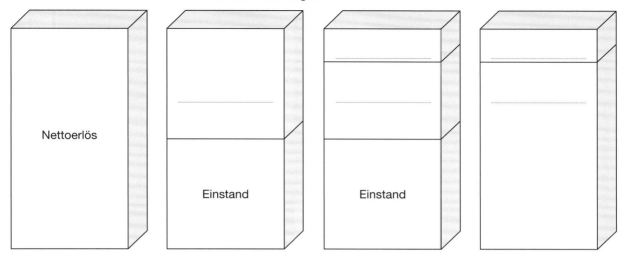

**61.4** Wie heissen die fehlenden Begriffe?

| Nettoerlös | | |
|---|---|---|
| | | Reingewinn |
| | | Reingewinn |
| | Bruttogewinn | |

**61.5** Aus dem kleinen Quartierladen Bianca & Co. sind folgende Zahlen bekannt:

Warenaufwand    Fr. 140 000.–
Gemeinkosten    Fr.  84 000.–
Nettoerlös      Fr. 280 000.–

a) Erstellen Sie die Gesamtkalkulation.

b) Ermitteln Sie die Zuschlagssätze für die Gemeinkosten, den Reingewinn und den Bruttogewinn.

c) Wie gross sind die Selbstkosten für ein Produkt, das für Fr. 4.– beim Produzenten eingekauft wird und für das Fr. –.80 Bezugskosten anfallen?

d) Zu welchem Preis wird dieses Produkt im Laden angeschrieben, wenn noch 4% für Rabattmarken und 8,0% MWST eingerechnet werden?

e) Wie gross ist die Bruttogewinnmarge (Bruttogewinn in Prozenten des Nettoerlöses)?

**61.6** Berechnen Sie die fehlenden Grössen in der folgenden Tabelle:

|   | Einstands-wert | Gemeinkosten | | Selbst-kosten | Reingewinn | | Nettoerlös | Brutto-gewinn | |
|---|---|---|---|---|---|---|---|---|---|
|   |   | in Fr. | in % des Ein-standes |   | in Fr. | in % der Selbst-kosten |   | in Fr. | in % des Ein-standes |
| a) | 5 000.– | 3 000.– |   |   | 2 000.– |   |   |   |   |
| b) | 400.– |   |   | 800.– |   |   | 1 000.– |   |   |
| c) | 300.– |   |   |   | 60.– |   |   | 360.– |   |
| d) |   |   | 50% | 1 500.– |   | 20% |   |   |   |
| e) |   |   | 33⅓% |   | 140.– |   |   | 280.– |   |
| f) |   |   |   |   | 800.– |   |   | 1 600.– | 40% |
| g) |   | 50.– | 100% |   | – 30.– |   |   |   |   |
| h) | 90.– |   | 200% |   |   |   |   |   | 350% |
| i) |   | 45.– |   | 75.– |   |   | 90.– |   |   |
| k) | 7 000.– |   |   | 16 800.– | – 4 200.– |   |   |   |   |
| l) |   |   |   | 16.– |   | 12½% |   | 6.– |   |
| m)* |   |   | 33⅓% |   |   | 5% |   | 24.– |   |

\* Falls Sie das Resultat nach einer halben Stunde noch nicht gefunden haben, konsultieren Sie bitte Ihren Lehrer!

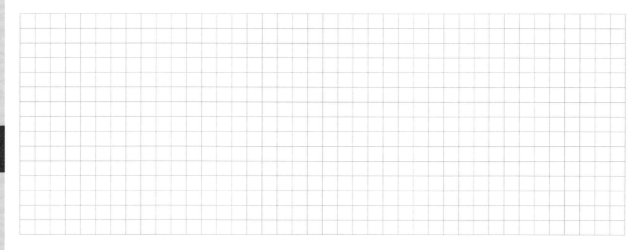

**61.7** Eine Unternehmung kauft einen Artikel zu folgenden Bedingungen beim Lieferanten ein:

| | |
|---|---|
| Katalogpreis des Lieferanten | Fr. 300.– |
| Wiederverkaufsrabatt | 33⅓% |
| Skonto | 2% |
| Bezugskosten | Fr. 14.– |

Aufgrund der Gesamtkalkulation betragen der Gemeinkostenzuschlag 50% des Einstandspreises und der Reingewinnzuschlag 20% der Selbstkosten. Die Verkaufssonderkosten werden mit 16⅔% des Nettoerlöses berücksichtigt, im Verkaufspreis werden zudem 2% Skonto und 10% Aktionsrabatt eingerechnet.

a) Errechnen Sie aufgrund des folgenden Kalkulationsschemas den Bruttokreditverkaufspreis.

| | | | | |
|---|---|---|---|---|
| | Bruttokreditankauf | Fr. _____ | _____ % | |
| − | Rabatt | Fr. _____ | _____ % | |
| = | Nettokreditankauf | Fr. _____ | _____ % → | _____ % |
| − | Skonto | Fr. _____ | | _____ % |
| = | Nettobarankauf | Fr. _____ | | _____ % |
| + | Bezugskosten | Fr. _____ | | |
| = | Einstandspreis | Fr. _____ | _____ % | |
| + | Gemeinkosten | Fr. _____ | _____ % | |
| = | Selbstkosten | Fr. _____ | _____ % → | _____ % |
| + | Reingewinn | Fr. _____ | | _____ % |
| = | Nettoerlös | Fr. _____ | _____ % ← | _____ % |
| + | Verkaufssonderkosten | Fr. _____ | _____ % | |
| = | Nettobarverkauf | Fr. _____ | _____ % → | _____ % |
| + | Skonto | Fr. _____ | | _____ % |
| = | Nettokreditverkauf | Fr. _____ | _____ % ← | _____ % |
| + | Rabatt | Fr. _____ | _____ % | |
| = | Bruttokreditverkauf | Fr. _____ | _____ % | |

b) Wie gross ist der Bruttogewinn in Franken und in Prozenten des Einstandspreises?

c) Welche andern Begriffe kennen Sie für
- Nettokreditankauf bzw. Nettokreditverkauf
- Nettobarankauf bzw. Nettobarverkauf

d) Wann spricht man von aufbauender, wann von abbauender Kalkulation?

e) Berechnen Sie aufgrund der Kalkulation unter a) die Schlüsselzahl, mit welcher man durch eine einzige Multiplikation vom Einstandspreis auf den Bruttokreditverkaufspreis schliessen kann.

f) Berechnen Sie die Schlüsselzahl, mit welcher vom Bruttokreditverkaufspreis direkt auf den Einstandspreis geschlossen werden kann.

g) In welchen Fällen ist die Anwendung von Schlüsselzahlen sinnvoll?

h) Wie hoch ist bei obigen Kalkulationssätzen der Bruttokreditverkaufspreis eines Produktes, dessen Einstandspreis Fr. 120.– beträgt?

i) Welches ist bei obigen Kalkulationssätzen der Einstandspreis eines Produktes, dessen Bruttoverkaufspreis Fr. 75.– beträgt?

**61.8** Berechnen Sie aufgrund der gegebenen Daten den Bruttokreditverkaufspreis und/oder den Bruttoankaufspreis.

|  | a) | b) | c) | d) |
|---|---|---|---|---|
| Bruttokreditankauf | Fr. 100.– | ? | ? | Fr. 85.– |
| Rabatt | 40% | 33⅓% | 25% | 20% |
| Skonto | 2% | 2½% | – | 2½% |
| Bezugskosten | Fr. 11.20 | Fr. 1.50 | 4%❶ | Fr. 5.70 |
| Bruttogewinn (vom Einstand) | 40% | 80% | 60% = Fr. 75.– | 50% |
| Verkaufssonderkosten | –.– | Fr. 6.– | Fr. 61.90 | 10%❷ |
| Skonto | 2% | – | 3% | – |
| Rabatt | 20% | 5% | 10% | 4% |
| Bruttokreditverkauf | ? | Fr. 120.– | ? | ? |

❶ vom Einstand
❷ vom Nettobarverkauf

**61.9** Auf Seite 309 hinten im Buch finden Sie zu diesem Thema ein Spiel. Trennen Sie die Domino-Steine entlang der Perforation aus dem Buch, und fügen Sie diese so zusammen, dass die gerasterte Seite eines Steines immer neben die passende ungerasterte Fläche des nächsten Steines zu liegen kommt. Wenn Sie die Domino-Steine richtig zusammenfügen, ergibt sich eine geschlossene Kette. Viel Spass.

**61.10** Das Warenhaus «X für U» kalkuliert normalerweise mit 120% Bruttogewinnzuschlag auf dem Einstandspreis. Im Ausverkauf werden alle Artikel 30% unter den kalkulierten Verkaufspreisen angeboten.

a) Welcher Bruttogewinn in Fr. wurde erzielt, wenn der Verkaufserlös aus dem Ausverkauf Fr. 123 200.– ausmacht?

b) Mit welcher Schlüsselzahl müssen die bisherigen Einstandspreise multipliziert werden, damit die Ausverkaufspreise direkt errechnet werden können?

**61.11** Grossist M. Zingg kalkuliert mit folgenden Prozentsätzen:

| | |
|---|---|
| – Gemeinkosten vom Einstandspreis | 30% |
| – Reingewinn von den Selbstkosten | 12% |
| – Verkaufssonderkosten vom Nettoerlös | 10% |
| – Skonto | 2% |
| – Wiederverkaufsrabatt | 40% |

a) Wie gross ist der Gesamtzuschlag in Prozenten des Einstandspreises?

b) Wie gross ist die Schlüsselzahl, mit welcher vom Einstandspreis auf den Bruttokreditverkaufspreis geschlossen werden kann?

c) Zu welchem Preis wird ein Artikel mit Fr. 8.50 Einstandspreis angeboten?

d) Wie gross ist der Einstandspreis eines Artikels, dessen Katalogpreis Fr. 79.– beträgt?

**61.12** Aus der Erfolgsrechnung eines Handelsbetriebs sind folgende Prozentsätze bekannt: Der Bruttogewinn beträgt 50% des Einstandes und der Reingewinn 20% des Nettoerlöses.

a) Wie viel Prozent der Selbstkosten beträgt der Reingewinn?

b) Wie gross ist der Nettoerlös, wenn die Gemeinkosten Fr. 73 150.– betragen?

c) Bei welchem Umsatz zu Einstandspreisen würde ein Reingewinn von Fr. 202 500.– erzielt?

**61.13** Aus der Keller AG sind folgende Zahlen bekannt:

| | |
|---|---|
| – Warenaufwand | Fr. 450 000.– |
| – Bruttogewinn vom Nettoerlös | 50% |
| – Reingewinn von den Selbstkosten | 12½% |

a) Wie gross sind die Gemeinkosten dieser Unternehmung?

b) Für das nächste Jahr wird mit einer Zunahme der Gemeinkosten um 10% gerechnet. Bei welchem Verkaufsumsatz wird der gleiche Reingewinn in Fr. wie im Vorjahr erzielt?

**61.14** Aus der Buchhaltung der Haushalt-AG sind folgende Daten bekannt:

| | |
|---|---|
| – Warenanfangsbestand | Fr. 30 000.– |
| – Wareneinkäufe (inklusive MWST) | Fr. 160 000.– |
| – Bezugskosten | Fr. 5 700.– |
| – Warenverkäufe (inklusive MWST) | Fr. 327 940.– |
| – Rabatte von Lieferanten | Fr. 4 000.– |
| – Rabatte und Skonti an Kunden | Fr. 2 700.– |
| – Rücksendungen von Kunden | Fr. 900.– |
| – Rücksendungen an Lieferanten | Fr. 3 100.– |
| – Warenendbestand | Fr. 27 000.– |
| – Gemeinkosten | Fr. 113 850.– |
| – MWST auf Warenverkäufen | Fr. 24 025.– |
| – MWST auf Wareneinkäufen | Fr. 11 748.– |

a) Verbuchen Sie die obigen Tatbestände in den Konten Warenvorrat, Warenaufwand und Warenertrag, und schliessen Sie diese Konten ab.

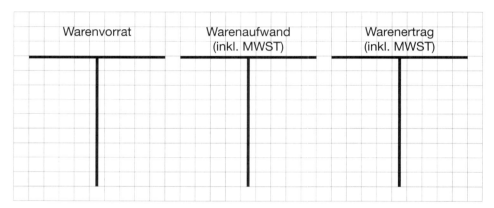

b) Erstellen Sie die Gesamtkalkulation, und bestimmen Sie die Zuschlagssätze für die Gemeinkosten, den Reingewinn und den Bruttogewinn.

| | | | |
|---|---|---|---|
| Einstandswert (Warenaufwand) | Fr. _____ | | |
| + Gemeinkosten | Fr. _____ | _____ % | |
| = Selbstkosten | Fr. _____ | Bruttogewinn _____ % | |
| + Reingewinn | Fr. _____ | _____ % | |
| = Nettoerlös | Fr. _____ | | |

c) Wie lautet der Buchungssatz für die Postüberweisung der geschuldeten MWST?

## Aufgaben zur Vertiefung

**61.20** Ein Viehhändler verkauft zwei Milchkühe zu Fr. 6000.–. Die eine Kuh bringt ihm einen Gewinn von 20%, die andere einen Verlust von 20% der Selbstkosten.

Hat der Viehhändler bei diesem Verkauf gesamthaft etwas gewonnen oder verloren? Begründen Sie Ihr Resultat zahlenmässig.

**61.21** Für einen Artikel beträgt der Einstandspreis Fr. 33.30. Verkauft wird dieser Artikel für Fr. 49.95. Die gesamthaften Gemeinkosten betragen Fr. 45000.–.

a) Wie gross ist der Bruttogewinn in Prozenten des Einstandes?

b) Wie gross ist der Erfolg für diesen Artikel, wenn 3500 Stück abgesetzt werden können?

c) Wie gross muss die verkaufte Stückzahl sein, um bei einem Verkaufspreis von Fr. 45.– denselben Reingewinn wie unter b) zu erzielen?

**61.22** Der Nettoverkaufspreis des Artikels Z beträgt ohne MWST Fr. 950.–.

a) Wie viel beträgt der Bruttoverkaufspreis inklusive 8,0% MWST, wenn dem Käufer 5% Rabatt vom Bruttoverkaufspreis gewährt werden sollen?

b) Wie gross ist die abzuliefernde MWST auf Artikel Z, wenn der Käufer den Rabatt beansprucht?

c) Der Händler rechnet mit 60% Gemeinkosten vom Einstand und 25% Reingewinn von den Selbstkosten.

Wie gross ist der Einstandspreis von Artikel Z?

d) Mit welcher Schlüsselzahl lässt sich der Einstandspreis aus dem unter a) ermittelten Bruttoverkaufspreis errechnen?

**61.23** Nachfolgend sind die Daten aus zwei Warenhandelsunternehmen derselben Branche wiedergegeben. Beide Unternehmungen errechnen den Nettoverkaufspreis jeweils direkt mittels einer Schlüsselzahl aus dem Einstandspreis.

|  | Unternehmung A | Unternehmung B |
|---|---|---|
| Schlüsselzahl | 1,75 | 2,0 |
| Gemeinkosten | Fr. 90 000.– | Fr. 95 000.– |

a) Bei welchem Verkaufsumsatz können die beiden Unternehmungen die Gemeinkosten gerade decken?

b) Bei welchem Verkaufsumsatz erzielen die beiden Unternehmungen einen Reingewinn von Fr. 20 000.–?

c) Unternehmung A möchte ihren Kunden in Zukunft einen Rabatt von 5% offerieren. Mit welcher Schlüsselzahl kalkuliert A aus dem Einstandspreis den Bruttokreditverkaufspreis (auf 4 Dezimalen genau)?

**61.24** Beim Kauf von 20 Disketten verrechnet ein Händler nur 18 Stück. Bei Bezahlung innert 10 Tagen gewährt er zusätzlich 2% Skonto.

Wie viel macht die Preisermässigung in Prozenten für einen Kunden aus, der 200 Stück bestellt und innert 10 Tagen bezahlt?

**61.25** Der Katalogpreis für einen Artikel beträgt ohne MWST Fr. 880.–. Detaillisten erhalten 25% Wiederverkaufsrabatt und bei Zahlung innert 20 Tagen 3% Skonto.

a) Auf welchen Betrag lautet die Rechnung an einen Detaillisten, wenn noch 8,0% MWST einbezogen werden müssen?

b) Wie viel MWST hat der Grossist auf diesem Artikel abzuliefern, wenn der Detaillist sofort bezahlt?

**61.26** Eine Handelsunternehmung berechnet ihre Verkaufspreise durch Multiplikation des Einstandspreises mit dem Kalkulationsfaktor von 1,8. Abgedeckt sind damit 40% Gemeinkosten vom Einstandspreis, 8,0% MWST vom Nettoerlös, 2% Skonto und der Reingewinn.

a) Auf welchen Betrag lautet die Rechnung für einen Artikel X mit einem Einstandspreis von Fr. 100.–?

b) Wie gross ist die abzuliefernde MWST auf dem Artikel X, wenn der Kunde den Skonto beansprucht?

c) Mit welchem Reingewinn kann die Unternehmung auf diesem Artikel rechnen, wenn davon ausgegangen wird, dass alle Kunden den Skonto beanspruchen?

**61.27** Aus der Buchhaltung eines Handelsbetriebes liegen folgende Daten vor:

- Gemeinkosten                             Fr.  95 800.–
- Einstandswert der eingekauften Waren     Fr. 221 600.–
- Warenanfangsbestand                      Fr.  20 000.–
- Warenendbestand                          Fr.  28 000.–
- Nettoerlös                               Fr. 320 400.–

a) Führen Sie das Warenaufwandskonto, und schliessen Sie es ab.

b) Erstellen Sie die Gesamtkalkulation, und berechnen Sie die Zuschlagssätze für die Gemeinkosten, den Reingewinn und den Bruttogewinn.

c) Wie hoch sind die Selbstkosten für Artikel X, dessen Ankaufspreis je Stück Fr. 13.50 beträgt? Artikel X ist in Kisten zu 50 Stück verpackt, die Transportkosten für eine Kiste belaufen sich auf Fr. 320.–.

d) Für Artikel X wird ein Sonderangebot vorbereitet. Bei Abnahme von 10 Stück werden 20% Rabatt offeriert. Wie hoch ist der Katalogpreis inklusive MWST 8,0% für diesen Artikel im Sonderangebot?

e) Welcher Reingewinn lässt sich im neuen Jahr gesamthaft erzielen, wenn bei gleich bleibendem Bruttogewinnzuschlag der Umsatz um 10% gesteigert werden kann, die Gemeinkosten aber auch um Fr. 5000.– zunehmen werden?

**61.28** Eine Kunstfaser, die in den USA eingekauft wird, kann aus Konkurrenzgründen in der Schweiz höchstens zu CHF 9.90 je Meter abgesetzt werden.

a) Welcher Ankaufspreis in USD pro Meter kann in den USA höchstens bezahlt werden, wenn die Bezugskosten durchschnittlich 20% des Nettoankaufspreises betragen, der Bruttogewinnzuschlag 50% ausmacht und die Verkaufssonderkosten mit 10% vom Nettoerlös in die Rechnung einzubeziehen sind. Der Kurs in Zürich auf New York beträgt CHF 0.90.

b) Mit welcher Schlüsselzahl kann aus dem Verkaufspreis der Nettoankaufspreis in CHF berechnet werden (auf 4 Kommastellen genau)?

c) Mit welcher Schlüsselzahl kann aus dem Verkaufspreis in CHF der Nettoankaufspreis in USD berechnet werden (auf 4 Kommastellen genau)?

d) Welcher Ankaufspreis in USD kann in den USA höchstens bezahlt werden, wenn der Dollarkurs in Zürich auf CHF 0.95 steigt?

**61.29** Aus der Buchhaltung einer Textilhandels-Unternehmung sind folgende Zahlen bekannt (Kurzzahlen):

- Warenanfangsbestand       187
- Wareneinkäufe             914
- Warenendbestand           173
- Gemeinkosten              530
- Nettoerlös               1624

a) Wie gross ist der Warenaufwand?

b) Wie gross ist der Bruttogewinn in Prozenten des Warenaufwandes?

c) Wie gross ist der durchschnittliche Lagerbestand (Durchschnitt aus Anfangs- und Endbestand)?

d) Wie oft wurde das Lager in diesem Jahr umgeschlagen?

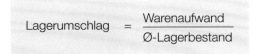

e) Warum wird heute einer optimalen Lagerbewirtschaftung immer grössere Bedeutung beigemessen?

f) Mit welchem Reingewinn kann die Unternehmung im nächsten Jahr rechnen, wenn sie bei gleichem Bruttogewinnzuschlag mit 1200 Warenaufwand rechnet und die Gemeinkosten insgesamt um 10% steigen sollen?

g) Mit wie viel Prozent Reingewinnzuschlag von den Selbstkosten wird im nächsten Jahr gerechnet?

# 62 Kalkulation im Produktionsbetrieb

**62.1** Das folgende Beispiel dient der Einführung in die Probleme der Betriebsabrechnung. Es ist in zwei Teile gegliedert:

- Der erste Teil zeigt die Selbstkostenberechnung in einem Einprodukte-Betrieb (Benzinverkauf)
- Im zweiten Teil wird diese Tankstelle zu einem Mehrprodukte-Betrieb erweitert (Benzinverkauf und Autoreparaturen). Dadurch wird die Kalkulation komplizierter, sodass eine Betriebsabrechnung notwendig ist.

**Teil 1** M. Minder betreibt eine Tankstelle. Er verkauft nur bleifreies Benzin. Nachstehend ist die Erfolgsrechnung für einen Monat abgebildet.

| Aufwand | **Erfolgsrechnung** | | Ertrag |
|---|---|---|---|
| Benzinaufwand | 300 000 | Benzinverkauf | 310 000 |
| Personalaufwand | 4 100 | | |
| Mietaufwand | 1 200 | | |
| Unterhalt und Reparaturen | 300 | | |
| Abschreibungen | 500 | | |
| Hilfsmaterial | 100 | | |
| Sonstiger Betriebsaufwand | 400 | | |
| Gewinn | 3 400 | | |
| | 310 000 | | 310 000 |

### Aufgaben

a) Wie gross ist der Erfolg aus dem Verkauf von Benzin?

b) Wie hoch sind die Selbstkosten für einen Liter Benzin, wenn 310 000 Liter verkauft wurden?

**Teil 2** M. Minder nutzt die Gelegenheit, gerade neben der Tankstelle ein Lokal zu mieten, und richtet darin eine Reparaturwerkstatt ein. Er kauft die notwendigen Werkzeuge und Einrichtungen und stellt einen Automechaniker ein.
Die Erfolgsrechnung für einen Monat sieht wie folgt aus (der Einfachheit halber wird vom gleichen Benzinverkauf und von gleichen Preisen und Kosten wie in Teil 1 ausgegangen).

## Betriebsabrechnung zu Aufgabe 62.1

| |
|---|
| **Einzelkosten** (direkte Kosten) |
| Benzin |
| Ersatzteile |
| **Gemeinkosten** (indirekte Kosten) |
| Personal |
| Miete |
| Unterhalt und Reparaturen |
| Abschreibungen |
| Hilfsmaterial |
| Übriges |
| Umlage Tankstelle |
| Umlage Werkstatt |
| Umlage Büro |
| Selbstkosten |
| Gewinn |
| Verkaufserlös |

| Aufwand | **Erfolgsrechnung** | | Ertrag |
|---|---|---|---|
| Benzinaufwand | 300 000 | Benzinverkauf | 310 000 |
| Ersatzteile | 13 000 | Reparaturertrag | 24 400 |
| Personalaufwand | 9 800 | | |
| Mietaufwand | 1 800 | | |
| Unterhalt und Reparaturen | 500 | | |
| Abschreibungen | 1 500 | | |
| Hilfsmaterial | 620 | | |
| Sonstiger Betriebsaufwand | 700 | | |
| Gewinn | 6 480 | | |
| | 334 400 | | 334 400 |

### Zusätzliche Angaben

- Der Personalaufwand setzt sich wie folgt zusammen: Servicemann Fr. 3 500.–, Automechaniker Fr. 5 000.–, Büroangestellte (Teilzeit) Fr. 1 300.–.

| Kosten (Kostenartenrechnung) | Abteilungen (Kostenstellenrechnung) | | | Geschäftssparten (Kostenträgerrechnung) | |
|---|---|---|---|---|---|
| | Tankstelle | Werkstatt | Büro | Benzinhandel | Reparaturen |
| | | | | | |

- Die Tankstelle enthält einen kleinen Büroraum, in dem nun die Büroarbeiten für den ganzen Betrieb ausgeführt werden. Der Mietwert für diesen Büroraum wird auf Fr. 200.– geschätzt.
- Unterhalt- und Reparaturaufwand fällt nur in der Tankstelle sowie der Reparaturwerkstatt an.
- Von den Abschreibungen betreffen Fr. 200.– das Büro und Fr. 300.– die Tankstelle.
- Das Hilfsmaterial wird an der Tankstelle sowie in der Reparaturwerkstatt verbraucht.
- Die sonstigen Betriebskosten sind im Verhältnis 3:3:1 auf die Tankstelle, die Reparaturwerkstatt und das Büro zu verteilen.
- Das Büro wird etwa zu zwei Dritteln durch die Reparaturaufträge und zu einem Drittel durch den Benzinverkauf beansprucht.

**Aufgaben**

c) Wie hoch ist der Erfolg für die beiden Betriebsbereiche Benzinverkauf und Reparaturen?

d) Warum resultiert nach der Eröffnung der Reparaturwerkstatt ein höherer Gewinn aus dem Benzinverkauf als vor der Eröffnung, obwohl gleich viel Benzin verkauft wurde?

e) Wie gross ist der Gemeinkostenzuschlag in Franken je Reparaturstunde, wenn den Kunden monatlich durchschnittlich 140 Reparaturstunden verrechnet werden können?

f) Auf welchen Betrag lautet die Faktura für das Ersetzen eines Auspuffs, wenn dafür Einzelmaterial im Wert von Fr. 120.– sowie zwei Arbeitsstunden verwendet werden und mit einem Reingewinnzuschlag von 20% der Selbstkosten gerechnet wird?

**62.2** Erstellen Sie aufgrund folgender Angaben die Betriebsabrechnung (alle Beträge in Fr. 1000.–).

### 1. Erfolgsrechnung

| Aufwand | | Ertrag | |
|---|---|---|---|
| Einzelmaterial | 500 | Verkaufserlös Produkt A | 550 |
| Einzellöhne | 300 | Verkaufserlös Produkt B | 980 |
| Hilfsmaterial und Betriebsstoffe | 100 | | |
| Hilfslöhne und Gehälter | 270 | | |
| Mietzinsen | 100 | | |
| Kapitalzinsen | 60 | | |
| Abschreibungen | 80 | | |
| Sonstiger Aufwand | 90 | | |
| **Reingewinn** | **30** | | |
| | 1 530 | | 1 530 |

### 2. Einzelkosten

– Das Einzelmaterial wird gemäss Materialbezugsscheinen direkt den Kostenträgern belastet: Produkt A = 200, Produkt B = 300.
– Die Einzellöhne werden gemäss Lohnbuchhaltung direkt den Kostenträgern belastet: Produkt A = 100, Produkt B = 200.

### 3. Gemeinkosten

– Von den Hilfs- und Betriebsstoffen fallen gemäss Materialbezugsschein 10 auf Einkauf und Lager, 75 auf die Fertigung und der Rest auf Verwaltung und Vertrieb.
– Die Hilfslöhne und Gehälter werden aufgrund der Lohnbuchhaltung wie folgt auf die Kostenstellen verrechnet: Einkauf und Lager 60, Fertigung 60, Verwaltung und Vertrieb 150.
– Die Mietkosten sind im Verhältnis zu den von den Abteilungen benützten Gebäudeflächen auf die Kostenstellen zu verteilen. Flächen: Einkauf und Lager 300 m², Fertigung 600 m², Verwaltung und Vertrieb 100 m², Gesamtfläche 1000 m².
– Der kalkulatorische Zinsfuss beträgt 10%. Er bezieht sich auf das gemäss Anlagenbuchhaltung (Das ist ein besonderer Teil des Rechnungswesens, in dem alles Wissenswerte über die Maschinen und das Mobiliar festgehalten wird.) an den Kostenstellen investierte Kapital. Investiertes Kapital: Einkauf und Lager 140, Fertigung 300, Verwaltung und Vertrieb 160, Gesamtkapital 600.

### BAB zu Aufgabe 62.2

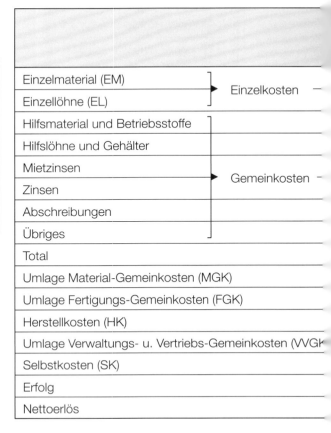

– Die Abschreibungen werden gemäss Anlagenbuchhaltung auf die Kostenstellen verteilt: Einkauf und Lager 12, Fertigung 50, Verwaltung und Vertrieb ?
– Für die sonstigen Kosten werden die Kostenstellen im Verhältnis 24 : 25 : 41 belastet.

### 4. Kostensätze und Umlagen

Für die Umlagen der Stellenkosten (Gemeinkosten) auf die Kostenträger sind die Kostensätze zu ermitteln:

– Die Material-Gemeinkosten (MGK) sind prozentual zum Einzelmaterialverbrauch umzulegen.
– Die Fertigungs-Gemeinkosten (FGK) sind prozentual zu den Einzellöhnen umzulegen.
– Die Verwaltungs- und Vertriebs-Gemeinkosten (VVGK) sind prozentual zu den Herstellkosten umzulegen.

| Kostenarten-rechnung | Kostenstellenrechnung | | | Kostenträgerrechnung | |
|---|---|---|---|---|---|
| | Einkauf und Lager | Fertigung | Verwaltung u. Vertrieb | Produkt A | Produkt B |
| | | | | | |
| | | | | | |
| | | | | | |
| | | | | | |
| | | | | | |
| | | | | | |
| | | | | | |
| | | | | | |
| | | | | | |
| | | | | | |
| | | | | | |
| | | | | | |
| | | | | | |

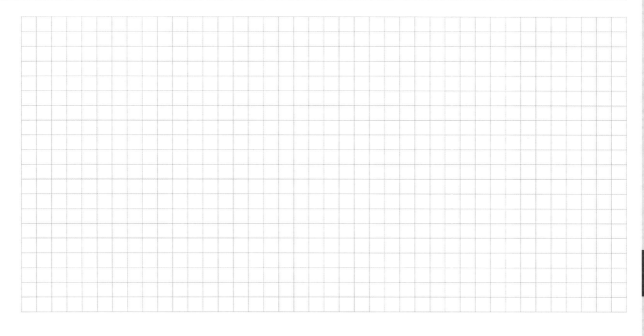

**62.3** Erstellen Sie aufgrund der folgenden Angaben die Betriebsabrechnung (alle Frankenbeträge in Fr. 1000.–).

### 1. Erfolgsrechnung gemäss Finanzbuchhaltung

| Aufwand | | Ertrag | |
|---|---|---|---|
| Einzelmaterialaufwand | 450 | Verkaufserlös Produkt X | 1 400 |
| Einzellohnaufwand | 250 | Verkaufserlös Produkt Y | 700 |
| Hilfsmaterial/Betriebsstoffe | 200 | | |
| Hilfslöhne/Gehälter | 450 | | |
| Mietzinsaufwand | 150 | | |
| Zinsaufwand | 60 | | |
| Abschreibungen | 90 | | |
| Sonstiger Aufwand | 350 | | |
| **Betriebsgewinn** | **100** | | |
| | 2 100 | | 2 100 |
| Ausserordentlicher Aufwand | 50 | Betriebsgewinn | 100 |
| **Unternehmungsgewinn** | **250** | Liegenschaftenerfolg | 200 |
| | 300 | | 300 |

### 2. Sachliche Abgrenzungen

– In der Fibu wurden nur die Fremdzinsen erfasst. In der Bebu soll zusätzlich ein Eigenkapitalzins von 40 berücksichtigt werden.
– In der Fibu wurde die Abschreibung zwecks Bildung stiller Reserven um 30 zu hoch angesetzt.

### 3. Einzelkosten

– Das Einzelmaterial wird gemäss Materialbezugsscheinen direkt den Kostenträgern belastet: Produkt X = 300, Produkt Y = 150.
– Die Einzellöhne werden gemäss Lohnkarten direkt den Kostenträgern belastet: Produkt X = 150, Produkt Y = 100.

### 4. Gemeinkosten

– Von den Hilfs- und Betriebsstoffen fallen gemäss Materialbezugsscheinen 25 auf die Materialstelle, 125 auf die Fertigungsstelle und 50 auf Verwaltung und Vertrieb.

### BAB zu Aufgabe 62.3

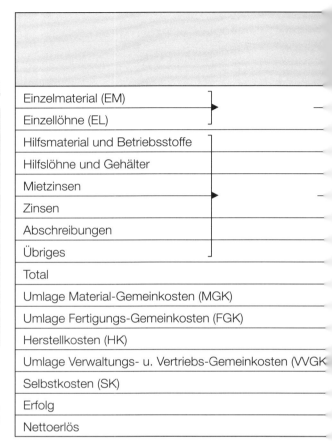

– Aufgrund der Gehaltsabrechnungen werden die Hilfslöhne und Gehälter wie folgt auf die Kostenstellen verteilt: Material 70, Fertigung 230, Verwaltung und Vertrieb: Rest.
– Die Mietkosten sind im Verhältnis zur beanspruchten Raumfläche auf die Kostenstellen zu verteilen: Material 350 m², Fertigung 800 m², Verwaltung und Vertrieb 350 m².
– Vom durchschnittlichen in den Kostenstellen investierten Kapital werden 10% Zinskosten gerechnet. Investiertes Kapital: Material 300, Fertigung 500, Verwaltung und Vertrieb 200.
– Die Abschreibungen werden gemäss Anlagenbuchhaltung auf die Kostenstellen verteilt: Material 5, Fertigung 35, Verwaltung und Vertrieb 20.
– Die sonstigen Kosten werden im Verhältnis 6 : 23 : 6 auf die Kostenstellen verteilt.

| Kostenartenrechnung | | | Kostenstellenrechnung | | | Kostenträgerrechnung | |
|---|---|---|---|---|---|---|---|
| Aufwand (Fibu) | Sachliche Abgrenzungen | Kosten (Bebu) | Material | Fertigung | Verwaltung und Vertrieb | Produkt X | Produkt Y |
| | | | | | | | |
| | | | | | | | |
| | | | | | | | |
| | | | | | | | |
| | | | | | | | |
| | | | | | | | |
| | | | | | | | |
| | | | | | | | |
| | | | | | | | |
| | | | | | | | |
| | | | | | | | |
| | | | | | | | |

## 5. Kostensätze und Umlagen

Für die Umlage der Stellenkosten auf die Kostenträger sind die Kostensätze zu ermitteln:

– Die Material-Gemeinkosten sind prozentual zum Einzelmaterialverbrauch umzulegen.
– Die Fertigungs-Gemeinkosten sind prozentual zu den Einzellöhnen umzulegen.
– Die Verwaltungs- und Vertriebs-Gemeinkosten sind prozentual zu den Herstellkosten umzulegen.

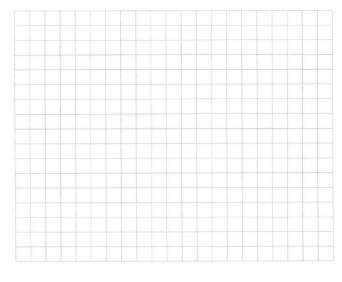

62.4 Beantworten Sie mithilfe der Angaben zur **Gesamtkalkulation** in Aufgabe 62.2 die nachstehende Frage zur **Einzelkalkulation.**

Ein Kunde fragt Sie an, ob Sie ihm das Produkt C herstellen können.

Ihr Fabrikationsleiter liefert Ihnen dazu folgende Angaben: Für Produkt C wird voraussichtlich Einzelmaterial von Fr. 100.– verbraucht, und die Fertigungszeit beträgt wahrscheinlich 2 Stunden. Der Einzellohnstundensatz beträgt zurzeit Fr. 25.–/Stunde.

Zu welchem Preis können Sie das Produkt C offerieren, wenn Sie einen Reingewinn von 10% des Verkaufspreises erzielen wollen?

62.5 Lösen Sie zum BAB von Aufgabe 62.3 noch folgende Aufgaben.

a) Weisen Sie den Unterschied zwischen dem Unternehmungserfolg gemäss Finanzbuchhaltung und dem Betriebserfolg gemäss Betriebsbuchhaltung nach, indem Sie die richtigen Zahlen in die folgende Staffel einsetzen:

Gewinn Produkt X

Verlust Produkt Y

**Betriebsgewinn gemäss Bebu**

Sachliche Abgrenzungen Zinsen

Sachliche Abgrenzungen Abschreibungen

**Betriebsgewinn gemäss Fibu**

Liegenschaftenerfolg

Ausserordentlicher Aufwand

**Unternehmungsgewinn**

b) Welche zusätzlichen Informationen liefert der BAB gegenüber der Finanzbuchhaltung?

c) Nennen Sie Massnahmen, mit denen die Wirtschaftlichkeit von Produkt Y verbessert werden könnte.

d) Berechnen Sie die Selbstkosten eines Auftrages, für den Fr. 50.– Einzelmaterial sowie Fr. 20.– Einzellöhne kalkuliert werden. Es sind die im BAB ermittelten Zuschlagssätze zu verwenden.

**62.6** Vervollständigen Sie das unten stehende Kalkulationsschema mit dem passenden Text.

```
    Einzelmaterial                          Einzellöhne
+   Material-Gemeinkosten              +   _____
    _____                        _____
              └──────────┐    ┌──────────┘

              +   _____

                    +   Reingewinn
```

**62.7** Beantworten Sie folgende Fragen zum unten stehend abgebildeten Auszug aus einem BAB für den Monat Mai.

a) Welche Teile des BAB fehlen (zum Beispiel im Vergleich zu Aufgabe 62.3)?
b) Welche Zuschlagssätze ergeben sich
– für die Material-Gemeinkosten (in % des Einzelmaterials)?
– für die Fertigungs-Gemeinkosten I (in Fr. je Einzellohnstunden)?
– für die Fertigungs-Gemeinkosten II (in Fr. je Maschinenstunde)?
c) Wie hoch sind die gesamten Herstellkosten?
d) Welcher Zuschlagssatz ergibt sich für die Verwaltungs- und Vertriebs-Gemeinkosten (in % der Herstellkosten)?
e) Wie hoch sind die gesamten Selbstkosten?
f) Wie hoch sind die Selbstkosten eines Auftrags, für den Fr. 200.– Einzelmaterial verbraucht sowie 10 Einzellohnstunden und 5 Maschinenstunden geleistet werden?

| Kostenartenrechnung | | Kostenstellenrechnung | | | |
|---|---|---|---|---|---|
| Text | Kosten | Materialstelle | Fertigung I (Handarbeit) | Fertigung II (Maschinenarbeit) | Verwaltung und Vertrieb |
| Einzelmaterial | 200 000 | | | | |
| Einzellöhne | 160 000 | | | | |
| Übriges Material | 40 000 | 2 000 | 15 000 | 15 000 | 8 000 |
| Übrige Löhne | 75 000 | 5 000 | 10 000 | 32 000 | 28 000 |
| Zinsen | 15 000 | 4 000 | 2 000 | 6 000 | 3 000 |
| Abschreibungen | 25 000 | 1 000 | 4 000 | 14 000 | 6 000 |
| Verschiedenes | 35 000 | 6 000 | 9 000 | 15 000 | 5 000 |
| Total | 550 000 | 18 000 | 40 000 | 82 000 | 50 000 |

**Zusätzliche Angaben**
– Einzellohnstunden (nur an der Fertigungsstelle I): 8 000 Stunden
– Maschinenstunden (nur an der Fertigungsstelle II): 1 000 Stunden

**62.8** Erstellen Sie aufgrund der folgenden Angaben einen BAB, der unter anderem die Selbstkosten und den Erfolg je Produktegruppe zeigt, und weisen Sie den Unterschied zwischen dem Unternehmungsgewinn und dem Betriebsgewinn laut BAB in einer separaten Rechnung detailliert nach (Beträge in Kurzzahlen).

### 1. Erfolgsrechnung gemäss Finanzbuchhaltung

| Aufwand | | Ertrag | |
|---|---|---|---|
| Einzelmaterial | 400 | Verkaufserlös Produktegruppe A | 435 |
| Einzellöhne | 480 | Verkaufserlös Produktegruppe B | 470 |
| Übriges Material | 40 | Verkaufserlös Produktegruppe C | 600 |
| Übrige Löhne | 178 | Beteiligungsertrag | 50 |
| Zinsen | 80 | | |
| Abschreibungen | 140 | | |
| Übriger Betriebsaufwand | 90 | | |
| **Unternehmungsgewinn** | **147** | | |
| | 1555 | | 1555 |

### 2. Sachliche Abgrenzungen

– Die effektiven Abschreibungen belaufen sich auf 115.
– Für die Bebu ist noch ein Unternehmerlohn von 12 zu verbuchen.
– Für die Bebu sind noch Eigenkapitalzinsen von 30 zu berücksichtigen.

### 3. Kostenverteilung

– Aufgrund der Materialbezugsscheine wird das Einzelmaterial wie folgt den Produktegruppen zugerechnet: A 150, B 200, C 50.
– Die Einzellöhne werden den Kostenträgern aufgrund der Lohnkarten belastet:
  A: 100, B 120, C 260.
– Aufgrund der Salärabrechnungen werden die Kostenstellen mit folgenden GK-Löhnen belastet: Materiallager 40, Fertigung I 60, Fertigung II 50, Verwaltung und Vertrieb 40.
– Das GK-Material ist gleichmässig auf die vier Kostenstellen zu verrechnen.
– Der Kapitaleinsatz in den Kostenstellen beträgt: Materiallager 64, Fertigung I 208, Fertigung II 448, Verwaltung und Vertrieb 160.
– Für die Abschreibungen gilt folgender Verteilungsschlüssel: Materiallager 8, Fertigung I 28, Fertigung II 60, Verwaltung und Vertrieb 19.
– Die übrigen Kosten sind wie folgt auf die Kostenstellen zu verteilen: Materiallager 14, Fertigung I 20, Fertigung II 16, Verwaltung und Vertrieb 40.

### 4. Umlagen der Gemeinkosten

| Stellenkosten | Zuschlagsbasis |
|---|---|
| Material-GK | Einzelmaterial |
| Fertigungs-GK I+II | Einzellöhne |
| Verwaltungs- und Vertriebs-GK | Herstellkosten (auf ganze Prozente runden) |

**62.9** Bestimmen Sie bei folgenden Begriffen aus der Betriebsbuchhaltung einer Konservenfabrik durch Ankreuzen, ob es sich jeweils um eine Kostenart, eine Kostenstelle oder einen Kostenträger handelt.

| Begriff | Kostenart | Kostenstelle | Kostenträger |
|---|---|---|---|
| Gehälter | | | |
| Konfitüren-Konserven | | | |
| Spedition | | | |
| Früchte- und Gemüserüsterei | | | |
| Lager | | | |
| Abschreibungen | | | |
| Kantine | | | |
| Gemüse (Rohmaterial) | | | |
| Abfüllstrasse | | | |
| Früchte-Konserven | | | |
| Qualitätstest-Labor | | | |
| Dosenblech | | | |
| Buchhaltung | | | |

**62.10** Vervollständigen Sie das Kostenabgrenzungsblatt aufgrund folgender Angaben zu den sachlichen Abgrenzungen (Beträge in Kurzzahlen):

1. Anfangsbestand Materialvorrat gemäss Fibu 300
   Endbestand Materialvorrat gemäss Fibu 360
   
   Die Bestandeskorrektur von 60 ist in der Fibu schon verbucht. Hingegen ist noch zu berücksichtigen, dass die Vorräte in der Fibu nur zu 66⅔% des effektiven Wertes geführt werden.
2. Der Unternehmerlohn von 80 wurde in der Fibu nicht berücksichtigt.
3. Der Zins auf dem Eigenkapital von 30 wird in der Fibu nicht gebucht.
4. Bei der Festsetzung der Abschreibungen gemäss Fibu wurden 20 stille Reserven aufgelöst.
5. Beim übrigen Betriebsaufwand ergeben sich keine Abgrenzungen.

| Text | Aufwand | Abgrenzung | Kosten |
|---|---|---|---|
| Material | 3 000 | | |
| Personal | 1 400 | | |
| Zinsen | 100 | | |
| Abschreibungen | 200 | | |
| Übriger Betriebsaufwand | 600 | | |
| Neutraler Aufwand | 80 | | |
| | 5 380 | + 20 | 5 400 |

**62.11** Ein Betrieb kalkuliert mit folgenden Gemeinkosten-Zuschlagssätzen:

– Material-GK             10% des Einzelmaterials
– Fertigungs-GK           Fr. 8.– je Einzellohnstunde
– Verwaltungs- und Vertriebs-GK   20% der Herstellkosten

Bei der Ausführung eines Auftrages wurden Fr. 100.– Einzelmaterial verbraucht und 10 Einzellohnstunden zu Fr. 21.– aufgewendet.

a) Welcher Preis wird dem Kunden fakturiert, wenn mit einem Gewinn von 10% der Selbstkosten gerechnet wird?

b) Welcher Preis müsste vom Kunden verlangt werden, wenn der Einzellohnsatz auf Fr. 23.– je Stunde anstiege, die Zuschlagssätze aber unverändert blieben?

**62.12** Die Herstellkosten eines Produkts betragen Fr. 144.–. Darin sind 2 Einzellohnstunden zu Fr. 20.– enthalten.
Der Betrieb kalkuliert mit folgenden Kostensätzen:

– Material-Gemeinkosten         10% des Einzelmaterials
– Fertigungs-Gemeinkosten       Fr. 30.– je Einzellohnstunde
– Verwaltungs- und Vertriebs-GK  25% der Herstellkosten

Wie hoch sind für dieses Erzeugnis der Einzelmaterialverbrauch sowie die Selbstkosten?

**62.13** Skizzieren Sie die Kalkulationsschemen für den Handels- sowie den Industriebetrieb, und vergleichen Sie die beiden miteinander.

**62.14** Setzen Sie folgende Begriffe am richtigen Ort in den unten stehend abgebildeten leeren BAB ein, und geben Sie den Datenfluss schematisch mit Pfeilen an.

Kosten, Selbstkosten, Fertigung, sachliche Abgrenzungen, Kostenstellenrechnung, Produkt A, Produkt B, Material-Gemeinkosten (MGK), Kostenartenrechnung, Umlage MGK, Herstellkosten, Erfolg, Fertigungs-Gemeinkosten (FGK), Einkauf und Lager, Umlage VVGK, Verwaltung und Vertrieb, Kostenträgerrechnung, Nettoerlös, Aufwand, Verwaltungs- und Vertriebs-Gemeinkosten (VVGK), Einzelkosten, Umlage FGK.

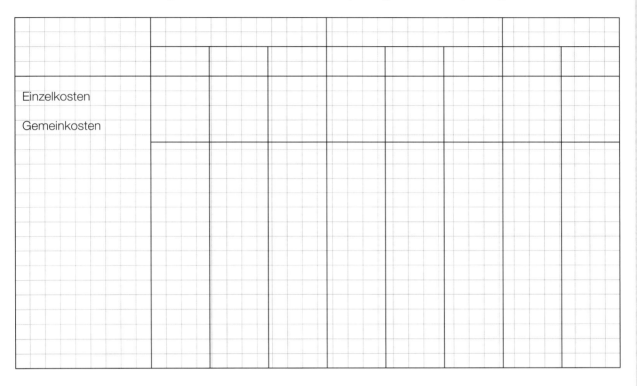

**62.15** Von einem Betrieb sind für den Monat April folgende Zahlen bekannt:
- 40 000 kg Einzelmaterial — Fr. 400 000.–
- 4 000 Einzellohnstunden — Fr. 100 000.–
- Material-Gemeinkosten — Fr. 80 000.–
- Fertigungs-Gemeinkosten — Fr. 120 000.–
- Verwaltungs- und Vertriebs-Gemeinkosten — Fr. 140 000.–

a) Berechnen Sie die GK-Zuschlagssätze.

Es gelten folgende Zuschlagsbasen: Einzelmaterial (für Material-GK), Einzellohnstunden (für Fertigungs-GK), Herstellkosten (für Verwaltungs- und Vertriebs-GK).

b) Wie hoch ist der Bruttoverkaufspreis eines Produktes, wenn für dessen Herstellung 15 kg Einzelmaterial und 4 Einzellohnstunden aufgewendet werden und bei Gewährung eines Verkaufsrabattes von 10% noch ein Gewinn von 12½% der Selbstkosten erzielt werden sollen?

c) Mit welcher Schlüsselzahl kann von den Herstellkosten auf den Bruttoverkaufspreis geschlossen werden?

**62.16** Zu einem Produktionsbetrieb sind die unten stehenden Angaben bekannt (alle Beträge in Fr. 1 000.–).

a) Erstellen Sie die Betriebsabrechnung.

b) Berechnen Sie als Grundlage für eine Offerte die Selbstkosten eines Produktes, für dessen Herstellung voraussichtlich Einzelmaterial von Fr. 30.– verbraucht wird und dessen vorausberechnete Fertigungszeit an der Fertigungsstelle I 40 Minuten und an der Fertigungsstelle II 15 Minuten beträgt.

### 1. Erfolgsrechnung gemäss Fibu

- Einzelmaterial 100, Übriges Material 20, Einzellöhne 150, Übrige Löhne 30, Mietaufwand 30, Abschreibungen 16, Zinsen 6, Übriger Betriebsaufwand 123, Aufwandstotal 475.
- Ertrag Produktegruppe A 180, Ertrag Produktegruppe B 300, Gesamtertrag 480.

### 2. Sachliche Abgrenzungen

- In der Fibu werden nur die Fremdzinsen erfasst. Für die Kostenrechnung ist noch ein Eigenzins von 4 zu berücksichtigen.
- Die bilanzmässigen Abschreibungen der Fibu wurden aus steuerlichen Überlegungen um 6 zu hoch angesetzt.

### 3. Einzelkosten

- Das Einzelmaterial wird gemäss Materialbezugsscheinen direkt den Kostenträgern belastet: A 40, B 60.
- Die Einzellöhne werden gemäss Zeitaufschreibungen direkt den Kostenträgern belastet: Für Produkt A wurden 2 000 Stunden, für Produkt B 3 000 Stunden geleistet.

### 4. Gemeinkosten

- Das GK-Material wird zu gleichen Teilen den Fertigungsstellen I und II angelastet.

**BAB zu Aufgabe 62.16**

- Die GK-Löhne sind wie folgt auf die Stellen zu verteilen: Fuhrpark 3, Material 3, Fertigung I 3, Fertigung II 9, Verwaltung und Vertrieb 12.

- Die Mietkosten sind im Verhältnis zur beanspruchten Fläche den Kostenstellen zu belasten: Fuhrpark 50 m$^2$, Materiallager 100 m$^2$, Fertigung I 200 m$^2$, Fertigung II 250 m$^2$, Verwaltung und Vertrieb 150 m$^2$, Gesamtfläche 750 m$^2$.

- Die kalkulatorischen Abschreibungen betragen 10% folgender Anschaffungswerte: Fuhrpark 10, Material 10, Fertigung I 20, Fertigung II 50, Verwaltung und Vertrieb 10, Summe 100.

- Die kalkulatorischen Zinsen betragen 10% des investierten Kapitals.
- Investiertes Kapital: Fuhrpark 10, Material 20, Fertigung I 10, Fertigung II 40, Verwaltung und Vertrieb 20, Summe 100.
- Die übrigen Gemeinkosten sind wie folgt zu verteilen: Fuhrpark 5, Material 9, Fertigung I 51, Fertigung II 42, Verwaltung und Vertrieb: Rest.

**5. Umlagen**

- Die *Vorkostenstelle* Fuhrpark ist zu gleichen Teilen auf die *Hauptkostenstellen* Material sowie Verwaltung und Vertrieb umzulegen.
- Die Materialstelle ist im Verhältnis zum Einzelmaterialverbrauch umzulegen.
- Die Fertigungsstelle I (Handfertigung) ist im Verhältnis zu den angerechneten Einzellöhnen umzulegen. (Einzellöhne werden nur an der Fertigungsstelle I erfasst.)
- Die Fertigungsstelle II (Maschinenfertigung) ist aufgrund der geleisteten Maschinenstunden umzulegen: Für A wurden 1 500 Stunden, für B 2 500 Stunden aufgewendet.
- Die Verwaltungs- und Vertriebs-Gemeinkosten sind proportional zu den Herstellkosten zu verrechnen.

**62.17** Beantworten Sie folgende Fragen zum nebenstehenden abgebildeten Betriebsabrechnungsbogen einer Unternehmung, die einerseits selbst Produkte herstellt und andererseits mit Waren handelt.

a) Wie begründen Sie die Abgrenzung bei den Zinsen?

b) Die Zinsen wurden mithilfe eines Schlüssels auf die Kostenstellen verteilt. Welcher Schlüssel wird in der Praxis in der Regel verwendet?

c) Wurden bei den Abschreibungen stille Reserven gebildet oder aufgelöst? Begründen Sie Ihre Antwort.

d) Wie hoch sind die Einzellöhne?

e) Welches ist der abrechnungstechnische Unterschied zwischen der Vorkostenstelle und den Hauptkostenstellen?

f) Wie lautet die unter Fachleuten gebräuchliche Bezeichnung für den im BAB rechts unten aufgeführten Betrag von Fr. 545 560.–?

g) Wie hoch ist der Warenaufwand?

h) Wie hoch ist der Kostensatz für die Umlage der Verwaltungs- und Vertriebsgemeinkosten in Prozenten der Herstellkosten?

i) Weisen Sie den Unterschied zwischen dem Betriebserfolg gemäss Betriebsbuchhaltung und dem Unternehmungserfolg detailliert nach. Zusätzliche Angaben: neutraler Aufwand Fr. 15 400.–, neutraler Ertrag Fr. 34 200.–.

**BAB zu Aufgabe 62.17**

| Kostenartenrechnung | | | Kostenstellenrechnung | | | | Kostenträgerrechnung | |
|---|---|---|---|---|---|---|---|---|
| Aufwand | Abgrenzung | Kosten | Liegenschaft | Lager | Fertigung | Verwaltung/ Vertrieb | Fabrikate | Handelswaren |
| 146 345 | | 146 345 | 530 | 280 | 3 230 | 2 725 | 139 580 | |
| 596 500 | | 596 500 | | | | 2 000 | | 594 500 |
| 320 480 | | 320 480 | 15 220 | 23 410 | 97 770 | 110 660 | 73 420 | |
| 60 000 | − 10 000 | 50 000 | 4 000 | 6 000 | 35 000 | 5 000 | | |
| 20 800 | + 8 200 | 29 000 | 11 000 | 6 000 | 8 000 | 4 000 | | |
| 150 010 | | 150 010 | 59 620 | 4 280 | 58 360 | 27 750 | | |
| 1 294 135 | − 1 800 | 1 292 335 | 90 370 | 39 970 | 202 360 | 152 135 | 213 000 | 594 500 |
| | | | − 90 370 | 20 230 | 44 840 | 25 300 | | |
| | | | | 60 200 | 247 200 | 177 435 | 213 000 | 594 500 |
| | | | | − 60 200 | | | 14 200 | 46 000 |
| | | | | | − 247 200 | | 247 200 | |
| | | | | | | | 474 400 | |
| | | | | | | − 177 435 | 71 160 | 106 275 |
| | | | | | | | 545 560 | 746 775 |
| | | | | | | | −4 500 | 6 000 |
| | | | | | | | 541 060 | 752 775 |

**62.18** Die Betriebsabrechnung ist nicht nur für Fabrikationsbetriebe geeignet; diese Form der Gesamtkalkulation wird zum Beispiel auch von grossen Warenhäusern verwendet.

**BAB eines Warenhauses** (Kurzzahlen)

|  | Kostenarten | Hilfskosten-stelle ❶ | Hauptkostenstellen | | | |
| --- | --- | --- | --- | --- | --- | --- |
|  | Kosten | Einkauf und Verwaltung | Lebens-mittel | Textilien | Dienst-leistungen | Übrige Abteilungen |
| Personal | 1 500 | 408 | 125 | 352 | 140 | 475 |
| GK-Material | 100 | 42 | 15 | 18 | 5 | 20 |
| Raumkosten | 500 | 150 | 30 | 150 | 10 | 160 |
| Übriges | 900 | 700 | 30 | 80 | 10 | 80 |
| GK vor Umlage | 3 000 | 1 300 | 200 | 600 | 165 | 735 |
| Umlage Hilfskostenstelle (in % des Umsatzes) |  |  |  |  |  |  |
| GK nach Umlage | 3 000 |  |  |  |  |  |
| Einstandswert | 6 500 |  | 1 200 | 2 100 | 850 | 2 350 |
| Selbstkosten | 9 500 |  |  |  |  |  |
| Reingewinn | 500 |  |  |  |  |  |
| Nettoerlös (Umsatz) | 10 000 |  | 1 500 | 3 600 | 1 000 | 3 900 |

a) Welche Besonderheit stellen Sie bei der Betriebsabrechnung dieses Warenhauses in Bezug auf die Kostenträgerrechnung fest?

b) Vervollständigen Sie den Betriebsabrechnungsbogen.

c) Wie gross sind die Gemeinkostenzuschläge der drei Abteilungen Lebensmittel, Textilien und Dienstleistungen?

d) Wie hoch sind die Selbstkosten eines Kleides mit einem Einstandspreis von Fr. 100.–?

e) Das Dienstleistungssortiment soll um eine Tunesien-Reise erweitert werden. Wie hoch darf der Einstandspreis dieser Reise höchstens sein, wenn der Verkaufspreis aus Konkurrenzgründen höchstens Fr. 1380.– betragen darf und ein Gewinn von 15% der Selbstkosten erwirtschaftet werden soll?

f) Wie gross wäre der Gemeinkosten-Zuschlagssatz in diesem Warenhaus, wenn keine Kostenstellen gebildet worden wären?

g) Welches wären die Folgen für die Abteilungen Lebensmittel und Textilien, wenn bei der Festsetzung der Verkaufspreise mit dem bei f) ermittelten einheitlichen Gemeinkosten-Zuschlagssatz kalkuliert würde?

❶ An Hilfskostenstellen werden Leistungen zugunsten von Hauptkostenstellen erbracht. Die an Hilfskostenstellen gesammelten Kosten werden darum auf die Hauptkostenstellen umgelegt. (Hilfskostenstellen werden abrechnungstechnisch gleich wie Vorkostenstellen gehandhabt.)

**62.19** Eine Schneiderei stellt Herren-, Damen- und Kinderkonfektion her.

a) Erstellen Sie den Betriebsabrechnungsbogen (Beträge in Fr. 1000.–), der den Erfolg für jede Produktegruppe zeigt.

b) Weisen Sie den Unterschied zwischen dem Betriebserfolg gemäss Bebu und dem Unternehmungserfolg detailliert nach.

c) Ermitteln Sie als Grundlage für eine Offerte die Selbstkosten eines Damenkleids, für dessen Herstellung Stoff im Einstandswert von Fr. 70.– verbraucht und 1 Einzellohnstunde in der Näherei I sowie ¾ Einzellohnstunden in der Näherei II benötigt werden.

**1. Erfolgsrechnung gemäss Fibu** (in Fr. 1000.–)

– Aufwand: Stoffverbrauch 250, Einzellöhne 300, Gemeinkostenlöhne 64, Hilfsmaterial 18, Miete 84, Zinsen 26, Abschreibungen 46, Übriger Betriebsaufwand 49, Beteiligungserfolg 37

– Ertrag: Verkauf Herrenkleider 420, Verkauf Damenkleider 300, Verkauf Kinderkleider 230

**2. Sachliche Abgrenzungen**

– Gehalt Geschäftsführer Fr. 48 000.–
– Verzinsung Eigenkapital Fr. 40 000.–
– Die Abschreibungen gemäss Fibu sind um Fr. 13 000.– zu hoch.

**3. Einzelkosten**

| | Stoffverbrauch | Einzellöhne |
|---|---|---|
| – Herrenkleider | Fr. 116 000.– | 6 000 Stunden |
| – Damenkleider | Fr. 90 000.– | 5 000 Stunden |
| – Kinderkleider | Fr. 44 000.– | 4 000 Stunden |
| | Fr. 250 000.– | 15 000 Stunden |

**4. Gemeinkosten**

– Von den Gehältern sind Fr. 7 000.– der Kostenstelle Lager und Zuschnitt, Fr. 9 000.– der Kostenstelle Näherei I, Fr. 6 000.– der Kostenstelle Näherei II und der Rest der Kostenstelle Verwaltung und Vertrieb zuzurechnen.

– Das Hilfsmaterial kann je zur Hälfte den beiden Nähereien zugerechnet werden.

– Die Zinsen sowie die Abschreibungen sind den Kostenstellen im Verhältnis zu den folgenden Inventarwerten zuzurechnen:

| | |
|---|---|
| Lager und Zuschneiderei | Fr. 170 000.– |
| Näherei I | Fr. 50 000.– |
| Näherei II | Fr. 80 000.– |
| Verwaltung und Vertrieb | Fr. 30 000.– |
| Total Inventarwert | Fr. 330 000.– |

– Die Mietkosten sind im Verhältnis folgender Raumflächen auf die Kostenstellen zu verrechnen:

| | |
|---|---|
| Lager und Zuschneiderei | 80 m² |
| Näherei I | 96 m² |
| Näherei II | 108 m² |
| Verwaltung und Vertrieb | 52 m² |
| Total Inventarwert | 336 m² |

– Die übrigen Betriebskosten sind wie folgt auf die Kostenstellen zu verteilen: Lager und Zuschnitt Fr. 2 000.–, Näherei I Fr. 3 000.–, Näherei II Fr. 4 000.–, Verwaltung und Vertrieb: Rest.

**5. Umlagen**

– Die Hilfskostenstelle Lager und Zuschnitt ist im Verhältnis 3 : 5 auf die Hauptkostenstellen Näherei I und II umzulegen.
– Die Kosten der Näherei I und II sind im Verhältnis zu den Einzellöhnen umzulegen.
– Die Verwaltungs- und Vertriebs-GK sind prozentual zu den Herstellkosten umzulegen.

**62.20** Sie haben schon lange keine Buchungssätze mehr gebildet und sind vielleicht ein bisschen aus der Übung gekommen. Nennen Sie deshalb zur Repetition die Buchungssätze (allenfalls mit Betrag) für folgende Geschäftsfälle.

**1. Allgemeine Geschäftsfälle**

a) Direkte Abschreibung von Maschinen
b) Indirekte Abschreibung von Maschinen
c) Direkte Abschreibung von Immobilien
d) Indirekte Abschreibung von Immobilien
e) Abschreibung einer bestimmten Forderung infolge Konkurses des Kunden
f) Erhöhung der mutmasslichen Debitorenverluste Ende Jahr von 8 (Anfangsbestand) auf 10 (Schlussbestand)
g) Verminderung der mutmasslichen Debitorenverluste Ende Jahr von 20 (Anfangsbestand) auf 16 (Schlussbestand)
h) Nettolohnzahlung durch die Bank
i) Gutschrift der Arbeit*nehmer*beiträge zu h) für AHV/IV/EO/ALV/PK/NBU
j) Verbuchen Sie die Verrechnung der Vorsteuer von 27 mit der Umsatzsteuer von 45 sowie die Postüberweisung der geschuldeten MWST.
k) Gutschrift der Arbeit*geber*beiträge zu h) AHV/IV/EO/ALV/PK/BU
l) Zahlung der Schulden gegenüber der AHV-Ausgleichsk. durch Vergütungsauftrag
m) Zinsen brutto auf Kreditorenbankkontokorrent 100 (Verr'steuer auch buchen)
n) Zinsen brutto auf Wertschriften im Depot der Bank 100 (Verr'steuer auch buchen)
o) Mietzinszahlungen unserer Mieter auf unser Postkonto
p) Verrechnung des Mietzinses für selbst benützte Geschäftsräumlichkeiten
q) Stromrechnung für Treppenhaus, Keller und Vorplatz
r) Stromrechnung für Geschäft
s) Barverkaufserlös inkl. 8,0% MWST 3 240. Verkaufserlös buchen, MWST abrechnen.

t) Zunahme Rohmaterialvorrat von 20 (Anfangsbestand) auf 25 (Schlussbestand)
u) Die Rechnung für Frachtkosten bei einem Wareneinkauf wurde auf übrigen Betriebsaufwand gebucht. Korrekturbuchung?
v) Postzahlung von Versicherungsprämien 10. Davon sind 4 für das laufende und 6 für das nächste Jahr. Postzahlung und Abgrenzung am Jahresende buchen
w) Hypothek 200, Hypothekarzinsfuss 6%, Zinstermine 31. Okt. und 30. April. Die letzte Hypothekarzinszahlung sowie die Abgrenzung am Jahresende sind zu buchen.
x) Kauf einer Liegenschaft für 800 durch Übernahme einer Hypothek von 500, Übergabe von Wertschriften von 100 und Bankzahlung des Rests
y) Kauf von Wertschriften über die Bank. Kurswert 102, Marchzins 3, Spesen 1
z) Vor Abschluss weist das Wertschriftenbestandeskonto im Soll eine Summe von 100 und im Haben von 120 auf. Korrekturbuchung?
ä) Kreditkauf einer Maschine für EUR 1000 zum Buchkurs 1.20.
ö) Bankzahlung der Rechnung von ä) zum Zahlungskurs 1.21. Kursdifferenz auch buchen
ü) Wie würde die Kursdifferenz von ö) verbucht, wenn es sich um einen Warenkauf handelte?

## 2. Buchungen bei der Einzelunternehmung

a) Barbezug des Inhabers
b) Warenbezug des Inhabers zu Einstandspreisen
c) Gutschrift Eigenlohn
d) Gutschrift Eigenzins
e) Die Stromrechnung für die Privatwohnung des Inhabers wird übers Geschäft verbucht.
f) Bareinlage des Inhabers
g) Übertrag des Saldos des Privatkontos (Habenüberschuss) am Jahresende
h) Übertrag des Reinverlustes am Jahresende

## 3. Buchungen bei der Kollektivgesellschaft

a) Teilhaber Müller erhöht seinen Kapitalanteil durch Einbringung eines Stücks Land.
b) Eigenlohn für Teilhaber Müller
c) Teilhaber Meier bewohnt eine Wohnung im Geschäftshaus
d) Eine Privatrechnung von Teilhaber Meier wird über das Geschäft verbucht. (Rechnung und Postzahlung verbuchen)
e) Die Steuerrechnung von Teilhaber Müller wird über das Geschäft verbucht. (Rechnung und Postzahlung verbuchen)
f) Vom Gewinn ist Teilhaber Meier ein Teil auf dem Privatkonto gutzuschreiben.

## 4. Buchungen bei der Aktiengesellschaft

a) Übertrag des Reingewinnes
b) Bildung gesetzliche Gewinnreserve
c) Dividendenzuweisung 100
d) Dividendenauszahlung über die Bank 65
e) Gutschrift der Verrechnungssteuer für die Dividendenausschüttung 35
f) Ein Verlustvortrag wird über die gesetzliche Gewinnreserve ausgebucht.

## Aufgaben zur Vertiefung

### 62.30 Aufgaben

a) Vervollständigen Sie den nebenstehenden Betriebsabrechnungsbogen (alles Kurzzahlen).

b) Ermitteln Sie folgende Kostensätze:
   - Material-Gemeinkosten in Prozenten des Einzelmaterialverbrauchs
   - Fertigungs-Gemeinkosten in Prozenten der Einzellöhne
   - Verwaltungs- und Vertriebs-Gemeinkosten in Prozenten der Herstellkosten der verkauften Produkte

**Zusätzliche Angaben**

- Die Gemeinkosten sind bereits auf die Kostenstellen verteilt worden.
- Die Vorkostenstelle Gebäude ist im Verhältnis 2 : 5 : 3 auf die Hauptkostenstellen umzulegen.
- Die Material-Gemeinkosten sind im Verhältnis des Einzelmaterialverbrauchs, die Fertigungs-Gemeinkosten im Verhältnis der Einzellöhne und die Verwaltungs- und Vertriebs-Gemeinkosten im Verhältnis der Herstellkosten der verkauften Produkte umzulegen.
- Der Vorrat an fertigen Erzeugnissen hat um 20 zugenommen (Produkt X) bzw. um 50 abgenommen (Produkt Y). Es gibt keine unfertigen Erzeugnisse.
- Der Verkaufserlös beträgt 550 (Produkt X) bzw. 1 100 (Produkt Y).

### BAB zu Aufgabe 62.30

| |
|---|
| Material |
| Personal |
| Abschreibungen |
| Zinsen |
| Übrige Kosten |
| Total 1 |
| Umlage Vorkostenstelle |
| Total 2 |
| Umlage Material-GK |
| Umlage Fertigungs-GK |
| Herstellkosten der Produktion |
| Vorratsänderungen fertige Erzeugnisse |
| Herstellkosten der verkauften Produkte |
| Umlage Verwaltungs- und Vertriebs-GK |
| Selbstkosten der verkauften Produkte |
| Erfolg |
| Nettoerlös |

| Kosten | Kostenstellen | | | | Kostenträger | |
|---|---|---|---|---|---|---|
| | Gebäude | Lager und Einkauf | Fertigung | Verwaltung und Vertrieb | Produkt X | Produkt Y |
| 400 | | | | | 100 | 250 |
| 850 | | | | | 200 | 400 |
| 60 | | | | | | |
| 50 | | | | | | |
| 230 | | | | | | |
| 1 590 | 100 | 50 | 250 | 240 | | |
| | | | | | | |
| | | | | | | |
| | | | | | | |
| | | | | | | |
| | | | | | | |
| | | | | | | |
| | | | | | | |
| | | | | | | |
| | | | | | | |

**62.31** Die Velofabrik Röösli AG ist ein alteingesessenes Unternehmen in Rapperswil, das in den letzten Jahren immer tiefer in die Verlustzone geraten ist. Sie sind als kaufmännischer Angestellter neu in diese Fabrik eingestellt worden und haben folgende Aufträge erhalten:

a) Ermitteln Sie den Gesamterfolg mithilfe einer Erfolgsrechnung.
b) Ermitteln Sie den Erfolg je Produkt mithilfe des nebenstehenden Betriebsabrechnungsbogens (in Fr. 1000.–, Beträge wenn nötig runden).
c) Schlagen Sie Massnahmen zur Gesundung der Unternehmung vor.

Für die Lösung dieser Aufgabe stehen folgende Zahlen zur Verfügung.

**1. Produkte:** Die Firma stellt drei verschiedene Sorten Velos her und erzielte damit in der letzten Rechnungsperiode folgende Nettoerlöse:

| Produkt | Stückzahl | Nettoerlös |
|---|---|---|
| Kindervelos | 600 | Fr. 150 000.– |
| Standardmodelle | 1 000 | Fr. 550 000.– |
| Rennvelos | 200 | Fr. 200 000.– |

**2. Abteilungen:** In dieser Unternehmung bestehen fünf Abteilungen mit folgenden Aufgaben:

– Die Abteilung MATERIAL ist für den Einkauf, die Lagerung sowie die Bereitstellung des Materials für die Produktion verantwortlich.
– In der Abteilung RAHMENHERSTELLUNG werden die Rahmen für die Kindervelos sowie die Standardmodelle hergestellt. (Die extraleichten Rahmen für die Rennvelos werden nicht selbst produziert, sondern von einer anderen Fabrik zugekauft.)
– In der Abteilung MONTAGE werden die Rahmen der Kindervelos sowie der Standardmodelle mit den übrigen Teilen, die von anderen Fabriken gekauft werden (z. B. Räder, Pneus, Bremsen, Sättel, Lenker), zusammengebaut.
– In der Abteilung RENNVELOPRODUKTION werden die Rennvelos aus zusammengekauften Teilen montiert.
– Die Abteilung VERWALTUNG UND VERTRIEB ist für die Administration, die Buchhaltung sowie den Verkauf der Velos zuständig.

**3. Aufwand:** Aus der Buchhaltung sind folgende Zahlen bekannt: Einzelmaterial Fr. 300 000.–, Löhne Fr. 420 000.–, Mietzinsen Fr. 50 000.–, Kapitalzinsen Fr. 50 000.–, Abschreibungen Fr. 30 000.–, übriger Aufwand Fr. 70 000.–.

**4. Einzelkosten:** Im Lager wurden die Einzelmaterialbezüge für jede Sorte Velo einzeln aufgeschrieben: Kindervelos Fr. 50 000.–, Standardmodelle Fr. 160 000.–, Rennvelos Fr. 90 000.–.

**5. Gemeinkosten:**
– Die Lohnkosten sind wie folgt auf die Abteilungen zu verteilen: Material Fr. 10 000.–, Rahmenherstellung Fr. 80 000.–, Montage Fr. 230 000.–, Rennveloproduktion Fr. 30 000.–, Verwaltung und Vertrieb Fr. 70 000.–.
– Die Mietzinsen sind im Verhältnis zur von den einzelnen Abteilungen beanspruchten Fläche zu verteilen: Material 300 m², Rahmenherstellung 500 m², Montage 800 m², Rennveloproduktion

**BAB zu Aufgabe 62.31**

| | | |
|---|---|---|
| Einzelmaterial (Einzelkosten) | | |
| Löhne | | |
| Mietzinsen | | |
| Kapitalzinsen | | Gemeinkosten |
| Abschreibungen | | |
| Übrige Kosten | | |
| Total | | |
| Umlage Material-GK | | |
| Umlage Rahmenherstellungs-GK | | |
| Umlage Montage-GK | | |
| Umlage Rennveloproduktions-GK | | |
| Herstellkosten | | |
| Umlage Verwaltungs- und Vertriebs-GK | | |
| Selbstkosten | | |
| Erfolg | | |
| Nettoerlös | | |

| Kosten (Kostenartenrechnung) | Abteilungen (Kostenstellenrechnung) | | | | | Produkte (Kostenträgerrechnung) | | |
|---|---|---|---|---|---|---|---|---|
| | Material | Rahmenherstellung | Montage | Rennveloproduktion | Verwaltung u. Vertrieb | Kindervelos | Standardmodelle | Rennvelos |
| | | | | | | | | |
| | | | | | | | | |
| | | | | | | | | |
| | | | | | | | | |
| | | | | | | | | |
| | | | | | | | | |

500 m², Verwaltung und Vertrieb 400 m², Gesamtfläche 2500 m².
- Die Kapitalzinsen sind im Verhältnis zum in den verschiedenen Abteilungen investierten Kapital zu verteilen. Investiertes Kapital: Material Fr. 100000.–, Rahmenherstellung Fr. 80000.–, Montage Fr. 90000.–, Rennveloproduktion Fr. 40000.–, Verwaltung und Vertrieb Fr. 190000.–, Gesamtkapital Fr. 500000.–.
- Die Abschreibungen sind wie folgt auf die Kostenstellen zu verteilen: Material Fr. 2000.–, Rahmenherstellung Fr. 8000.–, Montage Fr. 6000.–, Rennveloproduktion Fr. 4000.–, Verwaltung und Vertrieb Fr. 10000.–.
- Von den übrigen Kosten entfallen Fr. 2000.– auf die Materialstelle, Fr. 22000.– auf die Kostenstelle Rahmenherstellung, Fr. 29000.– auf die Montagestelle, Fr. 4000.– auf die Kostenstelle Rennveloproduktion und der Rest auf die Kostenstelle Verwaltung und Vertrieb.

**6. Umlagen:** Die Umlage der Stellenkosten auf die Kostenträger erfolgt nach dem Verursacherprinzip, d.h., die Kosten sind jenen Produkten anzulasten, die die Kosten verursacht haben:

- Die Material-Gemeinkosten werden proportional zum Einzelmaterialverbrauch umgelegt.
- Für die Herstellung eines Rahmens benötigt man sowohl bei den Kindervelos als auch bei den Standardmodellen durchschnittlich 2 Stunden.
- Für die Montage gelten folgende durchschnittlichen Fertigungszeiten: Kindervelos 3 Stunden, Standardmodelle und Rennvelos je 4 Stunden.
- Die Verwaltungs- und Vertriebs-Gemeinkosten sind im Verhältnis zu den Herstellkosten auf die Kostenträger zu verteilen.

**62.32** Beantworten Sie mithilfe der Angaben zur Gesamtkalkulation in Aufgabe 62.31 die nachstehenden Fragen zur Einzelkalkulation.

a) Über die Herstellung des Damenfahrrades Typ FEMINA sind folgende Zahlen bekannt: Einzelmaterialverbrauch Fr. 150.–, Rahmenfertigungszeit 2¼ Stunden, Montagezeit 4 Stunden.

Wie hoch sind die Selbstkosten?

b) Für die Herstellung des Rennvelos Typ SPEEDY wird Einzelmaterial für Fr. 500.– benötigt, die Montage dauert 3 Stunden.

Wie hoch muss der Bruttoverkaufspreis angesetzt werden, wenn nach Gewährung eines Verkaufsrabattes von 10% noch ein Gewinn von 10% der Selbstkosten verbleiben soll?

**62.33** Eine Maschine mit einem Anschaffungswert von Fr. 80 000.– hat eine voraussichtliche Nutzungsdauer von vier Jahren.

Die jährlichen bilanzmässigen Abschreibungen gemäss Fibu betragen 50% vom Buchwert, die jährlichen kalkulatorischen Abschreibungen gemäss Bebu betragen 25% vom Anschaffungswert.

a) Wie heissen die Fachausdrücke für diese beiden Abschreibungsverfahren?

b) Vervollständigen Sie die unten stehende Tabelle für die ersten drei Jahre. (In der Bestandesrechnung sind die Restwerte der Anlage und in der Erfolgsrechnung die Abschreibungsbeträge einzutragen.)

| Zeit | Bestandesrechnung | | | Erfolgsrechnung | | |
| --- | --- | --- | --- | --- | --- | --- |
| | Fibu | Bebu | Bestand an stillen Reserven | Fibu | Bebu | Veränderungen stiller Reserven |
| Kauf | 80 000.– | 80 000.– | 0.– | – | – | – |
| 1. Jahr | | | | | | |
| 2. Jahr | | | | | | |
| 3. Jahr | | | | | | |

c) Welche sachliche Abgrenzung ist im dritten Jahr vorzunehmen (Vorzeichen und Betrag nennen)?

**62.34** Von der Prochemie AG, die sich auf die Herstellung eines bestimmten Kunststoffes spezialisiert hat, stehen über die vergangene Abrechnungsperiode folgende Angaben zur Verfügung:

Mengenangaben
- Anfangsbestand an fertigem Kunststoff      5 000 Tonnen
- Produktion      62 000 Tonnen
- Verkauf      60 000 Tonnen
- Die Herstellung dieses Kunststoffes erfolgt in einem Schritt vom Rohmaterial zum fertigen Erzeugnis, sodass es keine unfertigen Erzeugnisse gibt.

Wertangaben
- Materialaufwand      Fr. 600 000.–
- Personalaufwand für die Produktion      Fr. 400 000.–
- Übriger Produktionsaufwand      Fr. 240 000.–
- Verwaltungs- und Vertriebsaufwand      Fr. 290 000.–
- Wertschriftenerfolg (Sollüberschuss)      Fr. 35 000.–
- Immobilienerfolg (Habenüberschuss)      Fr. 20 000.–
- Verkaufserlös      Fr. 1 500 000.–

a) Wie hoch ist der Verkaufspreis für eine Tonne Kunststoff?

b) Wie hoch sind die Herstellkosten für eine Tonne Kunststoff?

c) Wie gross ist der Endbestand an fertigen Erzeugnissen in Tonnen und Franken?

d) Wie lautet der Buchungssatz für die Bestandesänderung?

e) Wie lautet die zweistufige Erfolgsrechnung mit Ausweis des Betriebserfolgs in der ersten und des Unternehmungserfolgs in der zweiten Stufe?

# 63 Fixe und variable Kosten

**63.1** Das Ehepaar S. und R. Müller führt eine kleine Quartierdrogerie. An umsatzschwachen Tagen im Januar überlegen sich die Eheleute manchmal, wie hoch wohl der Erfolg aus ihrer Geschäftstätigkeit im neuen Jahr sein wird.

Der Ehemann ist optimistisch und rechnet mit einer Umsatzsteigerung von 20% im neuen Jahr. Die Ehefrau gibt sich pessimistisch und glaubt an einen Umsatzrückgang von 10%.

a) Ermitteln Sie den voraussichtlichen Erfolg für die optimistische und die pessimistische Variante.

|  | letztes Jahr | optimistische Variante | pessimistische Variante |
|---|---|---|---|
| Nettoerlös | 300 000 | | |
| ./. Warenkosten | 200 000 | | |
| Bruttogewinn | 100 000 | | |
| ./. Gemeinkosten | 95 000 | | |
| Erfolg | + 5 000 | | |

b) Nennen Sie für den Handelsbetrieb (Drogerie) zwei typische Beispiele für fixe und ein typisches Beispiel für variable Kosten.

Beispiele für fixe Kosten

Beispiel für variable Kosten

**63.2** Ein Handelsbetrieb führt nur einen Artikel. Der Einstand beträgt Fr. 5.– und der Nettoerlös Fr. 6.– je Stück. Es ist mit fixen Gemeinkosten von Fr. 80 000.– im Jahr zu rechnen.

Wie hoch ist der Erfolg bei einem Umsatz

a) von 100 000 Stück?

b) von 80 000 Stück?

c) von 70 000 Stück?

**63.3** Von einem Händler, der nur mit einem Produkt handelt, sind folgende Zahlen bekannt:

- Nettoerlös je Stück 8.–
- Einstand je Stück 6.–
- Gemeinkosten total (alle fix) 40 000.–

a) Vervollständigen Sie folgende Tabelle.

|  | Umsatz (in Stücken) | | | | |
|---|---|---|---|---|---|
|  | 0 | 10 000 | 20 000 | 30 000 | 40 000 |
| Variable Kosten (Einstand) | | | | | |
| + Fixe Kosten (Gemeinkosten) | | | | | |
| Totalkosten (Selbstkosten) | | | | | |
| + Erfolg | | | | | |
| Nettoerlös | | | | | |
| ./. Variable Kosten (Einstand) | | | | | |
| Deckungsbeitrag (Bruttogewinn) | | | | | |

b) Ermitteln Sie durch Ablesen in der Tabelle, bei welchem mengenmässigen bzw. wertmässigen Umsatz dieser Handelsbetrieb die Nutzschwelle, d. h. den Punkt, bei dem weder Gewinn noch Verlust entsteht, erreicht.

c) Welche Grössen sind bei Erreichen der Nutzschwelle gleich hoch (zwei Lösungen)?

d) Ermitteln Sie die Nutzschwelle mithilfe des nebenstehenden Lösungsblattes grafisch auf zwei Arten.

e) Ermitteln Sie die Nutzschwelle rechnerisch.

**63.4** Lösen Sie mithilfe der Zahlen aus Aufgabe 63.3 folgende Aufgabe:

Bei welchem Umsatz (mengen- und wertmässig) wird ein Reingewinn von Fr. 20 000.– erzielt?

a) Grafische Lösung

b) Rechnerische Lösung

## Lösungshilfsblatt zu Aufgabe 63.3

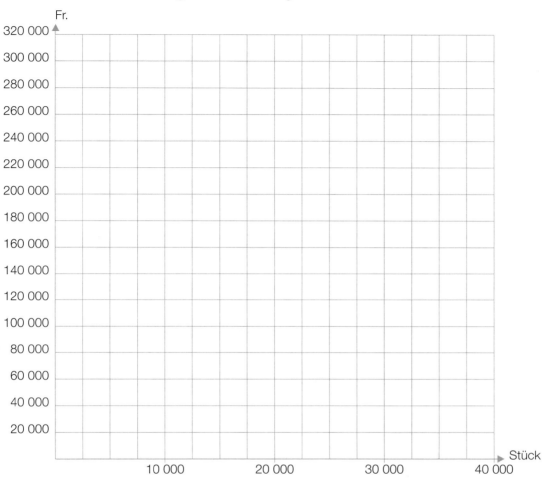

**63.5** Die folgenden Beispiele stammen aus verschiedenen Handelsbetrieben.

a) Einstand je kg Fr. 5.–, Nettoerlös je kg Fr. 7.–, Gemeinkosten total Fr. 40 000.–, verkaufte Menge 50 000 kg.
Wie hoch ist der Gewinn?

b) Einstand je Stück Fr. 10.–, Bruttogewinnzuschlag 60% vom Einstand, Gemeinkosten total Fr. 48 000.–, Reingewinn Fr. 12 000.–.
Wie viele Stücke wurden verkauft?

c) Bruttogewinnmarge 30% vom Nettoerlös, Gemeinkosten total Fr. 56 000.–, Reinverlust Fr. 5 000.–, Einstand je Stück Fr. 7.–.
Wie viele Stücke wurden verkauft?

d) Bruttogewinn 50% vom Einstand, Gemeinkosten Fr. 45 000.–, Reingewinn Fr. 15 000.–.
Wie hoch ist der Nettoerlös?

e) Reingewinn Fr. 6 000.–, Gemeinkosten Fr. 42 000.–, Nettoerlös Fr. 96 000.–.
Wie hoch ist der Bruttogewinn in Prozenten des Warenaufwandes?

f) Zahlen wie e).
Wie hoch ist der Reingewinn bei einer Umsatzsteigerung von Fr. 96 000.– auf Fr. 100 000.–, wenn der Bruttogewinnzuschlag gleich bleibt?

g) Gemeinkosten Fr. 60 000.–, Reingewinn Fr. 10 000.–, Warenaufwand 65% des Nettoerlöses.
Wie hoch ist der Reingewinn bei einer Umsatzsteigerung von 10%, wenn die Bruttogewinnmarge gleich bleibt?

**63.6** Von einem Händler, der nur ein Produkt führt, sind folgende Zahlen bekannt:

- Nettoerlös je Stück 10.–
- Variable Kosten je Stück (Einstand) 6.–
- Fixkosten total (Gemeinkosten) 100 000.–

Bestimmen Sie rechnerisch und grafisch, bei welchem Umsatz (mengen- und wertmässig) folgender Erfolg erzielt wird:

a) Weder Gewinn noch Verlust (Nutzschwelle)

b) Gewinn = Fr. 20 000.–

c) Verlust = Fr. 40 000.–

**Lösungshilfsblatt zu Aufgabe 63.6**

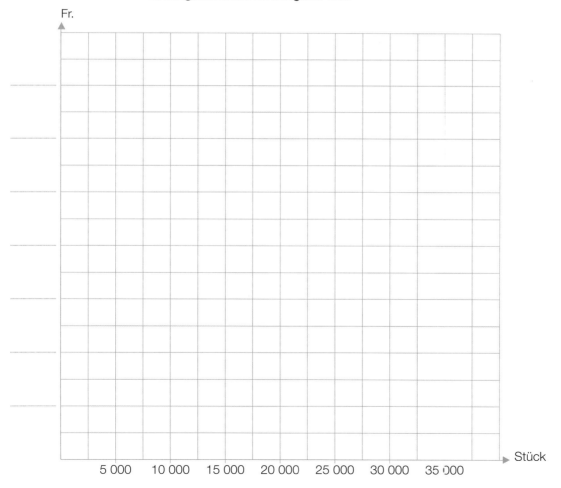

**63.7** Bestimmen Sie die Nutzschwelle mengen- und wertmässig.

a) Einstand je Stück Fr. 7.50, Nettoerlös je Stück Fr. 9.–, Gemeinkosten (alle fix) Fr. 45 000.–.

b) Einstand je Stück Fr. 6.–, Bruttogewinn 50% vom Einstand, Gemeinkosten (alle fix) Fr. 60 000.–.

c) Variable Kosten je Stück Fr. 12.–, Deckungsbeitrag je Stück Fr. 3.–, Fixkosten total Fr. 90 000.–.

**63.8** Von einem Handelsbetrieb sind folgende Zahlen bekannt:

Der durchschnittliche Bruttogewinnzuschlag beträgt 30% des Einstandes. Die Gemeinkosten sind alle fix und belaufen sich auf Fr. 75 000.–.

a) Bei welchem Verkaufsumsatz wird die Nutzschwelle erreicht?

b) Warum kann die Nutzschwelle bei dieser Unternehmung nicht mengenmässig ermittelt werden?

c) Bei welchem Umsatz wird ein Gewinn von Fr. 15 000.– erzielt?

**63.9** Der Einstandspreis eines Artikels beträgt Fr. 4.–, der Verkaufspreis Fr. 6.–. Die Gemeinkosten sind alle fix und machen Fr. 60 000.– aus.

Bei welcher Stückzahl bzw. bei welchem Nettoerlös wird

a) die Nutzschwelle erreicht?

b) ein Reingewinn von Fr. 20 000.– erzielt?

c) der Reingewinn auf Fr. 40 000.– verdoppelt?

d) die Nutzschwelle erreicht, wenn sich der Einstandspreis und der Verkaufspreis je um einen Franken erhöhen?

e) die Nutzschwelle erreicht, wenn der Einstandspreis um einen Franken ansteigt und der Verkaufspreis unverändert bleibt?

f) die Nutzschwelle erreicht, wenn der Einstandspreis unverändert bleibt und der Verkaufspreis um einen Franken erhöht wird?

g) die Nutzschwelle erreicht, wenn der Einstandspreis um einen Franken steigt und der Bruttogewinnzuschlag in Prozenten des Einstandes unverändert bleibt?

h) die Nutzschwelle erreicht, wenn sowohl Verkaufspreis als auch Einstandspreis um 20% zurückgehen?

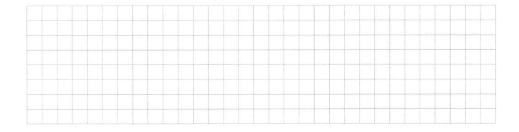

**63.10** Die Zahlen aus dem Vorjahr betragen: Einstand je Stück Fr. 40.–, Nettoerlös je Stück Fr. 50.–, Gemeinkosten (alle fix) Fr. 48 000.–, Umsatz 6 000 Stück.
Im neuen Jahr wird der Bruttogewinnzuschlag auf 20% des Einstandes gesenkt.

a) Bei welcher Stückzahl lag die Nutzschwelle im alten Jahr?

b) Welcher Gewinn wurde im alten Jahr erzielt?

c) Welchen Zweck verfolgt der Geschäftsinhaber mit der Senkung der Bruttogewinnmarge?

d) Bei welcher Stückzahl liegt die Nutzschwelle im neuen Jahr?

e) Wie viele Stücke müssen im neuen Jahr verkauft werden, damit der gleiche Verkaufsumsatz in Franken wie im alten Jahr erzielt wird?

f) Wie viele Stücke müssen im neuen Jahr verkauft werden, damit der gleiche Gewinn wie im alten Jahr erzielt wird?

**63.11** Die Kosten und Erlöse einer Einprodukte-Handelsunternehmung können wie folgt dargestellt werden:

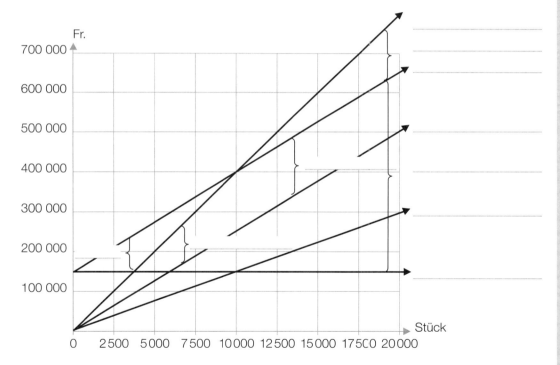

a) Beschriften Sie alle Kurven.

b) Bezeichnen Sie die mit Klammern angegebenen Grössen.

c) Bei welchem Umsatz (mengen- und wertmässig) wird die Nutzschwelle erreicht?

d) Berechnen Sie, bei welchem Umsatz (mengen- und wertmässig) ein Gewinn von Fr. 30 000.– erzielt wird.

**63.12** Von einem Mehrprodukte-Handelsbetrieb ist bekannt, dass der durchschnittliche Bruttogewinnzuschlag 50% des Warenaufwandes ausmacht und die Gemeinkosten (alle fix) Fr. 200 000.– betragen.

Ermitteln Sie grafisch, bei welchem Umsatz

a) die Nutzschwelle liegt;

b) ein Gewinn von Fr. 50 000.– erzielt wird.

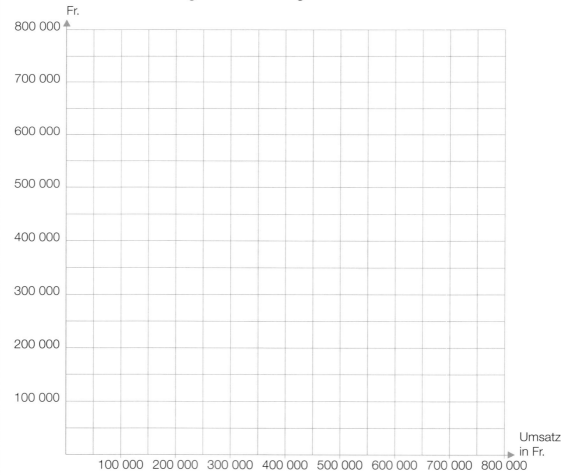

**Lösungshilfsblatt zu Aufgabe 63.12**

## Aufgaben zur Vertiefung

**63.20** A. Honauer kauft ein Auto für Fr. 40 000.–. Er rechnet mit folgenden Kosten:

- Jährliche Abschreibungen     20% vom Anschaffungswert
- Jährliche Verkehrssteuer     Fr. 300.–
- Jährliche Versicherungskosten     Fr. 700.–
- Treibstoffverbrauch     7 Liter/100 km (1 Liter Diesel kostet Fr. 2.–.)
- Ölverbrauch     1 Deziliter/100 km (1 Liter Öl kostet Fr. 10.–.)
- Reifenverbrauch     Fr. 2.–/100 km
- Unterhalt und Reparaturen     Fr. 8.–/100 km

a) Wie hoch sind die fixen Kosten im Jahr?

b) Wie hoch sind die variablen Kosten je 100 km?

c) Wie hoch sind die durchschnittlichen Gesamtkosten je Kilometer, wenn A. Honauer jährlich 20 000 km fährt?

d) Die Distanz Zürich–Bern–Zürich beträgt 250 km. Ein Erstklass-Billett der SBB kostet Fr. 172.– (hin und zurück).

Soll A. Honauer aus Zürich für die Teilnahme an einer Tagung in Bern das Auto oder die SBB benützen? (Belegen Sie Ihren Entscheid zahlenmässig, und fügen Sie anschliessend weitere Überlegungen an, die A. Honauers Entscheid beeinflussen könnten.)

e) Bei welcher jährlichen Anzahl Kilometer betragen die gesamten durchschnittlichen Kosten je km genau Fr. –.80? (Auf ganze Kilometer runden.)

**63.21** Bei einem kleinen Skilift betragen die fixen Kosten (Abschreibungen, Zinsen, Unterhalt und Reparaturen, ein Teil der Löhne, Werbung, Verwaltung) jährlich Fr. 200 000.–, die proportionalen Kosten Fr. 400.– je Betriebstag. Der Skilift ist normalerweise während 100 Tagen im Jahr in Betrieb. Der Preis für eine Tageskarte beträgt Fr. 24.–; Einzelfahrten sind nicht möglich.

a) In der letzten Saison benützten täglich durchschnittlich 95 Personen den Skilift.

Wie hoch war der Betriebserfolg?

b) Welche durchschnittliche tägliche Benützerzahl ist für die Erzielung eines Reingewinnes von Fr. 60 000.– notwendig?

c) Wie wirkt sich ein zusätzlicher Betriebstag mit einer Benützerzahl von 50 Personen auf das Betriebsergebnis aus?

d) Mit einer Ermässigung des Preises für eine Tageskarte auf Fr. 20.– könnte die Benützerzahl erheblich gesteigert werden.

Bei welcher durchschnittlichen täglichen Benützerzahl würde die Nutzschwelle erreicht?

**63.22** Eine Drogerie zieht an einen neuen Standort um. Am alten Ort betrugen die Fixkosten jährlich Fr. 60 000.–, am neuen Ort machen sie Fr. 110 000.– aus. Der bisherige Nettoerlösumsatz belief sich bei einem Bruttogewinnzuschlag von 45% des Einstandes auf Fr. 290 000.– im Jahr. Am neuen Ort kann der Bruttogewinnzuschlag auf 50% des Einstandes erhöht werden.

a) Bei welchem Nettoerlös wird die Nutzschwelle am neuen Ort erreicht?

b) Bei welchem Nettoerlös wird am neuen Ort gleich viel Reingewinn wie am alten Ort erzielt?

**63.23** Die proportionalen Kosten einer Boutique betragen 50% des Nettoerlöses. Wenn der Umsatz um 20% steigt, erhöhen sich die Gesamtkosten von Fr. 800 000.– auf Fr. 900 000.–.

a) Wie hoch sind die Fixkosten?

b) Wie hoch ist der Nettoerlös nach der Umsatzerhöhung?

**63.24** Der Buchhaltung einer kleinen Schule können folgende Zahlen entnommen werden:
– Jährliche Fixkosten für Lehrersaläre                                      Fr. 400 000.–
– Jährliche Fixkosten für Miete und Verwaltung                     Fr. 100 000.–
– Variable Kosten je Teilnehmer/Jahr für Druckunterlagen und Bücher     Fr. 200.–
– Schulgeldertrag je Schüler und Jahr                                         Fr. 4 200.–
– Die Schule erhält eine kantonale Subvention von 20% der Lehrersaläre.

a) Wie hoch ist der Jahreserfolg, wenn die Schule im vergangenen Jahr von 120 Schülern besucht wurde?

b) Bei welcher jährlichen Schülerzahl liegt die Nutzschwelle?

c) Die Schulleitung plant eine Werbeaktion für Fr. 32 000.–.
Wie viele zusätzliche Schüler müssen geworben werden, damit sich die Werbeaktion lohnt?

**63.25** Ein Artikel mit einem Einstandspreis von Fr. 6.– wird zu Fr. 10.– verkauft. Die anteilsmässigen fixen Gemeinkosten betragen Fr. 48 000.–.

a) Wie hoch ist die Bruttogewinnmarge in Prozenten des Verkaufserlöses?

b) Bei welchem Verkaufsumsatz in Franken wird die Nutzschwelle erreicht?

Um den Umsatz zu steigern, senkt der Händler den Verkaufspreis auf Fr. 9.– je Stück. Der Einstandspreis bleibt unverändert. Zusätzlich erhöht er den Werbeaufwand um Fr. 2 000.– jährlich.

c) Um wie viel Prozent muss der Verkaufsumsatz gesteigert werden, damit die Nutzschwelle erreicht wird?

d) Wie viel Stück müssen abgesetzt werden, damit durchschnittlich ein Gewinn von Fr. 1.– je Stück erzielt wird?

**63.26** Aus der Jahresrechnung eines Handelsbetriebes können folgende Zahlen entnommen werden:
- Warenaufwand Fr. 1 600 000.–
- Gemeinkosten (alle fix) Fr. 500 000.–
- Verlust Fr. 100 000.–

a) Um wie viel Prozent müssten die Verkaufspreise erhöht werden, damit bei gleich bleibendem mengenmässigem Umsatz die Nutzschwelle erreicht wird?

b) Um wie viel Prozent müsste der mengenmässige Umsatz gesteigert werden, damit bei gleich bleibenden Verkaufspreisen die Nutzschwelle erreicht wird?

**63.27** Im vergangenen Rechnungsjahr hat eine Fabrik 20 000 Apparate hergestellt und zu Fr. 80.– je Stück verkauft.

Die Material-, Fertigungs-, Verwaltungs- und Vertriebs-Gemeinkosten betrugen Fr. 880 000.–; sie können als fix betrachtet werden.

Der Einzelmaterialverbrauch betrug Fr. 10.– je Apparat. Die Einzellöhne beliefen sich auf Fr. 30.– je Stück.

a) Wie hoch war der Erfolg?

b) Bei welchem Umsatz (mengen- und wertmässig) wäre die Nutzschwelle erreicht gewesen?

Durch Rationalisierung können die Gemeinkosten im nächsten Jahr voraussichtlich um Fr. 19 000.– vermindert werden. Ferner kann durch geschickteren Einkauf der Einzelmaterialverbrauch wahrscheinlich auf Fr. 9.– je Stück herabgesetzt werden.

c) Bei welchem Umsatz (mengen- und wertmässig) liegt die Nutzschwelle, wenn die geplanten Kosteneinsparungen verwirklicht werden können?

**63.28** Eine Fabrik hat bisher bestimmte Teile zu Fr. 2.– je Stück in Heimarbeit fertigen lassen. Da die Unternehmung über unausgenützte Produktionskapazitäten verfügt, überlegt sich die Unternehmungsleitung, ob diese Teile in Zukunft in der Fabrik hergestellt werden sollen. Die fabrikmässige Herstellung würde voraussichtlich zusätzliche Fixkosten von Fr. 9000.– sowie proportionale Kosten von Fr. 20.– je Stunde verursachen. In der Stunde könnten 40 Teile hergestellt werden.

a) Ab welcher Stückzahl lohnt sich die fabrikmässige Herstellung?

b) Welche anderen Gesichtspunkte muss die Unternehmungsleitung berücksichtigen?

**63.29** Ein Grossauftrag kann entweder mit einem selbst entwickelten Automaten oder manuell produziert werden.

Für die Entscheidungsfindung stehen folgende Daten zur Verfügung:

| | Variante Automat | Variante manuell |
|---|---|---|
| Fixkosten total | Fr. 360 000.– | Fr. 20 000.– |
| Variable Kosten je Stück | Fr. –.10 | Fr. –.60 |

Vom Automaten sind nach der Ausführung dieses Auftrages Teile im Wert von Fr. 40 000.– weiter verwertbar.

Ab welcher Stückzahl lohnt sich die Entwicklung eines Automaten?

**63.30** Von einem Handelsbetrieb ist die nachstehende Grafik bekannt.

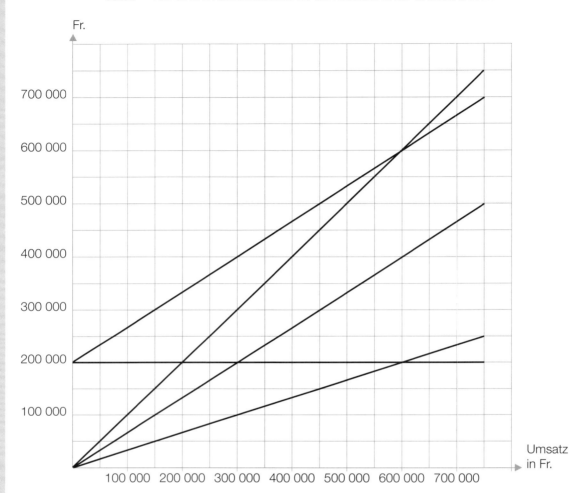

Ermitteln Sie aus der Grafik folgende Grössen:

a) Fixkosten
b) Selbstkosten bei einem Verkaufsumsatz von Fr. 150 000.–
c) Erfolg bei einem Verkaufsumsatz von Fr. 300 000.–
d) Erfolg bei einem Verkaufsumsatz von Fr. 600 000.–
e) Bruttogewinn bei einem Verkaufsumsatz von Fr. 600 000.–
f) Variable Kosten in Prozenten des Verkaufsumsatzes
g) Bruttogewinn in Prozenten des Verkaufsumsatzes
h) Deckungsbeitrag in Prozenten der variablen Kosten

**63.31** Die vier grafischen Darstellungen zeigen von verschiedenen Einprodukte-Unternehmungen die Nutzschwelle (NS).

a) Zeichnen Sie den Verlauf des Bruttogewinnes ein.

b) Weisen Sie grafisch nach, wie sich eine Senkung des Verkaufspreises auf die Nutzschwelle auswirkt.

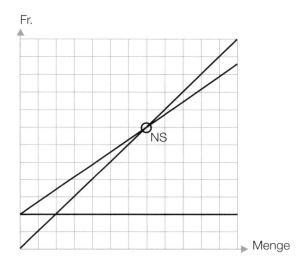

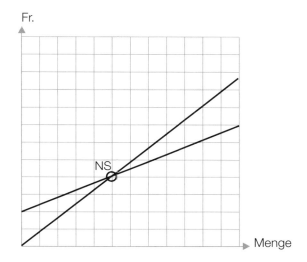

c) Weisen Sie grafisch nach, wie sich eine Erhöhung der Einzellöhne auf die Nutzschwelle auswirkt.

d) Wo liegt die Nutzschwelle, wenn sich die Fixkosten verdoppeln?

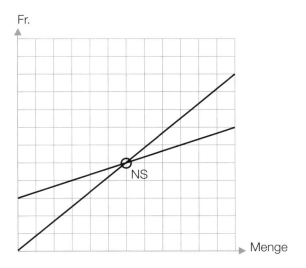

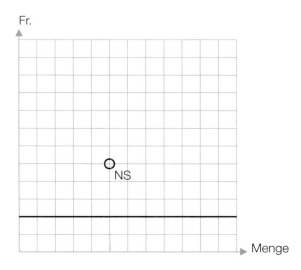

**63.32** Von einer bekannten schweizerischen Luftverkehrsgesellschaft sind über den Flug Zürich–Dublin–Zürich folgende Angaben bekannt:

– Für den Flug wird ein Flugzeug mit 100 Sitzplätzen eingesetzt.
– Die Fixkosten betragen Fr. 40 000.– je Flug (hin und zurück). Zu den Fixkosten zählen: Flugzeugabschreibung, Kapitalverzinsung, Unterhalt und Reparaturen, Treibstoffverbrauch, Landegebühren, Saläre sowie Unterkunft und Verpflegung der Besatzung, Kosten der Bodenorganisation, Verwaltungs- und Vertriebskosten.
– Die proportionalen Kosten betragen Fr. 50.– je Passagier. Zu den proportionalen Kosten zählen: Verpflegung an Bord, Passagierversicherung, Flughafentaxe.
– Die Fluggäste zahlen für ein Flugbillett Fr. 600.–.
– Mit jedem Flug wird auch Fracht und Post befördert, was der Fluggesellschaft durchschnittlich einen Ertrag von Fr. 5 000.– je Flug einbringt.

Ermitteln Sie rechnerisch und grafisch, bei welcher Sitzplatzauslastung die Nutzschwelle für diesen Flug erreicht wird.

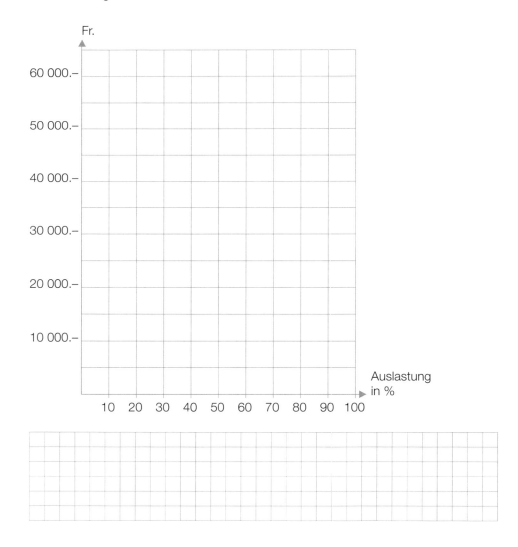

# 7. Teil  Bilanz- und Erfolgsanalyse

**70.1** Die Bilanz- und Erfolgsanalyse ist heute ein anerkanntes Instrument zur finanziellen Führung einer Unternehmung. Berechnen Sie aufgrund der abgebildeten Bilanz und Erfolgsrechnung die wichtigsten Kennziffern, und beschreiben Sie den Zweck, der mit der Ermittlung der fünf aufgeführten Kennzahlengruppen verfolgt wird.

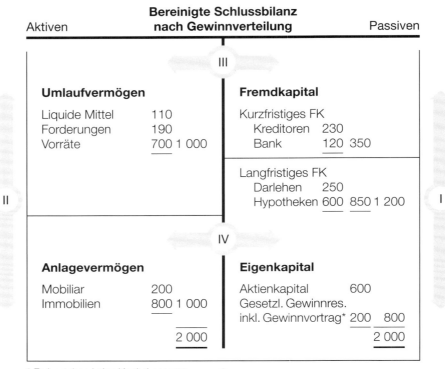

# Analyse

| Kennzahlen | | | | | Zweck |
|---|---|---|---|---|---|
| **① Finanzierungskennzahlen** | | | | | |
| **Fremdfinanzierungsgrad** (Verschuldungsgrad) | $=$ | $\dfrac{\text{Fremdkapital} \cdot 100\%}{\text{Gesamtkapital}}$ | $=$ | $=$ | |
| **Eigenfinanzierungsgrad** | $=$ | $\dfrac{\text{Eigenkapital} \cdot 100\%}{\text{Gesamtkapital}}$ | $=$ | $=$ | |
| **Selbstfinanzierungsgrad** | $=$ | $\dfrac{\text{Gewinnreserven} \cdot 100\%}{\text{Eigenkapital}}$ | $=$ | $=$ | |
| **② Investitionskennzahlen** | | | | | |
| **Intensität des Umlaufvermögens** | $=$ | $\dfrac{\text{Umlaufvermögen} \cdot 100\%}{\text{Gesamtvermögen}}$ | $=$ | $=$ | |
| **Intensität des Anlagevermögens** (Immobilisierungsgrad) | $=$ | $\dfrac{\text{Anlagevermögen} \cdot 100\%}{\text{Gesamtvermögen}}$ | $=$ | $=$ | |
| **③ Liquiditätskennzahlen** | | | | | |
| **Liquiditätsgrad 1** (Cash ratio) | $=$ | $\dfrac{\text{Liquide Mittel} \cdot 100\%}{\text{Kurzfristiges FK}}$ | $=$ | $=$ | |
| **Liquiditätsgrad 2** (Quick ratio) | $=$ | $\dfrac{(\text{Liquide Mittel} + \text{Forderungen}) \cdot 100\%}{\text{Kurzfristiges FK}}$ | $=$ | $=$ | |
| | $=$ | | $=$ | $=$ | |
| **Liquiditätsgrad 3** (Current ratio) | $=$ | $\dfrac{\text{Umlaufvermögen} \cdot 100\%}{\text{Kurzfristiges FK}}$ | $=$ | $=$ | |

| Kennzahlen | | | Zweck |
|---|---|---|---|
| **IV Deckungskennzahlen** | | | |
| Anlagedeckungsgrad 1 | $= \dfrac{\text{Eigenkapital} \cdot 100\%}{\text{Anlagevermögen}}$ | $=$ _____ | |
| Anlagedeckungsgrad 2 | $= \dfrac{(\text{Eigenkapital} + \text{langfristiges FK}) \cdot 100\%}{\text{Anlagevermögen}}$ | | |
| | $=$ _____ | $=$ _____ | |
| **V Rentabilitätskennzahlen** | | | |
| Eigenkapitalrendite | $= \dfrac{\text{Reingewinn} \cdot 100\%}{\varnothing \text{ Eigenkapital}\textbf{❶}}$ | $=$ _____ $=$ | |
| Gesamtkapitalrendite | $= \dfrac{(\text{Reingewinn} + \text{Fremdzinsen}) \cdot 100\%}{\varnothing \text{ Gesamtkapital}\textbf{❶}}$ | | |
| | $=$ _____ | $=$ _____ | |
| Gewinnmarge | $= \dfrac{\text{Reingewinn} \cdot 100\%}{\text{Verkaufsumsatz}}$ | $=$ _____ $=$ | |
| Cashflow-Marge | $= \dfrac{\text{Cashflow} \cdot 100\%}{\text{Verkaufsumsatz}}$ | $=$ _____ $=$ | |

❶ Falls das Eigen- bzw. Gesamtkapital zu Beginn der Periode bekannt ist, geht man vom durchschnittlichen Kapital aus. Ist dieses nicht bekannt, rechnet man mit dem Eigen- bzw. Gesamtkapital gemäss Schlussbilanz.

**70.2** Nach der Verbuchung des laufenden Geschäftsverkehrs liegen von der Walser-AG folgende Zahlen vor (Kurzzahlen):

Hypotheken 280, Kasse 16, Bankschuld 44, Post 34, Mobilien 100, Gebäude 640, Warenlager 70, Kreditoren 96, Debitoren 62, Wertberichtigungen Gebäude 40, Wertschriften (kotiert) 18, Aktienkapital 300, Gewinnreserven 150, Gewinn?

a) Erstellen Sie eine gut gegliederte, für die Analyse geeignete Bilanz.

**Schlussbilanz**

| Aktiven | Passiven |
|---|---|
|  |  |

b) Um welche Art von Dienstleistungsbetrieb handelt es sich hier?

c) Errechnen Sie aufgrund der Bilanz und der zusätzlichen Angaben aus der Erfolgsrechnung alle unter Aufgabe 70.1 aufgeführten Kennzahlen für diese Unternehmung.

Angaben aus der Erfolgsrechnung: Fremdkapitalzinsen 15
Abschreibungen 40
Ertrag 1100

Der Reingewinn wird gesamthaft den Gewinnreserven zugewiesen.

d) Wie beurteilen Sie die wirtschaftliche Situation dieser Unternehmung?

**70.3** Nachstehend ist die externe Bilanz der Schokoladenfabrik Grogg-AG in Kurzzahlen dargestellt.

**Bilanz**

| Aktiven | | | Passiven | |
|---|---:|---:|---|---:|
| **Umlaufvermögen** | | | **Fremdkapital** | |
| Kasse, Post | | 10 | Kreditoren | 14 |
| Wertschriften | | 70 | Langfristige Rückstellungen | 18 |
| Forderungen | 50 | | Hypotheken | 30 |
| – Delkredere | 5 | 45 | Obligationen | 40 |
| Warenvorräte | | 30 | | |
| **Anlagevermögen** | | | **Eigenkapital** | |
| Maschinen und Anlagen | | 1 | Aktienkapital | 50 |
| Immobilien | | 120 | Partizipationskapital | 10 |
| | | | Reserven und Gewinnvortrag | 114 |
| | | 276 | | 276 |

a) Erstellen Sie nach Berücksichtigung der folgenden stillen Reserven eine für die Analyse geeignete bereinigte Bilanz.

**Angaben zu den stillen Reserven**

Debitoren: Die mutmasslichen Verluste auf den Debitoren sind so minim, dass sie vernachlässigt werden können.

Vorräte: Das Warenlager wird in der externen Bilanz immer zu ⅔ des Einstandswertes bilanziert.

Maschinen, Anlagen: Der effektive Wert der Maschinen und Anlagen beträgt 50.

Immobilien: Der Verkehrswert der Immobilien beträgt 300.

Rückstellungen: Die Hälfte dieser Rückstellungen kann als Reserve betrachtet werden.

b) Berechnen Sie für die Grogg-AG, Schokoladefabrikation, die folgenden Kennzahlen.

| Kennzahlen | Grogg-AG | Durchschnitte der Nahrungsmittelbranche |
|---|---|---|
| Eigenfinanzierungsgrad | | 28% |
| Intensität des Anlagevermögens | | 42% |
| Cash ratio | | 30% |
| Quick ratio | | 84% |
| Current ratio | | 153% |
| Anlagedeckungsgrad 1 | | 67% |
| Anlagedeckungsgrad 2 | | 115% |

c) Vergleichen Sie die errechneten Werte mit den Durchschnittswerten aus der Nahrungsmittelbranche, und beurteilen Sie die Grogg-AG.

**70.4** Aus der Heinrich AG sind Bilanz und Erfolgsrechnung bekannt (alle Zahlen in Fr. 1000.–

**Bilanz vom 31. 12. 20_1**

| Aktiven | | | Passiven | |
|---|---|---|---|---|
| Flüssige Mittel | 100 | | Lieferantenschulden | 900 |
| Kundenguthaben | 800 | | Bankkontokorrent | 1 200 |
| Vorräte | 600 | | Langfristiges Darlehen | 700 |
| Maschinen | 1 500 | | Aktienkapital | 400 |
| Verschiedene Anlagen | 500 | | Reserven und Gewinnvortrag | 300 |
| | 3 500 | | | 3 500 |

**Erfolgsrechnung für 20_1**

| Aufwand | | | Ertrag | |
|---|---|---|---|---|
| Betriebskosten | 1 900 | | Verkaufsumsatz | 2 500 |
| Abschreibungen | 120 | | | |
| Verwaltungs- und Vertriebskosten | 450 | | | |
| Reingewinn | 30 | | | |
| | 2 500 | | | 2 500 |

a) Als Kreditsachbearbeiter der Bank haben Sie die Aufgabe, folgende Kennzahlen zu errechnen:

1. Liquiditätsgrad 2
2. Eigenfinanzierungsgrad
3. Anlagedeckungsgrad 1 und 2
4. Rentabilität des Eigenkapitals
5. Gewinnmarge

b) Wie beurteilen Sie die finanzielle Lage der Heinrich AG? Geben Sie mindestens ein prägnantes Stichwort zu jeder Kennzahl.

c) Ermitteln Sie den Cashflow auf direkte und indirekte Art.

d) Beurteilen Sie die Cashflow-Marge.

**70.5** Von einer kleinen Handels-Genossenschaft sind nachstehend die Bilanzen (in Kurzzahlen) der letzten zwei Jahre aufgeführt. Gewinnausschüttungen erfolgten keine, das Genossenschaftskapital ist im Verlauf des Jahres 20_2 gleichmässig erhöht worden.

## Schlussbilanzen

| Aktiven | 20_1 | 20_2 | Passiven | 20_1 | 20_2 |
|---|---|---|---|---|---|
| Liquide Mittel | 40 | 120 | Kreditoren | 90 | 80 |
| Debitoren | 60 | 80 | Transitorische Passiven | 10 | 15 |
| Vorräte | 370 | 300 | Darlehen | 200 | – |
| Mobiliar | 60 | 55 | Obligationenanleihe | 200 | 300 |
| Immobilien | 120 | 150 | Genossenschaftskapital | 140 | 210 |
| Beteiligungen | 50 | – | Gewinnreserven | 60 | 100 |
| | 700 | 705 | | 700 | 705 |

a) Berechnen Sie die folgenden Kennzahlen für die beiden Jahre:

1. Eigenfinanzierungsgrad
2. Liquiditätsgrad 2
3. Selbstfinanzierungsgrad
4. Anlagedeckungsgrad 2

b) Bestimmen Sie die Eigenkapitalrendite für das Jahr 20_2.

c) Wie beurteilen Sie den Geschäftsgang dieser Unternehmung? Begründen Sie Ihre Antwort.

**70.6** Die Jahresrechnungen der Cafeteria am Dorfplatz zeigen folgendes Bild:

### Schlussbilanz per 31.12.20_0

| Aktiven | | Passiven | |
|---|---:|---|---:|
| Kasse | 11 000 | Kreditoren | 31 000 |
| Post | 7 000 | Bank | 45 000 |
| Lohnvorschüsse | 5 000 | Transitorische Passiven | 20 000 |
| Vorräte | 53 000 | Aktienkapital | 500 000 |
| Einrichtungen | 720 000 | Offene Reserven | 200 000 |
| | 796 000 | | 796 000 |

### Erfolgsrechnung für 20_0

| Aufwand | | Ertrag | |
|---|---:|---|---:|
| Warenaufwand | 938 000 | Erlöse aus dem Restaurationsbetrieb | 1 680 000 |
| Löhne, Sozialleistungen | 468 000 | | |
| Übrige Betriebskosten | 260 000 | | |
| Gewinn | 14 000 | | |
| | 1 680 000 | | 1 680 000 |

a) Wie hoch ist der Verschuldungsgrad?

b) Beurteilen Sie die Liquiditätsverhältnisse der Cafeteria.

c) Berechnen Sie folgende Rentabilitätskennzahlen, und beurteilen Sie diese:

   1. Eigenkapitalrendite
   2. Umsatzrendite
   3. Cashflow-Marge (Die in den übrigen Betriebskosten enthaltenen Abschreibungen betragen Fr. 76 000.–.)

**70.7** Gegeben sind die Bilanzen und Erfolgsrechnungen (in Kurzzahlen) der Unternehmungen X und Y.

### Bilanz Unternehmung X

| Aktiven | | Passiven | |
|---|---|---|---|
| Umlaufvermögen | 60 | Fremdkapital | 20 |
| Anlagevermögen | 40 | Eigenkapital | 80 |
| | 100 | | 100 |

### Erfolgsrechnung Unternehmung X

| Aufwand | | Ertrag | |
|---|---|---|---|
| Warenaufwand | 300 | Warenertrag | 500 |
| Personalaufwand | 100 | | |
| Übriger Aufwand | 87 | | |
| Fremdkapitalzinsen | 1 | | |
| Reingewinn | 12 | | |
| | 500 | | 500 |

### Bilanz Unternehmung Y

| Aktiven | | Passiven | |
|---|---|---|---|
| Umlaufvermögen | 60 | Fremdkapital | 80 |
| Anlagevermögen | 40 | Eigenkapital | 20 |
| | 100 | | 100 |

### Erfolgsrechnung Unternehmung Y

| Aufwand | | Ertrag | |
|---|---|---|---|
| Warenaufwand | 300 | Warenertrag | 500 |
| Personalaufwand | 100 | | |
| Übriger Aufwand | 87 | | |
| Fremdkapitalzinsen | 4 | | |
| Reingewinn | 9 | | |
| | 500 | | 500 |

a) Berechnen Sie von beiden Unternehmungen den Eigenfinanzierungsgrad, die Gesamtkapitalrendite sowie die Eigenkapitalrendite.

b) Welche Unternehmung weist die bessere Finanzstruktur auf?

**70.8** Gegeben sind die Bilanzen (in Kurzzahlen) von drei grösseren schweizerischen Industriebetrieben.

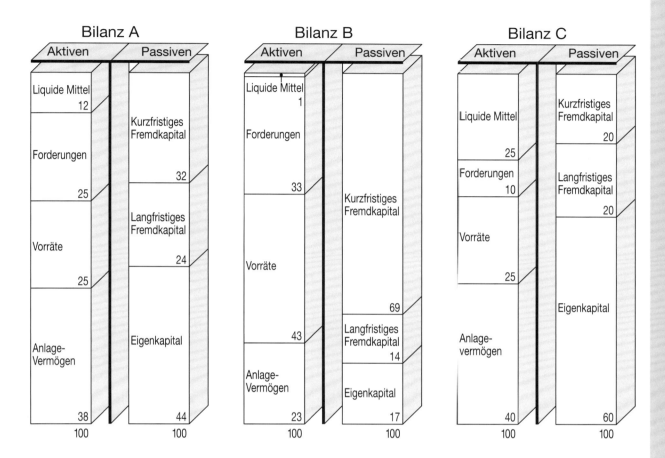

a) Berechnen Sie für die drei Unternehmungen die verlangten Kennzahlen.

|  | Unternehmung A | Unternehmung B | Unternehmung C |
| --- | --- | --- | --- |
| Fremdfinanzierungsgrad |  |  |  |
| Liquiditätsgrad 1 |  |  |  |
| Liquiditätsgrad 2 |  |  |  |
| Anlagedeckungsgrad 1 |  |  |  |
| Anlagedeckungsgrad 2 |  |  |  |

b) Beurteilen Sie die Finanzierungsstruktur sowie die Liquidität der drei Unternehmungen.

**70.9** Aus einer Warenhandels-Unternehmung sind die Saldenbilanzen der Jahre 20_1 bis 20_3 bekannt:

| Konten | 20_1 | | 20_2 | | 20_3 | |
|---|---|---|---|---|---|---|
| Liquide Mittel | 50 | | 100 | | 60 | |
| Forderungen | 300 | | 350 | | 320 | |
| Warenvorrat | 500 | | 550 | | 590 | |
| Mobilien | 80 | | 100 | | 130 | |
| Kreditoren | | 400 | | 480 | | 370 |
| Rückstellungen (langfristig) | | 50 | | 50 | | 40 |
| Eigenkapital | | 310 | | 410 | | 490 |
| Warenaufwand | 1200 | | 1420 | | 1380 | |
| Gemeinaufwand | 700 | | 900 | | 920 | |
| Warenertrag | | 2000 | | 2400 | | 2435 |
| Delkredere | | 30 | | 35 | | 25 |
| Wertberichtigungen Mobilien | | 40 | | 45 | | 40 |
| | 2830 | 2830 | 3420 | 3420 | 3400 | 3400 |

a) Erstellen Sie für die drei Jahre gut gegliederte Bilanzen.

b) Ermitteln Sie aufgrund der Erfolgsrechnungen den Erfolg für die drei Jahre.

c) Beurteilen Sie die wirtschaftliche Entwicklung dieser Unternehmung anhand der wichtigsten Kennzahlen.

**70.10** Berechnen Sie aufgrund folgender Angaben die Rendite des Eigenkapitals.

- Umlaufvermögen                    Fr. 400 000.–
- Verschuldungsgrad                50%
- Fremdkapitalzinsen                6%
- Intensität des Anlagevermögens    60%
- Rendite des Gesamtkapitals       10%

# Domino-Steine zu Aufgabe 56.9

| S Bank / Gutschrift des Nettozinses auf Obligationen | H / Kreditor (Umsatzsteuer) | H Debitorenverluste | S Warenvorrat / Erhöhung des Warenvorrates |
|---|---|---|---|
| S Warenertrag / MWST-Abrechnung auf dem erzielten Verkaufsumsatz | H / Eigenkapital | H Zinsertrag | S Lohnaufwand / Verrechnung des Eigenlohnes bei der Einzelunternehmung |
| S Abschreibung / Indirekte Abschreibung von Maschinen | H / Transitorische Passiven | H Wertschriftenertrag | S Delkredere / Verminderung des Delkrederes am Jahresende |
| S Immobilienaufwand / Aufgelaufene Hypothekarzinsen am Jahresende | H / Wertberichtigung Immobilien | H Privat | S Mietzinsaufwand / Verrechnung der Geschäftsmiete |
| S Zinsaufwand / Verrechnung des Eigenzinses bei einer Kollektivgesellschaft | H / Debitoren | H Immobilienertrag | S Immobilienaufwand / Indirekte Abschreibung auf Liegenschaften |

**Domino-Steine zu Aufgabe 56.9 (Fortsetzung)**

| Soll / Text / Haben | | |
|---|---|---|
| **S** Dividenden-zuweisung / **Gewinnvortrag** | **H** Privat A | **H** Warenaufwand / **S** Von der Bank auf den Kontokorrent-Zinsen abgezogene Verrechnungssteuer / **Debitor VSt** |
| **S** Postüberweisung der geschuldeten AHV-/IV-/EO-/ALV-Beiträge / **Kreditor (AHV...)** | **H** Dividenden (-schuld) | **H** Erfolgsrechnung / **S** Übertrag des Jahresgewinns auf die Bilanz (bei einer AG) / **Erfolgsrechnung** |
| **S** Erhöhung der Grundpfandkredite / **Bank** | **H** Post | **H** Transitorische Aktiven / **S** Bareinlage des Geschäftsinhabers / **Kasse** |
| **S** Zuweisung an die gesetzlichen Reserven / **Gewinnvortrag** | **H** Hypotheken | **H** Wertberichtigung Maschinen / **S** Wechselkursverluste beim Verkauf von Waren / **Warenertrag** |
| **S** Verrechnung des Jahresverlustes mit dem Eigenkapital bei einer Einzelfirma / **Eigenkapital** | **H** Reserven | **H** Gewinnvortrag / **S** Rückbuchung (Anfang Jahr, nach der Wiedereröffnung) von Ende letzten Jahres abgegrenzten Zinsguthaben / **Zinsertrag** |

# Domino-Steine zu Aufgabe 61.9

| Stein | Linke Seite | Rechte Seite |
|---|---|---|
| 1 | Einstand (Warenaufwand) − Nettoankauf | = Gemeinkosten |
| 2 | Selbstkosten + Reingewinn | = Selbstkosten |
| 3 | Bruttogewinn − Gemeinkosten (Gemeinkosten > Bruttogewinn) | = Bruttoerlös |
| 4 | Einstand (Warenaufwand) + Gemeinkosten | = Reingewinn |
| 5 | Reingewinn + Gemeinkosten | = Nettoankauf |

| Stein | Linke Seite | Rechte Seite |
|---|---|---|
| 6 | = Bezugskosten | Nettoerlös + Skonto + Rabatt |
| 7 | = Nettoerlös | Selbstkosten − Gemeinkosten |
| 8 | = Bruttogewinn | Nettoerlös − Selbstkosten |
| 9 | = Reinverlust | Bruttoankauf − Rabatt − Skonto |
| 10 | = Einstand (Warenaufwand) | Bruttogewinn − Reingewinn |

# Kontenrahmen KMU

Schweizer Kontenrahmen für kleine und mittlere Unternehmen in Produktion, Handel und Dienstleistung von Sterchi, Mattle, Helbling (Auszug für Schulzwecke)

| 1 | Aktiven | | 2 | Passiven |
|---|---|---|---|---|
| **10** | **Umlaufvermögen** | | **20** | **Fremdkapital** |
| **100** | **Flüssige Mittel** | | **200** | **Kurzfristiges Fremdkapital** |
| 1000 | Kasse | | 2000 | Kreditoren (Verbindlichkeiten aus Lieferungen und Leistungen) |
| 1010 | Post | | 2100 | Bank |
| 1020 | Bank | | 2200 | Kreditor Umsatzsteuer (MWST) |
| 1050 | Kurzfristige Geldanlagen | | 2206 | Kreditor VSt (Verrechnungssteuer) |
| 1060 | Wertschriften | | 2260 | Dividenden |
| **110** | **Forderungen** | | 2270 | Kreditoren Sozialversicherungen |
| 1100 | Debitoren (Forderungen aus Lieferungen und Leistungen) | | 2300 | Passive Rechnungsabgrenzung (Transitorische Passiven) |
| *1109* | *Delkredere*① | | 2330 | Kurzfristige Rückstellungen |
| 1140 | Vorschüsse und Darlehen | | **240** | **Langfristiges Fremdkapital** |
| 1170 | Debitor Vorsteuer (MWST) | | 2400 | Bankdarlehen |
| 1176 | Debitor VSt (Verrechnungssteuer) | | 2430 | Obligationenanleihen |
| **120** | **Vorräte** | | 2450 | Passivdarlehen |
| 1200 | (Handels-)Waren | | 2451 | Hypotheken |
| 1210 | Rohmaterial | | 2600 | Langfristige Rückstellungen |
| 1260 | Fertige Erzeugnisse | | **28** | **Eigenkapital**② |
| 1270 | Unfertige Erzeugnisse | | | **Einzelunternehmung** |
| 1280 | Nicht fakturierte Dienstleistungen | | 2800 | Eigenkapital |
| **130** | **Aktive Rechnungsabgrenzung** | | 2850 | Privat |
| 1300 | Aktive Rechnungsabgrenzung (Transitorische Aktiven) | | | **Aktiengesellschaft** |
| | | | 2800 | Aktienkapital |
| **14** | **Anlagevermögen** | | 2900 | Gesetzliche Kapitalreserve |
| **140** | **Finanzanlagen** | | 2950 | Gesetzliche Gewinnreserve |
| 1440 | Aktivdarlehen | | 2960 | Freiwillige Gewinnreserven |
| 1480 | Beteiligungen | | 2970 | Gewinnvortrag |
| **150** | **Mobile Sachanlagen** | | | |
| 1500 | Maschinen, Apparate | | | |
| *1509* | *Wertberichtigung*① | | | |
| 1510 | Mobiliar, Einrichtungen | | | |
| 1520 | Büromaschinen, Informatik, Kommunikation | | | |
| 1530 | Fahrzeuge | | | |
| 1540 | Werkzeuge, Geräte | | | |
| **160** | **Immobile Sachanlagen** | | | |
| 1600 | Immobilien (Liegenschaften) | | | |
| *1609* | *Wertberichtigung*① | | | |
| **170** | **Immaterielle Anlagen** | | | |
| 1700 | Patente, Lizenzen | | | |

| 3 | Betriebsertrag aus Lieferungen und Leistungen |
|---|---|
| 3000 | Ertrag aus dem Verkauf von Erzeugnissen (Produktionserlös) |
| 3080 | Bestandesänderungen an unfertigen und fertigen Erzeugnissen |
| 3200 | Warenertrag (Handelserlös) |
| 3400 | Dienstleistungsertrag |
| 3800 | *Debitorenverluste (Verluste aus Forderungen)* |

| 4 | Aufwand für Material, Waren und Dienstleistungen |
|---|---|
| 4000 | Materialaufwand |
| 4200 | Warenaufwand |
| 4400 | Aufwand für Drittleistungen |

| 5 | Personalaufwand |
|---|---|
| 5000 | Lohnaufwand |
| 5700 | Sozialversicherungsaufwand |
| 5800 | Übriger Personalaufwand |

| 6 | Übriger Betriebsaufwand sowie Zinsen |
|---|---|
| 6000 | Raumaufwand/Mietaufwand |
| 6100 | Unterhalt und Reparaturen |
| 6200 | Fahrzeugaufwand |
| 6300 | Versicherungsaufwand |
| 6400 | Energie- und Entsorgungsaufwand |
| 6500 | Verwaltungsaufwand |
| 6600 | Werbeaufwand |
| 6700 | Sonstiger Betriebsaufwand |
| 6800 | Abschreibungen |
| 6900 | Zinsaufwand (Finanzaufwand) |
| 6950 | Zinsertrag (Finanzertrag) |

| 7 | Betrieblicher Nebenerfolg |
|---|---|
| **740** | **Wertschriften-/Beteiligungserfolg** |
| 7400 | Wertschriftenertrag |
| 7410 | Wertschriftenaufwand |
| 7450 | Beteiligungsertrag |
| 7460 | Beteiligungsaufwand |
| **750** | **Liegenschaftserfolg** |
| 7500 | Liegenschaftsertrag |
| 7510 | Liegenschaftsaufwand |

| 8 | Neutraler Erfolg |
|---|---|
| 8000 | Betriebsfremder Aufwand |
| 8100 | Betriebsfremder Ertrag |
| 8500 | Ausserordentlicher Aufwand[3] |
| 8600 | Ausserordentlicher Ertrag |
| 8900 | Direkte Steuern[4] |

| 9 | Abschluss |
|---|---|
| 9000 | Erfolgsrechnung |
| 9100 | Bilanz |

[1] Wertberichtigungsposten sind auch bei anderen Aktiven möglich. Für Wertberichtigungskonten wird an der vierten Stelle jeweils die Ziffer 9 verwendet.

[2] Das Eigenkapital wird je nach Rechtsform unterschiedlich gegliedert.

[3] Ausserordentlich umfasst hier als Oberbegriff auch die vom Obligationenrecht genannten einmaligen oder periodenfremden Ereignisse.

[4] Bei der Aktiengesellschaft als juristischer Person werden auf diesem Konto die direkten Steuern verbucht. Bei der Einzelunternehmung ist der Steueraufwand der natürlichen Person des Inhabers/der Inhaberin auf dem Privatkonto zu buchen.

Im **Kontenrahmen KMU** wurden die Kontennummern in den Kontenklassen 3 bis 8 so gewählt, dass sich problemlos eine mehrstufige Erfolgsrechnung in Berichtsform nach dem Gesamtkostenverfahren (sogenannte Produktions-Erfolgsrechnung) gemäss folgendem Muster erstellen lässt (Kontenklassen bzw. Kontengruppen in der hintersten Spalte).

**Erfolgsrechnung**

|   |   |   |
|---|---|---|
|  | Nettoerlöse aus Lieferungen und Leistungen | 3 |
| +/– | Bestandesänderungen an unfertigen und fertigen Erzeugnissen bzw. nicht fakturierten Dienstleistungen | 3 |
| = | **Betrieblicher Ertrag aus Lieferungen und Leistungen** |  |
| ./. | Material- und Warenaufwand sowie Aufwand für Drittleistungen | 4 |
| ./. | Personalaufwand | 5 |
| ./. | Übriger Betriebsaufwand (ohne Abschreibungen und Zinsen) | 60–67 |
| = | **Betriebsergebnis vor Zinsen, Steuern und Abschreibungen (EBITDA)** ❶ |  |
| ./. | Abschreibungen | 68 |
| = | **Betriebsergebnis vor Zinsen und Steuern (EBIT)** |  |
| +/– | Zinsaufwand und Zinsertrag (Finanzaufwand und Finanzertrag) | 69 |
| = | **Betriebsergebnis vor Steuern** |  |
| +/– | Aufwand und Ertrag von Nebenbetrieben | 7 |
| +/– | Betriebsfremder Aufwand und Ertrag | 8 |
| +/– | Ausserordentlicher Aufwand und Ertrag | 8 |
| = | **Unternehmenserfolg vor Steuern** |  |
| ./. | Direkte Steuern | 89 |
| = | **Unternehmenserfolg** |  |

Je nach Branche und Anwendungsfall können noch Zwischenergebnisse hinzugefügt oder weggelassen werden.

---

❶ EBITDA = Earnings before Interest, Taxes, Depreciation and Amortization
 ▷ Interest = Zinsen
 ▷ Taxes = Steuern
 ▷ Depreciation = Abschreibung von materiellem Anlagevermögen
 ▷ Amortization = Abschreibung von immateriellem Anlagevermögen